PROFESSEURS DE DÉSESPOIR

DU MÊME AUTEUR

LES VARIATIONS GOLDBERG, ROMANCE, Seuil, 1981 ; Babel n° 101.
HISTOIRE D'OMAYA, Seuil, 1985 ; Babel n° 338.
TROIS FOIS SEPTEMBRE, Seuil, 1989 ; Babel n° 388.
CANTIQUE DES PLAINES, Actes Sud / Leméac, 1993 ; Babel n° 142.
LA VIREVOLTE, Actes Sud / Leméac, 1994 ; Babel n° 212.
INSTRUMENTS DES TÉNÈBRES, Actes Sud / Leméac, 1996 ; Babel n° 304.
L'EMPREINTE DE L'ANGE, Actes Sud / Leméac, 1998 ; Babel n° 431.
PRODIGE, Actes Sud / Leméac, 1999 ; Babel n° 515.
LIMBES / LIMBO, Actes Sud / Leméac, 2000.
VISAGES DE L'AUBE, Actes Sud / Leméac, 2001 (en collaboration avec Valérie Winckler).
DOLCE AGONIA, Actes Sud / Leméac, 2001 ; Babel n° 548.
UNE ADORATION, Actes Sud / Leméac, 2003.

Livres pour enfants
VÉRA VEUT LA VÉRITÉ, Ecole des Loisirs, 1992 (avec Léa).
DORA DEMANDE DES DÉTAILS, Ecole des Loisirs, 1993 (avec Léa).
LES SOULIERS D'OR, Gallimard, "Page blanche", 1998.
TU ES MON AMOUR DEPUIS TANT D'ANNÉES, Thierry Magnier, 2001 (en collaboration avec Rachid Koraïchi).

Essais
JOUER AU PAPA ET A L'AMANT, Ramsay, 1979.
DIRE ET INTERDIRE : ÉLÉMENTS DE JUROLOGIE, Payot, 1980 ; Petite Bibliothèque Payot, 2002.
MOSAÏQUE DE LA PORNOGRAPHIE, Denoël, 1982 ; Payot, 2004.
A L'AMOUR COMME A LA GUERRE, CORRESPONDANCE, Seuil, 1984 (en collaboration avec Samuel Kinser).
LETTRES PARISIENNES : AUTOPSIE DE L'EXIL, Bernard Barrault, 1986 (en collaboration avec Leïla Sebbar) ; J'ai lu, 1999.
JOURNAL DE LA CRÉATION, Seuil, 1990 ; Babel n° 470.
TOMBEAU DE ROMAIN GARY, Actes Sud / Leméac, 1995 ; Babel n° 363.
DÉSIRS ET RÉALITÉS, Leméac / Actes Sud, 1996 ; Babel n° 498.
NORD PERDU suivi de *DOUZE FRANCE*, Actes Sud / Leméac, 1999.
ÂMES ET CORPS, Leméac / Actes Sud, 2004.

Théâtre
ANGELA ET MARINA (en collaboration avec Valérie Grail), Actes Sud-Papiers / Leméac, 2002.

ISBN 2-7427-5190-4

ISBN 2-7609-2400-9

Photographie de couverture :
© Kamil Vojnar / Photonica, 2004

Nancy Huston

PROFESSEURS DE DÉSESPOIR

ACTES SUD / LEMÉAC

A Léa, fille de vraie joie.
A Judith, vraie sage femme.

A Sganarelle, encore et toujours.

Pour connaître l'homme, il ne suffit pas de le mépriser.

BENJAMIN CONSTANT

I

ENTRÉE EN MATIÈRE, AVEC DÉESSE SUZY

On ne dit pas "Déesse Suzy" à l'église. Elle n'existe pas. Du reste, qui l'adorerait ?

THOMAS BERNHARD

Cela a démarré de façon imprévue : ma fille âgée de vingt ans passait une année d'études à Vienne et pour être près d'elle dans ma tête, je me suis mise à lire de la littérature autrichienne. Sans bien savoir pourquoi, j'évitais depuis longtemps le géant moderne de cette littérature, Thomas Bernhard : un pressentiment, peut-être ; je me rappelle une conversation avec l'écrivain belge Henry Bauchau au cours de laquelle nous nous étions avoué notre commune réticence à lire Bernhard, de peur de ne pas l'aimer et de ne pouvoir être d'accord avec des proches qui, eux, le trouvaient "génial"...

Je pris donc quelques livres de Bernhard à la bibliothèque de mon quartier : pièces, romans, récits et "romans autobiographiques". Les lisant, je découvris que mon pressentiment avait été juste : je n'aimais effectivement pas cet auteur mais il m'intriguait, par son... énergie, disons ; par sa persistance à dire, à répéter, à vitupérer, à asséner des opinions péremptoires et si souvent provocatrices ; par cette mauvaise joie qu'il manifestait à cracher sur les prix littéraires (tout en les acceptant), et sur ceux qui les lui décernaient. Sans être séduite par ses livres, j'éprouvais pour l'auteur une fascination grandissante. Je renouvelai alors ma carte à la Bibliothèque nationale de France et y commandai, au cours des semaines suivantes, peu ou prou tous les livres disponibles en français de et sur Thomas Bernhard. Je mentirais en vous disant que je lus chaque mot de cette montagne de livres, mais j'en lus beaucoup car j'avais envie de comprendre. Comment se pouvait-il que cet écrivain que je trouvais éminemment antipathique – et, surtout, désespérément ennuyeux – fût l'un des auteurs dramatiques les plus appréciés de l'Europe continentale, et considéré comme le plus grand écrivain autrichien de l'après-guerre ?

Un jour, dans un livre d'entretiens de Bernhard avec la journaliste Krista Fleischmann, je tombai sur une diatribe misogyne ; or j'affectionne, quand elles sont bien enlevées, les diatribes misogynes, elles m'amusent et me font réfléchir (on pourrait s'étonner, soit dit en passant, de ce que les femmes aient écrit si peu de discours misandres… alors qu'il y aurait de quoi, Dieu sait qu'il y aurait de quoi) – bref celle-ci, de Bernhard donc, était enlevée et drôle, l'écrivain était en forme ce jour-là, il s'adonnait à sa spécialité qui est l'exagération, asticotant la journaliste que visiblement il trouvait mignonne et sympathique, tournant en dérision ses convictions féministes un peu plates, un peu prévisibles.

"Avant tout, déclare-t-il, les femmes n'ont pas d'endurance, voilà ce qu'elles n'ont pas. Elles abandonnent toujours trop tôt. Elles arrivent en poussant de grands cris, et quand ce serait le moment, on n'entend plus personne, elles sont par terre, elles sont déjà fatiguées, au moment où tout ne fait que commencer. Elles ne sont pas très résistantes, voilà ce que c'est. Sinon à la douleur universelle, quand elles font des enfants. Ça, c'est naturellement une monstruosité, et ça fait très mal. Mais la plupart du temps c'est déjà leur point culminant*..."

A-t-il raison ? me demandai-je. Est-il vrai que les femmes sont moins résistantes que les hommes, qu'elles ne font pas les choses jusqu'au bout ? "Les femmes font les grandes gueules dans les journaux, renchérit Bernhard, ou dans leur petit cabinet anonyme d'essayiste, quand elles gribouillent quelque chose contre les hommes, une de ces brochures, et puis quand elles sont réellement au Parlement et qu'elles montent à la tribune, même le papier qu'elles lisent se met à trembler et elles sont totalement incapables de s'exprimer. Voilà la vérité. Les femmes ne sont pas capables d'exposer une bonne fois calmement leurs propres problèmes, et encore – de changer quoi que ce soit à ce qu'il est convenu d'appeler le monde des hommes."

Là, intérieurement, je commençais à monter un peu sur mes grands chevaux parce que même s'il m'arrive, à *moi*, de trembler quand je m'exprime en public, je trouvais que Bernhard généralisait vraiment de façon abusive ; si l'on pense aux chefs d'Etat, par exemple, de nos jours les Elles n'ont rien à envier aux Ils, au point de vue diction et débit.

Mais, tout de suite après, le dramaturge enchaîne avec une boutade surprenante – sans

* Toutes les références des citations sont en fin de volume.

doute l'étincelle qui mit le feu aux poudres dans mes méninges, me poussant à écrire ce livre-ci : "On dit aussi *le Seigneur* Dieu, Dieu est un monsieur, c'est un être masculin, n'est-ce pas. On ne dit pas *(il rit)* «Déesse Suzy» à l'église. Elle n'existe pas. Du reste, qui l'adorerait ? *(Il rit.)* Quand elle serait enceinte tous les ans ce serait pénible, n'est-ce pas. Ce n'est pas possible. N'est possible qu'une figure qui soit plutôt statique et qui reste là en permanence, même si elle est assez insipide, mais qui ne soit pas sans arrêt en mouvement, une fois grosse et l'autre mince."

Oui.

Alors.

Mettons que ce livre est écrit sous l'égide de Déesse Suzy.

Une autre sorte de divinité, qui accepte, embrasse et épouse le changement, se réjouit du passage du temps et des transformations qu'il entraîne. Notre-Seigneur Dieu est hors du temps, immobile, immuable, immortel, alors que Suzy, elle, danse, sautille, folâtre et batifole sur le chemin qui est le sien et, même si elle sait que la mort est au bout (puisqu'elle est féconde, puisqu'elle accouche, elle est forcément mortelle), personne ne peut l'empêcher de jouir des instants qui lui sont impartis, ni de s'enrichir des visions, rencontres et histoires qui jailliront, fleuriront et s'entrecroiseront sous ses pieds, sous ses yeux, en chemin.

Merveilleusement érotique et maternelle, Déesse Suzy a l'immortalité vraie : celle de la transmission. Et avant qu'elle ne meure, une kyrielle d'autres déesses auront pris le relais.

Choses reçues, choses données. La perpétuité grâce au *lien.*

Oh ! Suzy… Protège-moi, je t'en prie, instruis-moi, conseille-moi ; accorde-moi, tout au long de ce travail, la pensée souple et la plume vive.

*

Voici les auteurs "négativistes" dont je me propose de parler dans cette étude ; ils se divisent en trois générations.

Adultes pendant la Seconde Guerre mondiale : Samuel Beckett (1906-1989), Emil Cioran (1911-1995).

Enfants/adolescents pendant la guerre : Imre Kertész (né en 1929), Thomas Bernhard (1931-1989), Milan Kundera (né en 1929).

Nés après la guerre : Elfriede Jelinek (née en 1946), Michel Houellebecq (né en 1958), Sarah Kane (1971-1999), Christine Angot (née en 1959), Linda Lê (née en 1966).

J'évoquerai aussi la vie et la pensée de celui qui sert de "père spirituel" à la plupart de ces écrivains, Arthur Schopenhauer (1788-1860), et, par contraste, les écrits de deux auteurs non nihilistes : Jean Améry (1912-1978) et Charlotte Delbo (1913-1985).

C'est un choix personnel, avec tout ce que cela implique d'incomplet et d'arbitraire ; une galerie de portraits volontairement restreinte à notre aire (géographique) et à notre ère (temporelle). Je connais mal la tradition négativiste en Italie (Malaparte), en Scandinavie (d'August Strindberg à Jon Fosse) ou au Japon (Tanizaki, Kawabata, Mishima…) ; à d'autres de me dire si, transposée dans un autre contexte culturel et historique, mon analyse demeure valable.

J'aime ces écrivains diversement ; certains me sont chers, d'autres m'assomment ou m'horripilent. Mon intention n'est pas de les dénigrer, ni même de prononcer à leur endroit un jugement de valeur littéraire (aussi bien, je ne raconterai ni n'analyserai aucun de leurs livres dans le détail) : ils sont là, bien installés sur les divers piédestaux dont dispose le monde des lettres ; deux d'entre eux se sont vu décerner le prix Nobel… Ce que je souhaite faire, c'est dégager le message philosophique que véhiculent ces auteurs, et tenter de comprendre pourquoi ce message exerce sur l'Europe contemporaine une telle fascination… et un tel pouvoir.

INTERLUDE :

UN DÉJEUNER CHEZ WITTGENSTEIN

Au théâtre de l'Athénée-Louis-Jouvet, le 6 mai 2003, j'assiste à une représentation d'une pièce de Thomas Bernhard. La salle est comble, l'a été pendant toute la durée des représentations. Qui sont ces spectateurs ? D'âges divers, l'air sympathiques, ce sont comme moi des Blancs bien nourris et pas trop mal éduqués, désireux de se montrer "dans le coup"… Suspendus aux lèvres des comédiens, ils suivent chaque réplique de ces dialogues qui, pour moi, sont d'un ennui consternant. Pourtant, de toutes les personnes dans la salle, je suis sans doute l'une des mieux renseignées sur le contexte de la pièce : j'ai visité la ville de Vienne, je sais à quoi renvoient les mots de "Josefstrasse" et de "Steinhof"… N'empêche que, tout au long du premier acte – un échange interminable entre deux sœurs, l'une plus antipathique que l'autre –, je suis *pétrie* d'ennui. Ces femmes incarnent la petite bourgeoisie conformiste et paresseuse ; elles sont tournées en dérision par les mots qui sortent de leur propre bouche. Surgit enfin, au début du deuxième acte, le héros de la pièce : leur frère Wittgenstein/Worringer. Un homme furibard, caustique. Un énergumène. Il éructe, attaque, se moque de tout, parfois avec brillant. Le public est aux anges. L'homme plonge les mains dans le saladier rempli de salade, faisant mine de se les laver. La salle éclate de rire. Il s'essuie les doigts sur la nappe – ah ! bien fait pour elles, les sœurs stupides, qui ont changé trois fois de nappe pour lui faire plaisir ! Il fracasse des assiettes et les sœurs se lamentent – "Oh mon Dieu ! la porcelaine de grand-mère !" Il jubile : bien fait pour elles, connasses, attachées comme elles le sont aux objets matériels, aux vieilleries, à l'héritage familial.

Tonnerre d'applaudissements, à la fin... Puis chacun rentre chez soi, rejoint le monde où les liens comptent, où les objets sont symboles porteurs d'amour et de mémoire, où la courtoisie traduit le respect d'autrui, et où un malotru puéril de la trempe de Worringer serait sèchement et fermement mis à la porte.

Nous devenons schizos, mes amis. Dans le quotidien, nous tenons les uns aux autres, suivons l'actualité avec inquiétude, faisons tout ce qui est en notre pouvoir pour préserver et renforcer les liens. En tant que lecteurs ou spectateurs, au contraire, nous encensons les chantres du néant, prônons une sexualité aussi exhibitionniste que stérile, et écoutons en boucle la litanie des turpitudes humaines. A quoi est dû cet écart grandissant, à l'orée du XXIe siècle, entre ce que nous avons envie de vivre (solidarité-générosité-démocratie) et ce que nous avons envie de consommer comme culture (transgression-violence-solitude-désespoir) ?

"L'homme (...) est bon et mauvais, disait George Sand. Mais il est quelque chose encore : la nuance, la nuance qui est pour moi le but de l'art."

La littérature contemporaine aurait-elle renoncé à ce but-là ?

Et si oui, pourquoi ?

II

D'OÙ VIENT LE NIHILISME ?

Le quelque chose a toujours des défauts ; seul le rien est parfait.

FRITZ ZORN, *Mars.*

La pensée européenne depuis deux cents ans s'est développée dans deux directions apparemment antinomiques, l'utopisme et le nihilisme, l'attitude révolutionnaire et l'attitude cynique – le *y a qu'à* et le *n'est que*. Selon les utopistes, si l'on a la chance d'être instruit, il faut mettre son intelligence au service de la révolution pour faire advenir un monde meilleur. Selon les nihilistes, étant donné que tous les agissements humains sont dérisoires et tous les espoirs voués à l'échec, on ferait mieux de se suicider tout de suite ; à défaut, on peut écrire. Les uns s'acharnent à bâtir l'avenir radieux, les autres nous plongent d'emblée dans les ténèbres. Les premiers disent : Il faut casser les œufs pour faire une omelette ; les autres : Rien ne vaut la peine, ni les œufs ni les omelettes, et du reste, on n'a même pas faim. La structure est identique, et les deux attitudes sont en réalité complices et complémentaires ; qu'elles se fondent sur le *tout* ou sur le *rien*, l'important, et la grande raison de leur succès auprès du public, est leur caractère *absolu*. (C'est de la deuxième attitude – le *n'est que* – que je vais parler dans ce livre.)

Les différents sens du mot "nihilisme" lui-même illustrent l'affinité entre les deux extrêmes, car dans la Russie du XIXe siècle il désignait l'attitude non des revenus de tout mais des radicaux. Leur catéchisme était le *Que faire ?* de Tchernychevski, et leur adversaire acharné, Fédor Dostoïevski. L'auteur des *Carnets du sous-sol* avait lui-même été révolutionnaire dans sa jeunesse et, comme l'écrit son biographe Joseph Frank, ne pouvait que frémir de voir ces "jeunes idéalistes au cœur pur engagés sur la voie dangereuse qui l'avait conduit en Sibérie. Il ne [pouvait] assister sans réagir à la course vers le désastre de tous ces jeunes, dansant avec tant de ferveur et de dévouement de leur personne au son de la flûte séductrice du nihilisme." De préférence à *nihiliste*, donc, je recourrai le plus souvent aux mots *négativiste*, *néantiste* ou *mélanomane** pour évoquer la doctrine des modernes professeurs de désespoir.

Qu'on ne me fasse surtout pas dire – Déesse Suzy m'en garde ! – que la littérature doit être joyeuse, guillerette et pleine d'espoir, qu'elle n'a qu'à nous entretenir de gentils chérubins, de chatons soyeux et de petites marguerites, que sa mission est de donner une image positive (ou même "réaliste") de l'existence humaine. L'art en tant que tel, et peut-être surtout la littérature, est un refus du monde tel qu'il est, l'expression d'un manque ou d'un mal-être. Ceux qui sont bien dans leur peau, amoureux de la vie en général et satisfaits de la leur en particulier, n'ont aucun

* "Mélanomane", ou passionné du noir : je dois ce beau néologisme, comme celui de "néantiste", à l'écrivain Henri Raynal.

besoin d'inventer un univers parallèle par le truchement des mots. Bien des romans contemporains (dont les miens, me l'a-t-on assez dit !) peuvent être décrits comme sombres, pessimistes, noirs ou déprimants, sans pour autant être fondés sur les postulats du nihilisme.

Voici, en résumé, ces postulats.

1. Elitisme et solipsisme. La plupart des êtres humains ne méritent pas le nom d'individu. Ils forment une masse homogène, grégaire, vulgaire, conformiste et bête. Ils s'agglutinent. Ils ont besoin les uns des autres, et pourtant ils se ressemblent. Ils pensent tous pareil et font tous la même chose : se marier (berk), faire des enfants (double berk), se distraire de façon idiote. Un vrai professeur de désespoir se sait différent de cette foule et se vit comme solitaire. Il chérit, protège, cultive et supporte sa solitude, tout en se plaignant plus ou moins bruyamment des souffrances qu'elle lui inflige. Il ne veut rien devoir à personne. Tout au plus saura-t-il reconnaître une dette envers ses pères ou ses frères spirituels. L'idée d'une mère (ou d'une sœur) spirituelle est une contradiction dans les termes.

2. Dégoût du féminin assimilé à l'existence charnelle. C'est la mère qui nous "jette" dans le temps et dans le monde. La naissance, qu'on lui reproche, est la seule chose qu'on reconnaît avoir reçue d'elle. La femme entrave la liberté de l'homme. Marie et Eve, tentaculaire et tentatrice, maman et putain, elle profite de sa beauté pour entraîner l'homme dans son piège, le mener là où il ne veut pas aller, à savoir dans la reproduction, qui est écœurante parce qu'elle relève non de la volonté de l'individu mais de celle de l'espèce.

Elle-même, surtout si elle est mère, est incapable de penser, d'écrire, de créer ; elle est (pour reprendre la formule de Baudelaire) “naturelle, c'est-à-dire abominable”. Seul l'homme peut être artiste. Il est artiste parce qu'elle est naturelle. Logiquement, une femme néantiste dirigera sa violence contre elle-même.

3. Mépris pour la vie terrestre. Il n'y a rien à tirer de l'existence sur la terre. Les activités du commun des mortels ont en réalité un seul but, qui est de se dissimuler la vérité épouvantable : solitude, mortalité, temps qui passe, chair qui pourrit, etc. Le monde humain étant perçu comme la scène d'une agitation grotesque et insensée, on se tient le plus souvent à l'écart de la politique. (On arrive à cette position parfois après un engagement politique qui a mal tourné.) On voudrait soit n'être jamais né, soit être déjà mort. On rêve de se supprimer ; en même temps, on a très peur de la mort et l'on aspire, par le truchement d'une œuvre spirituelle, à l'immortalité.

En un mot, si je comprends bien, dit Déesse Suzy, ces auteurs cherchent à ressembler le plus possible au Seigneur Dieu ?

On peut dire ça comme ça.

*

De quand date, au juste, ce sentiment d'une coupure irrémédiable entre soi et le monde, cette perception de notre présence dans l'univers comme absurde ? Eugène Ionesco pose bellement la question dans son livre de Mémoires

Présent passé, passé présent : “A partir de quel moment les dieux se sont-ils retirés du monde, à partir de quel moment les images ont-elles perdu leur couleur ? A partir de quel moment le monde s'est-il vidé de sa substance, à partir de quel moment les signes n'ont-ils plus été des signes, à partir de quel moment il y a eu la rupture tragique, à partir de quel moment avons-nous été abandonnés à nous-mêmes, c'est-à-dire : à partir de quel moment les dieux n'ont-ils plus voulu de nous comme spectateurs, comme participants ? Nous avons été abandonnés à nous-mêmes, à notre solitude, à notre peur, et le problème est né. Qu'est-ce que le monde ? Qui sommes-nous ?”

Or il y a une réponse à cette question réitérée comme une litanie. Cette peur, cette solitude, ce sentiment du “désenchantement du monde” ont bel et bien une date de naissance : c'est, *grosso modo*, le XVIIe siècle. Ils sont dus à ce grand changement dans notre vision de l'univers que l'on appelle la naissance de la modernité : progressivement, on est passé d'un monde fondé sur le surnaturel et le divin à un autre monde, strictement naturel et humain ; où l'on découvre, entre autres, que notre planète n'est ni plus ni moins qu'une poussière flottant dans un univers sans bornes, l'un des satellites du soleil parmi une dizaine d'autres, et le soleil lui-même une étoile parmi des milliards d'étoiles.

Si l'homme n'est pas le centre de l'univers, son existence a-t-elle encore un sens ? Çà et là, à partir de 1600, des voix littéraires isolées commencent à refléter une prise de conscience tragique de l'arbitraire de la vie humaine. Calderón dans *La vie est un songe* émettra cette boutade promise à une belle postérité : *“El delito mayor del hombre es haber nacido"* ("La plus grande faute de l'homme est d'être né") ; et Shakespeare attribuera à son Macbeth la perception de la vie comme "une histoire racontée par un idiot, pleine de bruit et de fureur, dépourvue de sens". Pascal exprimera le même désarroi existentiel dans des formules destinées à devenir célèbres : "Abîmé dans l'infinie immensité des espaces que j'ignore et qui m'ignorent, je m'effraie", ou encore : "Je m'effraie et m'étonne de me voir ici plutôt que là, car il n'y a point de raison pourquoi ici plutôt que là, pourquoi à présent plutôt que lors." Pour ne pas s'abandonner à ces angoisses, Pascal pouvait encore se réfugier dans la foi...

Viennent les Lumières, et le bouleversement des structures politiques et religieuses qui, dans les sociétés traditionnelles, avaient rassuré chacun quant à sa place dans l'univers. 1789 incarnera l'espoir immense de voir remplacer Dieu par l'Homme : même s'il n'y a pas de grand ordonnateur, même si nos destinées ne sont pas régies d'en haut, même si personne ne nous observe ni ne veille au bon déroulement des choses dans sa sagesse infinie et insondable, nous saurons nous prendre en main tout seuls et, grâce à la science, grâce à la raison, grâce aux progrès de la démocratie, venir à bout des maux de l'espèce humaine. La terre n'est peut-être pas au centre de l'univers, mais l'homme mérite de devenir le centre du monde dans lequel il vit.

Malheureusement, au lieu de s'arranger, les choses se gâtent, et cet espoir s'écroule à son tour avec l'échec de la révolution de 1848 : c'est alors, avec Flaubert et Baudelaire (tous deux nés en 1821 et arrivés à l'âge adulte au milieu du siècle), que l'on assiste à l'avènement du néantisme moderne*. "Le Gouffre" de Baudelaire résume à merveille les thèses fondamentales de cette philosophie :

Pascal avait son gouffre, avec lui se mouvant.
– Hélas ! tout est abîme, – action, désir, rêve,
Parole ! et sur mon poil qui tout droit se relève
Mainte fois de la Peur je sens passer le vent.

En haut, en bas, partout, la profondeur, la grève,
Le silence, l'espace affreux et captivant…
Sur le fond de mes nuits Dieu de son doigt savant
Dessine un cauchemar multiforme et sans trêve.

J'ai peur du sommeil comme on a peur d'un grand trou,
Tout plein de vague horreur, menant on ne sait où ;
Je ne vois qu'infini par toutes les fenêtres,

Et mon esprit, toujours du vertige hanté,
Jalouse du néant l'insensibilité.
– Ah ! ne jamais sortir des Nombres et des Etres !

Ensuite, tout se passe comme si le besoin d'autonomie politique que prônait la modernité avait été projeté sur la structure psychique et sociale de l'homme : de ce qu'il pouvait se passer de Dieu, on a conclu qu'il pouvait également se passer de ses semblables. Les philosophes européens érigent en modèle de l'être humain un homme solitaire, rationnel et autosuffisant. A partir de 1880, avec le succès spectaculaire de la philosophie d'Arthur Schopenhauer (on y viendra), le néantisme s'installe à la place qu'il n'a plus quittée depuis : celle de l'école de pensée la plus puissante de l'Europe occidentale.

* 1848 marque aussi, bien sûr, avec la publication du *Manifeste communiste* de Marx et Engels, la naissance d'une des grandes formes de l'utopisme moderne.

Au XXe siècle, le "désenchantement du monde" n'a fait que s'accentuer. Les sciences modernes – théorie de l'évolution, génétique, sociologie, psychanalyse – révèlent le rôle joué dans la fabrication de nos précieuses individualités par des forces sur lesquelles nous n'avons aucune prise. C'est traumatisant… Mais, on l'oublie trop souvent – j'oserais même dire qu'on l'oublie toujours –, *c'est surtout traumatisant pour les hommes*. Dans nos sociétés, en effet, les hommes se trouvent nettement plus "désenchantés" que les femmes.

Eh oui, soupire Déesse Suzy. Je le vois bien : *ils ont du mal, les hommes modernes.*

Il faudrait prendre à rebours la célèbre boutade de Simone de Beauvoir ; en définitive, *on ne naît pas homme, on le devient*. Pendant des siècles et des millénaires, en tout cas, être femme allait de soi ; et que l'on fût homme, c'est ce qu'il fallait prouver. Etre homme, c'était s'arracher à l'aire maternelle originelle pour *accomplir des exploits*, que ceux-ci fussent d'ordre physique ou spirituel. Démontrer sa maîtrise : des femmes, des terres, de la matière, des concepts. Homme chasseur, cultivateur, homme prêtre, devin, artisan, artiste, homme bâtisseur et guerrier, homme homme. Les hommes ont toujours été plus destructeurs que les femmes ; plus créateurs aussi ; plus géniaux. Les femmes vivaient un temps moins dramatique, moins cahoté par les événements ; elles suivaient les rythmes que leur imposaient grossesses et accouchements, travaux agricoles, domestiques et nourriciers, y compris nourriciers d'âmes. Cette division du travail était une évidence, non une oppression, non un complot d'un sexe contre l'autre. Les pères apprenaient aux fils et les mères aux filles, les générations se succédaient dans l'évidence, les filles ne chassaient pas, les pères ne portaient pas leur bébé sur le dos. A chaque sexe son statut, ses prérogatives et ses devoirs.

La modernité a bouleversé ces données millénaires. Naissance du citoyen et des droits l'accompagnant ; extension, progressive mais inéluctable, du concept d'individu jusqu'à ce qu'il inclue les femmes, les esclaves, les anciens colonisés ; révolution industrielle, école gratuite et obligatoire, développement des sciences, perfectionnement des instruments de construction (et dans le même temps, bien sûr, de destruction)... Mais tout cela – l'Etat de droit, la technologie, l'éducation démocratique – a contribué à diluer ou à rendre superflu ce qui avait fait jusque-là la fierté et la spécificité des hommes. En d'autres termes, chez nous, les hommes n'ont plus rien *en plus*, alors qu'ils ont encore clairement quelque chose *en moins*. Etre homme dans la société athée et individualiste de l'Europe contemporaine est une tâche ardue. Les hommes sont toujours persuadés de devoir prouver leur virilité – la preuve les obsède –, seulement ils ne savent plus trop par où, de quelle manière la prouver. De nos jours, la force physique supérieure, au lieu de vous permettre de gagner des tournois de chevalerie, risque plutôt de vous conduire derrière les barreaux. En dehors des domaines strictement militaires et sportifs, les démonstrations physiques de virilité sont réprouvées, et la violence, punie.

Sur le plan spirituel aussi – celui qui nous concerne ici –, la fin de l'ancienne distribution des rôles a ébranlé les certitudes masculines.

Depuis toujours en Occident, même si le poids moral des mères à la maison était considérable, la morale officielle était incarnée sur la place publique par les seuls hommes. Ils étaient prêtres, évêques, rabbins, prédicateurs ; ils disaient aux gens comment vivre ensemble, à quelles lois se conformer, où était le bien, où le mal, à quoi ressemblait la vie après la mort… Quand la foi est devenue vacillante, le roman a pris le relais et pendant quelques petits siècles encore, mettons de Cervantès à Conrad, les hommes ont continué à diriger la vie spirituelle de l'humanité dans le monde occidental ; cela leur a fait du bien, le peu de bien qu'on peut se faire, et aux femmes aussi, quand elles savaient lire, quand elles savaient apprécier, cela a fait du bien ; aucun doute là-dessus.

Mais ensuite, cela se casse. Accédant enfin à l'éducation supérieure, à la contraception et à l'avortement légalisé, les dames ont commencé à affluer en masse dans tous les domaines jusque-là réservés aux messieurs : monde littéraire, monde politique, et même, lentement mais de plus en plus sûrement, monde sacerdotal et philosophique. Le néantisme surgit *aussi*, comme j'espère le montrer, de l'angoisse qu'éprouvent les hommes à se voir priver de leur monopole sur la vie de l'esprit.

Outre le modernisme et l'émancipation des femmes, un troisième facteur a déterminé l'émergence du courant nihiliste dans l'Europe du XXe siècle ; c'est le traumatisme de la Seconde Guerre mondiale.

Les massacres, cette production industrielle de morts qu'est la guerre moderne, induisent forcément l'idée que la vie est absurde. Impossible de contempler des montagnes de cadavres et de continuer de se sentir protégé par l'idée d'un dieu, d'un destin individuel, d'une signification transcendante. Déjà la folle hécatombe de la Première Guerre avait conduit, dans le domaine littéraire, au nihilisme exaspéré du mouvement Dada et aux éructations d'un Céline – mais au moins était-ce une guerre, au moins s'agissait-il de combats, ceux-ci fussent-ils monstrueux, massifs, infiniment et tragiquement meurtriers. Avec la Seconde Guerre, avec l'avènement des totalitarismes et leurs hécatombes sans précédent dans l'Histoire, avec la destruction insensée des vies humaines non plus par milliers mais par millions, avec les chambres à gaz et la bombe nucléaire, avec la Kolyma et Auschwitz, Hiroshima et Nagasaki… la plupart des écrivains européens cessent de croire que la littérature puisse *aider à comprendre le monde et à y vivre.* Ils se méfient de tout, à commencer par le langage et le récit. Le nazisme brûle un trou au cœur même de l'Europe. La haute culture – beaux livres, belles idées, beaux arts, beaux principes, patiemment élaborés au long des siècles – aura donc abouti à cela : l'horreur.

Et le nihilisme, qui aurait pu demeurer une simple mode littéraire et philosophique, apparaît soudain à beaucoup comme *la vérité de la condition humaine.*

INTERLUDE :
LE REFUS GLOBAL

Les années de l'après-guerre qui m'ont vue naître n'étaient que superficiellement celles du fameux "retour à la maison" des femmes. En profondeur se produisait le mouvement inverse : un incroyable vent de liberté soufflait sur le monde occidental. Liberté sexuelle, liberté artistique, droit de vote des femmes ; le pavé dans la mare du *Deuxième Sexe*, et puis l'exemple vivant du couple Sartre-Beauvoir – l'amour libre, l'amour entre égaux –, fabuleux, extraordinaire, tout ça ; comment être contre ?

Au Québec, peu ou prou à la même époque (1948), le peintre Paul-Emile Borduas a rédigé un manifeste explosif intitulé *Refus global*. Plus jamais, disait en substance ce texte publié à la une des journaux, les artistes ne doivent se soumettre aux diktats de l'Eglise catholique, ni à aucune autre forme de pression sociale ou religieuse. L'art doit être totalement libre, les artistes aussi : "Place à la magie ! Place à l'amour ! (...) Nous poursuivrons dans la joie notre sauvage besoin de libération."

Enhardis par l'onde de choc qu'a provoquée leur manifeste, les artistes de ce groupe – hommes et femmes dans la vingtaine, peintres, sculpteurs, décorateurs et costumières de théâtre – ont étendu cette notion de liberté dans la vie artistique (donc sociale, publique) à la vie privée. S'inspirant de ce qu'ils avaient lu au sujet de Jean-Jacques Rousseau, convaincus que l'école et la société "détruisaient" leurs enfants et qu'il valait mieux les laisser grandir seuls, ils les ont abandonnés. Par la suite, faut-il en rire ou en pleurer, ces enfants (comme ceux de Rousseau) ont été pris en charge par ces mêmes institutions catholiques, rigides et arriérées, que leurs parents artistes avaient si éloquemment pourfendues.

Cinquante ans plus tard, Manon Barbeau, dont les deux parents étaient signataires du manifeste, a réalisé un film documentaire intitulé *Les Enfants du Refus global*. C'est peu dire que, du départ de leurs parents, ces enfants ne se sont pas bien remis. Trois d'entre eux se sont suicidés ; plusieurs (dont le propre frère de la cinéaste) sont schizophrènes et vivent en institution ; les autres sont fragiles et marginalisés. Les artistes eux-mêmes, par contre, retrouvés à l'occasion du tournage, tiennent pour la plupart le même discours qu'en 1948 : Ah la belle époque ! liberté, liberté chérie...

Dans la correspondance de ses deux parents avec Paul-Emile Borduas, lue sur microfilm à la bibliothèque, Manon Barbeau trouve l'explication de leur choix. Voici ce qu'écrit par exemple sa mère, Suzanne Meloche : "Cher Borduas... Je touche à une expérience actuellement qui s'offre à moi pour la première fois ; j'ai le sentiment qu'elle m'apportera quelque chose de définitif. Je pense qu'il n'y a rien à travers quoi on ne puisse passer, et cette certitude vis-à-vis de moi-même m'ouvre toutes les possibilités. Je ne sens la nécessité d'aucune morale ni d'aucun principe, écrit-elle. Ni de dogme ni de religion. Je n'ai aucune disposition pour moraliser."

C'est elle qui, la première, décidera de tout plaquer. Au moment du tournage, Marcel Barbeau, soixante-treize ans, explique à Manon que sa mère n'"était pas tellement faite pour élever une famille ; elle voulait se réaliser au-dehors". Ayant abandonné les enfants à son tour, il dit que, certes, son fils François lui a manqué au début, "mais on s'habitue (...). Il y a une responsabilité aussi, d'un artiste, de faire s'épanouir les dons qu'il a reçus." Ce qu'il faut comprendre, ajoute-t-il, c'est que pour lui et les autres artistes du groupe, Borduas était un "père spirituel", et que les pères spirituels sont autrement plus importants que les pères biologiques. "Tu ramènes tout à tes problèmes à toi, d'enfant ; il faut aller au-delà de ça." Manon proteste : "Ça me dérange surtout pour François, dont la vie a été gâchée." Et son père de rétorquer : "Tu aurais voulu que je gâche ma vie pour lui ?"

Suzanne Meloche, tout en refusant de recevoir sa fille au moment du tournage, lui avoue au téléphone : "On est allé trop loin, trop vite." Et quand, dans une galerie d'art, Manon se trouve face à une grande toile de sa mère, rouge sur rouge, *Le Pont Mirabeau* (1962), elle a du mal à retenir ses larmes... On sent qu'elle met dans la balance ce que l'artiste a exclu de son existence (la vie familiale) et ce qu'elle a réalisé (la peinture), pour se demander si, en fin de compte, le jeu en valait la chandelle.

Question terrible – et, bien sûr, indécidable...

III

OUBLI DE L'ENFANT

J'ai longtemps adhéré au poncif selon lequel un homme qui souhaite sérieusement écrire ne devrait pas avoir d'enfants. Eh bien c'est faux. La naissance de mon fils a métamorphosé ma langue. Et maintenant je décrète : chaque écrivain doit avoir trois enfants !

GÖRAN TUNSTRÖM

Alors maintenant je vais dire une chose absolument énorme, tellement énorme qu'elle me fait presque peur, non ce n'est pas la chose qui me fait peur mais le fait de le dire ou plutôt de l'écrire parce qu'écrire est ma façon à moi de dire, mais écrire cette chose implique qu'elle ne sera entendue que par mes lecteurs, soit une proportion infime, quasi négligeable de la population mondiale ; or c'est précisément pour ces gens-là, pour les lecteurs d'essais, disons pour aller vite pour les intellectuels, que cette chose est "énorme", alors que pour la vaste majorité de la population mondiale elle est au contraire une banalité, un truisme, une chose qui va précisément *sans dire*, bref je marche sur une corde raide entre ceux qui liront cette affirmation et qu'elle fera bondir, et ceux qui ne la liront pas et qu'elle ferait bâiller si d'aventure elle leur passait sous le nez ; la voici, elle vient maintenant, la chose presque impossible à dire, soit scandaleuse soit assommante : il y a, en général, en gros, oui, oui, quand même, j'insiste, dans l'ensemble, ah là là Déesse Suzy j'ai peur, *il y a une différence entre les hommes et les femmes*, voilà je l'ai dit, enfin j'ai dit déjà la moitié de la chose et l'autre moitié, la deuxième, précisera en quoi consiste cette différence, eh bien, il me semble que cette différence consiste en ce que la plupart des femmes font des enfants et passent du temps avec des enfants en bas âge, alors que les hommes font beaucoup moins ceci et sont incapables de faire cela. Il s'ensuit, maintenant que je suis lancée il serait dommage de m'arrêter, il s'ensuit que, dans l'ensemble, en gros, les hommes et les femmes entretiennent un rapport différent au passage du temps et donc à la mortalité, voire à la mort. L'une des raisons pour lesquelles, en général, on ne dit et surtout on n'écrit pas cette chose, c'est qu'en gros, dans l'ensemble, traditionnellement, les gens qui ont écrit ou parlé en public ont été des hommes, ou alors des femmes ayant choisi de leur ressembler de ce point de vue, c'est-à-dire de ne pas mettre d'enfants au monde ou de ne passer que très peu de temps avec des enfants en bas âge, tandis que les femmes qui avaient des enfants et passaient beaucoup de temps avec eux n'avaient pas la disponibilité – ni, peut-être, l'inclination – de *parler* dans ce sens du mot, c'est-à-dire de tenir des discours, d'échafauder des systèmes philosophiques, religieux et métaphysiques… d'où le fait que tous ces systèmes, sans le savoir et donc forcément sans le dire aussi, sont fondés sur l'oubli de l'enfance, l'oubli de l'enfant, de l'enfantement, l'ignorance de ce que tous les autres, obscurément, savaient sans le dire.

Sauf exception, les auteurs dont je vais parler dans ce livre – de même que la majorité des philosophes de l'Occident moderne (Spinoza, Pascal, Kant, Hegel, Schopenhauer, Kierkegaard, Nietzsche), sans parler de tous les saints, papes, curés, évêques et archevêques de l'Eglise catholique – n'ont pas eu d'enfants ni vécu auprès des enfants. Je vais inventer un mot pour ces gens : je vais les appeler des *apares*, en partant de la racine latine *parere*, engendrer, qui a donné des mots comme vivipare, ovipare et primipare. Ce n'est pas que les apares ne devraient pas avoir droit à la parole, c'est qu'ils ne devraient pas la monopoliser. Je dirais même plus : étant donné que sont exclus de la réalité qu'ils décrivent quatre-vingt-dix pour cent des êtres humains, ils devraient carrément éviter les généralisations*.

L'immense majorité des négativistes sont non seulement apares mais – pardon, j'ai besoin d'encore un néologisme mais je m'arrêterai là, promis – *génophobes*. (Génophobie : peur ou haine de l'engendrement.) En d'autres termes, le fait de n'avoir pas d'enfants est chez eux bien plus qu'un choix : un principe irréfragable. C'est logique, car si l'on est convaincu que l'espèce humaine devrait disparaître, le moins qu'on puisse faire c'est de ne pas mettre d'enfants au

* Confucius, lui, avait un fils. Et quand la mort le lui a pris, le grand homme a pleuré. Même après les quatre jours prévus pour le deuil officiel, ses larmes coulaient à flots... A ses disciples qui s'en étonnaient, Confucius a dit : "Ma peine est trop grande, voilà tout."

monde. ("Avoir commis tous les crimes, hormis celui d'être père", se félicite Cioran.) Le fait de devenir parent, bien sûr, vous inscrit dans le temps, dans les vicissitudes "humaines, trop humaines".

Arbres sans fruits qui prétendent nous instruire en matière de compotes et de tartes : ils croient parler de l'humanité, et ils parlent d'eux-mêmes.

Je ne suis pas la seule à raisonner ainsi ; dans *Le Sentiment d'exister*, François Flahault raconte comment il s'est mis à voir "à quel point le «sujet» dont parle le discours philosophique était non seulement asexué mais également sans âge. Toujours-déjà adulte, semble-t-il, comme Adam et Eve sortant des mains du Créateur. Un individu qui s'interroge sur la mort, mais jamais sur la naissance. Qui s'interroge sur le temps, mais non sur ce qu'il a reçu de ses parents et sur ce qu'il transmet à ses enfants." Et Luce Irigaray, rappelant la définition socratique de la philosophie comme *thanatou mélète*, préparation à la mort, souligne à quel point "un philosophe vivant et pensant la vie est *a priori* suspect dans notre histoire philosophique".

Même si elles prennent rarement la peine de le dire, il me semble que, spontanément, les femmes doivent adhérer moins que les hommes à cette philosophie-là. Pourquoi ? Pour la simple raison que *le corps de la femme est lien, déjà*. Tout est lien chez elle. Son présent est lié à son avenir et à son passé. Elle reçoit l'autre en elle, peut porter l'autre en elle – et, même si elle ne le fait pas, il ne lui est jamais loisible d'oublier cette éventualité. A tout moment de son existence, son corps lui rappelle la présence possible de l'autre ; cela fait partie de ce qu'on appelle en anglais *the facts of life*.

Quand une jeune fille a ses règles pour la première fois, on lui dit : *Maintenant tu peux devenir mère*. Mais quand le jeune garçon a ses premières émissions nocturnes, on ne lui dit pas : *Maintenant tu peux devenir père*... alors que c'est le cas ! Tout se passe comme si le garçon n'était *pas* lié, par son corps, à l'espèce et à la fécondité. Comme s'il n'était qu'individu, érotisé, toujours prêt à faire l'amour.

Ou encore... quand des seins commencent à pousser sur la poitrine de la jeune fille, ils ne sont d'abord que "sexy", des sortes de décorations ; la jeune fille les met en valeur, et quand ils attirent les hommes, ils lui procurent du plaisir. Plus tard, ils pourront assumer (et, quoi qu'en disent les lieux communs, *sans que ceci annule cela*) une autre fonction en devenant source de nourriture. Par l'allaitement, l'être humain féminin appartient ostensiblement au groupe des mammifères. Les femmes peuvent nourrir leurs rejetons à partir de leur propre corps ; les hommes ne le peuvent pas.

Une femme a presque toujours une connaissance intime de la vie matérielle, et cette connaissance lui fait remarquer le passage du temps et les rythmes du corps. Même si elle est passionnée par l'art et la philosophie, il lui est difficile de ne tenir aucun compte de la nécessité d'ingurgiter de la nourriture et d'en excréter les restes, celle de dormir et de se laver et de s'habiller et de changer d'habits, celle de balayer et de faire la vaisselle et de remplir le réfrigérateur et d'allumer le four. Il est rare qu'elle n'ait pas à faire *aussi*, tout en réfléchissant, ou entre les moments où elle réfléchit, un peu de ménage et de cuisine et de courses et de nettoyage et de repassage et de couture, pour elle-même et pour ses enfants et pour son homme. La journée d'une femme, et *a fortiori* celle d'une mère, *n'est pas simple.* Vivre auprès d'un petit enfant, l'accompagner, le suivre, l'écouter, le former, l'aider, le caresser, le nourrir... c'est une chose *complexe.*

Une femme sait aussi, à force de vivre auprès des enfants, que pour ceux-ci les mots de "liberté" et d'"indépendance" sont à peu près dépourvus de sens. Si chaque tout-petit s'enivre de se sentir devenir *quelqu'un* et tient à se passer au plus vite de ses parents dans ces activités importantes que sont : lacer ses chaussures, boutonner sa chemise, couper sa viande... il serait abusif d'en conclure que ce sont des "sujets libres" au sens où l'entend un Descartes, un Kant ou un Rousseau. Accoucher d'un bébé et lui dire : "Ça y est, mon chou, bienvenue au monde, t'es libre, salut !" c'est le condamner à mort. Vivre trois, six ou huit ans avec un enfant et lui dire ensuite : "Bon, ben ciao ! Vie de famille, vu ; j'ai mieux à faire", c'est le condamner à de sacrées acrobaties pour maintenir en place son *sentiment d'exister,* si tant est qu'il y parvienne.

Plus que les femmes, donc, les hommes sont seuls dans leurs corps. Cette asymétrie est sans doute bizarre et dérangeante, *mais elle existe* et doit expliquer, au moins en partie, que les hommes aient plus facilement tendance à se percevoir comme solitaires tout court. Certes, les bonnes sœurs se retirent du monde, vivent entre elles, observent les mêmes vœux de silence, de chasteté et de pauvreté que les moines, mais il n'existe pas de couvent féminin où la présence de l'homme soit aussi follement redoutée ni aussi farouchement interdite que celle de la femme au mont Athos. Pas d'équivalent féminin de Henry David Thoreau, vivant pendant des années en autarcie individuelle. Pas de Robinsonnette sur une île déserte. Le fantasme de la solitude totale est rarement un fantasme de femme.

Or *pour écrire qu'on est seul, on a besoin de l'aide de quelqu'un*. Même les moines cisterciens, abîmés du matin au soir dans la prière et la méditation, le silence et la privation, dépendaient pour leur survie des moines convers, qui s'occupaient du potager, faisaient la cuisine et le ménage. De la même manière, la simplification volontaire de l'existence des penseurs professionnels, la solitude et la pureté monacales sur lesquelles elle repose, ne sont possibles que *grâce au travail des autres*, le plus souvent des femmes.

En lisant les écrits des grands néantistes contemporains (hommes et femmes), je me suis rendu compte que la métaphysique qui sous-tend leur pensée était spécifiquement masculine. *Le nihilisme est misogyne dans son essence*, puisqu'il condamne l'existence physique et en tient les femmes responsables. Même si l'on sait, depuis la découverte des chromosomes au XIXe siècle, que dans la conception d'un enfant (c'est-à-dire aussi dans la création d'une âme) le père "y est" pour exactement autant que la mère, le rôle voyant, durable et parfois dangereux que joue celle-ci frappe les imaginations, et donc les inconscients, et donc les convictions profondes. C'est comme la révolution copernicienne : on a beau savoir que la terre tourne autour du soleil et non l'inverse, on n'arrive pas à bannir de notre vocabulaire les levers et les couchers du soleil. De même, malgré les connaissances acquises en matière de génétique, on fait toujours comme si la mère "faisait" seule ses enfants. Si garçons et filles enregistrent le rôle spectaculaire que joue la mère dans la reproduction, ils n'y réagissent pas de la même manière, pour la bonne raison que les femmes issues de mères peuvent devenir mères à leur tour alors que les hommes ne le peuvent pas. Une femme ressemble physiquement à celle qui lui a donné le jour et, si elle a horreur de cette dette et de cette dérivation – si elle exècre sa mère –, elle aura toutes les chances de s'exécrer elle-même. L'ambivalence de l'homme est plus simple à vivre et à assumer, car elle vise non l'autre *semblable* mais l'autre *différente*.

Nous le verrons : là où, chez les hommes, le discours désespéré est essentiellement d'ordre *métaphysique*, chez les femmes il a tendance à devenir *physique* : violent, sexuel et suicidaire. Nonobstant l'immense tendresse qu'ils manifestent envers l'idée du suicide, les hommes mélanomanes sont plutôt *moins* susceptibles que les femmes de mettre fin à leurs jours.

Pour les messieurs, apparemment, dit Déesse Suzy avec un sourire en coin, le désespoir préserve !

*

Je me sens qualifiée pour parler de l'oubli de l'enfant parce que j'ai moi-même été (oh, jusqu'à un certain point seulement ! un point très modeste, comparée aux enfants du *Refus global*) une enfant oubliée et que, des années durant, j'ai tout fait pour oublier mon enfance.

Contrairement à ce que croient leurs enfants au départ, les parents ne sont pas des dieux : ils se trompent, parfois gravement, font un pas dans un sens puis dans l'autre, culpabilisent, se fourrent le doigt dans l'œil, se font mal l'un à l'autre, chacun à soi, et aux enfants, c'est inévitable, c'est ainsi. La famille : du bricolage permanent. C'est assez rare, en fait, que les parents soient prêts à devenir parents. Les miens ne l'étaient pas ; ils le reconnaissent volontiers aujourd'hui : à vingt ans ils n'avaient pas fini de "virer leur cuti". Par ailleurs, tous deux avaient des ambitions intellectuelles, et la naissance de trois enfants en cinq ans les a rendus pauvres et stressés. Vive la pilule contraceptive ! on ne le criera jamais assez fort (même si, tout compte fait, je suis contente qu'elle ait été inventée après et non avant ma naissance).

Le premier pas vers le néantisme est le fait de se rendre compte, à un jeune âge, qu'on n'est là ni par l'effet d'une intervention divine, ni même par celui d'un désir humain, mais par pur hasard, par accident, voire par erreur. Votre existence en tant que telle en devient absurde. Vous vous percevez comme superflu. Vous êtes assis face au mur de cette évidence-là et vous n'en bougez plus. Cela provoque le vertige, la rage, l'envie de tout casser. Très tôt, pour ma part, j'ai senti que ma présence sur terre était une chose malcommode, que j'étais un empêchement, un obstacle, un poids…

Et puis ce fut le cataclysme : quand j'avais six ans, ma mère est partie. Elle a changé non seulement de ville mais de continent. Pour survivre sans elle – qui était, pour moi comme pour tout enfant, *le* lien au monde, pour ne pas dire *le* monde tout court –, j'ai décidé que je n'avais pas besoin d'elle. Ni d'une deuxième mère, la belle-mère qui l'a remplacée. Ni de personne. Je me débrouillerais toute seule, merci. Plus personne ne m'abandonnerait, car à personne je n'accorderais l'importance qui pourrait faire de son départ cette catastrophe, cette blessure définitive.

C'est le cœur battant que j'ai lu, à l'âge de quinze ans, mes premiers livres nihilistes... *La Nausée*, en m'identifiant à Roquentin qui vomit les familles. *L'Etranger,* en m'identifiant à Meursault que la mort de sa mère laisse de glace. Et je me suis dit que oui, ce devait être ça, la liberté. Ce devait être ça, la vraie vie humaine. A bas les liens... Dès que cela devint matériellement possible (à dix-sept ans), je m'éloignai de ma famille. Plus tard, les ruptures amoureuses eurent presque toujours lieu à mon initiative : c'est moi qui m'en allais. J'étais légère. Je voyageais léger, brûlant et éparpillant mon passé au fur et à mesure. J'accumulais des journaux intimes mais non des lettres, non des cadeaux, non le lourd fatras des souvenirs. Poids superflu tout ça, comme celui que, par les régimes, je m'évertuais à faire disparaître de mon corps. Je me suis empiffrée du Rien, il m'a fait maigrir, j'ai voulu être plus maigre encore, squelette, ossements, néant.

Tout en donnant le change, tout en présentant l'aspect extérieur d'une jeune femme qui croit en la vie (bonnes notes, figure avenante), je me suis inscrite en douce à l'université du néant. Mon plus proche complice est devenu le suicide, l'heureuse possibilité de me supprimer, de ne plus exister, de ne plus avoir à jouer au jeu du bonheur. Eh oui, Déesse Suzy, je ne puis te le cacher : c'est avec fringale que j'ai avalé les traités des négativistes ! Je me suis imprégnée de leur sagesse noire, j'ai ri de leur humour noir et laissé leurs rêves noirs envahir mes nuits et mes jours.

De vingt à trente ans, ayant changé entretemps de pays et de langue, je me suis mise à balancer entre les deux extrêmes de la pensée européenne que j'ai évoqués plus haut : le *y a qu'à* et le *n'est que*, l'utopisme et le nihilisme, en gardant une secrète préférence pour ce dernier. Tantôt je m'exaltais avec Lénine, tantôt je m'adonnais au spleen de Baudelaire. "La femme est l'avenir de l'homme", m'écriais-je dans les manifs du MLF, tout en partageant avec Kundera une sainte horreur de la mièvrerie familiale.

Lentement, progressivement, mes enfants me l'ont rendue impossible à tenir, cette pose où j'étais figée depuis ma propre enfance. Non pour les raisons qu'on pourrait croire : non qu'à force de bêtifier avec mes petits, j'aie oublié la méchanceté, la lâcheté et la bêtise inépuisables de l'espèce humaine. Mais parce que, vivant auprès des enfants, j'ai vu la lente émergence du langage, de la personnalité, l'hallucinante construction d'un être, sa façon d'ingurgiter le monde, de le faire sien, d'entrer en relation avec lui : bouche bée, j'ai vu arriver les premiers mots, les premiers jeux de mots, et puis les études, et puis le choix du métier, j'ai vu le cycle, et *j'ai vu que c'était passionnant*.

Pas "bien", comme Dieu qui regarde sa Création. Mais *passionnant*, oui : je déclare que la vie est digne d'intérêt, et plus aucun nihiliste ne m'en fera démordre.

Là, aujourd'hui, s'entrechoquent dans ma tête deux scènes de psychothérapie qui eurent lieu à vingt-cinq ans de distance (n'allez pas croire que je passe ma vie allongée sur le divan ; mais quand, parfois, j'en ai eu besoin, j'ai eu la chance de trouver une écoute et une parole bénéfiques, revigorantes).

En 1971 (j'ai dix-sept ans), me retrouvant après les vacances de Noël, mon thérapeute à Boston me dit au bout de dix minutes de séance : "Ah oui ! je me souviens de vous, vous êtes la femme sans besoins !"

En 1995 (j'ai quarante-deux ans), alors que je nage dans l'angoisse à l'idée de partir à l'étranger pour le lancement d'un de mes livres, ma thérapeute à Paris me dit : "Et que pourriez-vous amener avec vous en guise de viatique ?" Je la regarde, perplexe. De quoi parle-t-elle ? Un *viatique* ? J'ai beau parler le français depuis des lustres, j'ignore le sens de ce mot. "Des objets que vous pourriez glisser dans votre sac de voyage pour vous rappeler tout ce qui vous donne des forces : je ne sais pas, moi, de petites choses, des photos de vos enfants..."

C'est un séisme. J'éclate en sanglots. J'ai toujours jugé niaises les femmes qui montraient des photos de leurs enfants, et superstitieux, ceux qui trimballaient dans la poche un caillou, une babiole, un cadeau secret... *Moi ?* Avouer que j'ai besoin des autres ?! qu'ils m'aident à vivre ?! et que, même loin d'eux, je tire des forces de leur amour ?!

Eblouissement. Ma vie en est encore tout illuminée.

INTERLUDE :

SAGESSE D'AILLEURS I

"Chéris un grand malheur comme
ton propre corps." (...)
Que signifie "Chéris un grand
malheur comme ton propre corps" ?
Ce qui fait que j'éprouve un grand
malheur, c'est que j'ai un corps.
Si je n'avais pas de corps,
quel malheur pourrais-je encore éprouver ?
Ainsi quiconque chérit son corps
pour le monde peut s'appuyer sur le monde ;
ainsi qui aime son corps pour le monde
peut se fier au monde.

LAO-TSEU
(VIe-Ve s. av. J.-C.),
Tao-tö king, XIII.

IV

LE PÈRE NÉANT : ARTHUR SCHOPENHAUER

Le suicide est une très forte affirmation du vouloir-vivre.

ARTHUR SCHOPENHAUER

On ne naît pas nihiliste, on le devient. C'est comme pour tout. On ne naît pas criminel, ni fou, ni artiste. (Du reste, comme chacun sait, entre les destins de fou, de créateur et de criminel, tout est question de circonstances...) Ceux qui insistent pour étudier les œuvres spirituelles comme si elles surgissaient tout armées, telle Athéna, de la tête de leur "père", s'indigneront toujours des spéculations quant à l'influence de l'enfance et de la jeunesse des créateurs sur leur création.

Eh oui ! dit Déesse Suzy en éclatant de rire. Notre-Seigneur Dieu, en effet, n'a pas eu d'enfance !

Schopenhauer, lui, par contre, en a eu une – et crois-moi, Déesse, elle n'était pas banale.

Arthur naît à Dantzig en 1788 (un an avant la Révolution française) et, peu après, sa famille s'installe à Dresde. Il y a de la folie dans son aire natale. Son père Floris est un grand mélancolique dont deux frères sont internés en asile psychiatrique et dont la mère (la grand-mère, donc, d'Arthur) a perdu la raison après son veuvage.

Floris lui-même est commerçant, ses affaires sont… florissantes, et il souhaite qu'Arthur aligne ses pas dans les siens. Mais il souhaite aussi que ce fils devienne un homme instruit et cosmopolite ; c'est pourquoi, quand Arthur atteint l'âge de neuf ans – rupture brutale –, il sera envoyé à l'étranger, au Havre, pour étudier le français. A quinze ans, Arthur exprime le désir d'entreprendre des études classiques et Floris, contrarié, lui impose un choix : *ou* il s'enfermera tout de suite dans un collège pour se consacrer aux études qu'il préfère, *ou* il accompagnera la famille dans un périple de deux ans à travers l'Europe, mais à condition de poursuivre à son retour un apprentissage commercial. Arthur prendra le beurre et l'argent du beurre.

Ainsi, entre 1803 et 1805 (donc âgé de quinze à dix-sept ans), Arthur voyage avec sa famille dans toute l'Europe. L'année suivante, son père sombre dans la dépression et se tue en tombant du grenier. Accident ou suicide ? On ne le saura jamais avec certitude, mais on penche plutôt pour la seconde hypothèse. La mère d'Arthur, Johanna, est en fait libérée par la disparition de son mari. Elle s'installe à Weimar où elle fonde un salon littéraire et devient une amie intime de Johann Wolfgang von Goethe. (Mais oui, même Goethe a des prénoms, même Goethe a été bébé, même les parents de Goethe, avant sa naissance, ont hésité quant aux prénoms à donner à leur enfant, si c'était un garçon, si c'était une fille…) Johanna et Johann, donc, se fréquentent et s'apprécient mutuellement. Arthur le vit très mal – et ses futurs commentateurs ne rateront jamais une occasion de se moquer de la “mondaine” et “frivole” Mme Schopenhauer, qui a pourtant su, des années durant, garder l'amitié du géant littéraire. Johanna, chose rare au début du XIXe siècle (on n'ose pas ajouter "comme de nos jours..."), est une femme épanouie tant sur le plan intellectuel qu'érotique. Elle aime fréquenter les savants, discuter avec eux et devenir leur amie ou leur amante ; elle s'essaie elle-même, avec succès, à l'écriture. Son premier livre, la biographie d'un ami, théoricien d'esthétique, qui vient de décéder, paraît en 1810 et se vend bien.

A dix-neuf ans, après de vagues tentatives d'apprentissage du commerce à Hambourg, Arthur entre au collège de Gotha. Il se fait renvoyer assez rapidement, pour avoir écrit une méchante satire contre un de ses professeurs. Il rejoint donc sa mère à Weimar et y poursuit ses études de façon solitaire. Excédé par l'ambiance qui règne dans la maison maternelle, il ne la quitte pas pour autant. Ce n'est qu'en 1814, à l'âge de vingt-six ans, qu'il rompt définitivement avec Johanna – parce qu'elle refuse de mettre à la porte son amant en titre, un certain Gerstenberg.

La même année, Schopenhauer entreprend l'écriture d'un gigantesque traité philosophique, *Le Monde comme volonté et comme représentation* ; si l'éditeur Brockhaus accepte d'en publier le premier tome, c'est que son auteur se trouve être le fils d'une romancière à la mode. L'année suivante, alors qu'Arthur est en train de mettre les touches finales à son *opus magnum*, le commerce de son père fait faillite ; à partir de là, Johanna est obligée d'écrire pour des raisons alimentaires. Elle ne s'arrêtera plus : jusqu'à sa mort en 1837, elle enchaînera romans, récits de voyages et nouvelles qui rencontreront auprès du public un succès retentissant. Quant au *Monde comme volonté et comme représentation*, paru en 1819, l'éditeur n'en vendra en dix ans que trois ou quatre cents exemplaires.

Les biographes du philosophe s'accordent pour penser que la haine que voue Arthur à sa mère et, partant, à toutes les femmes est due à cette véritable explosion de vie chez Johanna, survenue trop peu de temps après la mort de Floris. Les diatribes misogynes de Schopenhauer préciseront toujours, faut-il s'en étonner, que les femmes ne sont pas faites pour les travaux intellectuels ni créateurs, mais exclusivement pour la maternité. "Comme les femmes sont uniquement créées pour la propagation de l'espèce, écrira-t-il notamment dans *Sur les femmes*, et que toute leur vocation se concentre en ce point, elles vivent plus pour l'espèce que pour les individus (...). C'est ce qui donne à leur conduite une certaine légèreté et des vues opposées à celles de l'homme : telle est l'origine de cette désunion si fréquente dans le mariage qu'elle en est devenue presque normale." (On relèvera que le roman le plus populaire de sa maman s'appelait... *Un mariage sans mari*.)

Arthur ne changera jamais d'avis à ce sujet. Dans un entretien avec C. Challemel-Lacour vers 1850 (quand il a soixante-deux ans), il dira des femmes que "les choses intellectuelles ne les intéressent point pour elles-mêmes ; au moment où vous leur parlez sciences, histoire, poésie, beaux-arts, elles ne songent qu'au parti qu'elles en pourront tirer contre vous pour vous retenir, vous asservir, vous enlacer".

Aucune femme n'a retenu, asservi, enlacé Arthur.

"Sachez-le, renchérit-il, elles ne pensent qu'à une chose, elles ne se soucient que d'une chose : se marier."

Aucune femme ne s'est souciée d'épouser Arthur.

Si le mariage, selon une de ses boutades célèbres, est "une dette contractée dans la jeunesse, et que l'on paye dans l'âge mûr", Schopenhauer s'est bien gardé de contracter cette dette, comme de la payer. D'après ce que l'on sait, ses relations avec les femmes se limitent à deux maigres anecdotes. Lors d'un voyage en Italie, il aurait connu un chagrin d'amour quand la femme qu'il courtisait lui a préféré Byron… D'autre part, jeune homme, il aurait engrossé une femme de chambre, puis pris la fuite… et l'enfant serait mort-né.

Erotisme nul, dit Déesse Suzy en hochant tristement la tête, et paternité non avenue.

Comme Tolstoï cinquante ans plus tard, Schopenhauer deviendra un avocat passionné de *l'abstinence sexuelle*, celle-ci dût-elle conduire à la disparition de l'espèce humaine… éventualité que, comme nous le verrons, il appellera ardemment de ses vœux.

Le fait d'avoir si peu vécu n'empêche point le jeune philosophe de tout savoir sur tout. A l'âge de trente-deux ans, à l'université de Berlin, il propose un cours où, promet-il, il "exposera toute la philosophie, c'est-à-dire la théorie de l'essence de l'univers et celle de l'esprit humain". Cinq étudiants en tout et pour tout s'inscrivent au cours de Schopenhauer – alors que l'amphithéâtre de Hegel, qui jouxte le sien, est plein à craquer. Après quelques années de ce régime plutôt amaigrissant pour l'ego, Arthur avoue se sentir un peu découragé. C'est vexant pour celui qui, selon ses propres termes, "a apporté une solution au grand problème de l'existence" ! Se résignant à n'être reconnu qu'après sa mort, il s'installe à Francfort pour y mener une vie rangée, régulière, quasi monacale… Ce n'est que trente-cinq ans plus tard, lors de la parution de son dernier livre, *Parerga et paralipomena*, qu'il connaîtra enfin le succès... mais alors, quel succès !

Cela ne le réconcilie pas pour autant avec l'humanité. Quand il meurt en 1860 à l'âge de soixante-douze ans, son unique héritier sera son caniche.

Arthur a une plume décapante, brillantissime, moderne. Il ne jargonne pas. Il écrit avec grâce et clarté. Et humour. Et sarcasme. Son esprit est une lame tranchante, incisive. On sent, à le lire, une excitation. On retient son souffle. On rit ! *Ils corrompent nos têtes*, par exemple, est une charge contre la philosophie universitaire, mondaine et bavarde, soucieuse avant tout de sa compatibilité avec le christianisme (Hegel est spécialement visé). Arthur se moque des professeurs "que l'on trouve toujours en train de comparer et de peser les opinions d'autrui, au lieu de s'occuper des choses mêmes. Aussi pourrait-on croire qu'il s'agit de pays éloignés, au sujet desquels il faut établir une comparaison critique entre les récits de quelques voyageurs qui y sont parvenus, et non du monde réel qui s'étale également de façon très nette devant eux."

On n'a aucune difficulté à suivre ni à admettre des arguments de ce genre-là, négatifs, développés par la plume alerte et acide de Schopenhauer. Le contenu "positif" de sa pensée, en revanche, est moins facile à avaler : en résumé, il prétend apporter la preuve qu'absolument tous les phénomènes de l'univers, qu'ils soient physiques ou psychiques, sont régis par une seule et même force impersonnelle et irrésistible à laquelle il donne le nom de *Wille*, alternativement traduit comme "volonté" ou "vouloir". Le sens de ce mot dans la philosophie schopenhauérienne est presque à l'opposé de son acception habituelle (la volonté comme une chose que contrôle, dirige, maîtrise l'individu). Ce n'est pas *nous* qui voulons, dit Schopenhauer, c'est le monde. La nature. L'espèce. *Nous* n'y pouvons strictement rien. Que nous le sachions ou non, nous sommes des épiphénomènes, régis par cette "volonté" qui nous précède et nous dépasse. (Le concept est proche à certains égards de la "pulsion" ou de l'"instinct" freudiens ; Freud lui-même rendra hommage au "grand philosophe Schopenhauer dont la volonté équivaut aux instincts de la psychanalyse".)

D'après Arthur, c'est le vouloir qui "fait l'essence propre de toutes choses dans l'Univers, la substance foncière unique de tout phénomène". Il relègue "au rang de mirage cette mystérieuse faculté appelée libre arbitre". D'après lui, même dans les cas où nous avons l'impression de faire ce que nous voulons, ce *vouloir*, lui, est déterminé par notre caractère, sur lequel nous n'avons aucune prise. Et le tour est joué : nous sommes mus par des motifs, des impulsions que nous ne contrôlons pas. Du coup (et on voit en quoi cela va arranger les futurs mélanomanes), il est inutile de regretter quoi que ce soit dans nos gestes et nos actions passés : si l'on a agi ainsi, c'est qu'on ne pouvait faire autrement !

Qu'est-ce que c'est que ça ? s'étonne Déesse Suzy. Il *faut* que nous soyons enchaînés, serait-ce à nos propres pulsions, *il le faut* !

Curieux, n'est-ce pas ? cette détestation de l'idée de la liberté au cœur même du continent qui, le premier, l'a formulée ! Ce qu'implique la liberté d'insupportable, comparée à la contrainte, c'est qu'un certain arbitraire préside au déroulement de nos destinées.

Les êtres humains particuliers, poursuit Schopenhauer, n'ont aucune importance ; ce ne sont que des incarnations passagères de l'espèce, vite remplacées par la génération suivante. Ce qui importe au vouloir, c'est que se perpétue la vie en tant que telle. Arthur illustre cette idée d'une belle image : "Comme les gouttes pulvérisées de la chute d'eau rugissante se succèdent avec la vitesse de l'éclair, tandis que l'arc-en-ciel, dont elles sont le support, est figé dans l'immobilité du repos, sans être touché par ce changement incessant, ainsi chaque Idée, c'est-à-dire chaque espèce d'êtres vivants, reste tout à fait inaccessible à la succession perpétuelle des individus. Or c'est dans l'Idée, ou l'espèce, que la volonté de vivre s'enracine en réalité et se manifeste ; c'est pourquoi aussi la subsistance de celle-ci lui importe seule vraiment. Par exemple, les lions qui naissent et meurent sont comme les gouttelettes de la chute d'eau, mais la *leonitas*, l'idée ou forme de lion, ressemble à l'arc-en-ciel, inaltérable au-dessus d'elle."

Résumons le contenu de ce paragraphe aux qualités littéraires indéniables : les gouttelettes d'eau qui forment la cascade sont les lions individuels ; le prisme est *leonitas*, l'idée de lion.

Mais, dit Déesse Suzy, il faut tout de même se poser la question : *d'où* perçoit-on les choses ainsi ? Du point de vue du Seigneur Dieu, sans doute. Pas du point de vue des lions, ni du mien, ni du tien.

C'est certain, Arthur perçoit la vie sur terre de haut et de loin – de si haut et de si loin, du reste, qu'il ne voit pas de différence significative entre les lions et les humains. "La plupart des hommes, écrit-il, se dressent avec obstination contre l'acceptation de cette vérité évidente, que pour l'essentiel et le principal, nous sommes identiques aux animaux ; et même ils reculent avec effroi devant toute allusion de notre parenté avec ceux-ci. Or ce reniement de la vérité est ce qui, plus que toute autre chose, leur barre la route de la connaissance vraie de l'indestructibilité de notre être."

Ceux qui suggèrent que, du fait de son intellect, l'homme serait un peu supérieur aux animaux – les juifs, par exemple – ne méritent que le mépris du philosophe. L'intellect, dites-vous ? Ah, ah ! La belle affaire ! "Il faut vraiment être totalement aveuglé ou entièrement anesthésié dans ses cinq sens par le *fœtor judaïcus* (puanteur juive) pour ne pas voir, pour ne pas sentir que l'animal, dans son essence et du seul point de vue qui importe, est exactement ce que nous sommes, et que la différence entre lui et nous gît uniquement dans l'accident, qui est l'intellect, et non pas dans la substance, qui est le vouloir*."

L'individu meurt donc, mais l'espèce demeure. Maigre consolation, me direz-vous, pour les individus qui redoutent la mort. Ah, mais c'est qu'il ne faut *pas* redouter la mort, explique patiemment Arthur. Au contraire, il faut la désirer ; c'est ce qui peut nous arriver de mieux. "Par-dessus tout la mort est la grande occasion de n'être plus le moi : heureux celui qui en tire parti." "La mort est l'instant de cette libération du

* La haine schopenhauérienne du judaïsme vient du fait que cette religion depuis Moïse avait interdit les pratiques magiques des anciennes sociétés polythéistes qui, d'après Schopenhauer, étaient des personnifications des forces naturelles. Cette idée galvanisera un futur lecteur du philosophe, Adolf Hitler.

caractère exclusif de l'individualité, qui ne fait pas le noyau le plus intime de notre être, mais doit plutôt être considéré comme un égarement de celui-ci ; la liberté véritable, initiale, se présente de nouveau, en cet instant qui (...) peut être considéré comme une *restitutio in integram*. La paix et le calme sur le visage de la plupart des morts semblent provenir de là."

On se demande, dit Déesse Suzy, dans quel hospice, quelle morgue, quel charnier Arthur est allé faire ces constats étonnants !

Bien sûr, si l'on parvient à cesser d'exister *avant* la mort, c'est encore mieux, et Schopenhauer (comme d'autres mélanomanes à sa suite) assimilera ce renoncement au monde à celui que prônent les adeptes du bouddhisme. "L'existence que nous connaissons, ils y renoncent de gaieté de cœur : ce qu'ils acquièrent à sa place n'est rien à nos yeux, parce que notre existence, rapportée à celle-là, n'est rien. La foi bouddhiste nomme cette existence nirvana, c'est-à-dire extinction*."

Il s'ensuit logiquement que, pour qui a eu la malchance de venir au monde, le *nec plus ultra* c'est de se supprimer soi-même. "Loin d'être une

* En fait, l'"extinction" bouddhiste n'a que peu de choses à voir avec celle que préconisent les négativistes modernes. Lorsqu'on pense au sourire des moines bouddhistes, sur les statues et dans la vie, lorsqu'on sait que l'attitude bouddhiste fondamentale est celle de la tolérance, de la bienveillance, de l'acceptation, du soin porté aux animaux et à la nature, du respect de tout ce qui est vivant, on se rend compte que le malentendu est de taille. Quel rapport avec le moi dressé, raide, rageur et ricanant des philosophes du néant, incapables de la moindre adhésion au monde tel qu'il est ? Roger-Pol Droit, dans *Présences de Schopenhauer* et dans *Le Culte du néant*, analyse avec finesse l'écart qui sépare les deux doctrines.

négation, le suicide est au contraire une très forte affirmation du vouloir-vivre. Car le propre de la négation n'est pas d'abhorrer les souffrances, mais bien les jouissances de la vie."

En lisant cela, soupire Déesse Suzy en hochant gravement la tête, comment ne pas se rappeler que le propre père d'Arthur a très probablement mis fin à ses jours ?

Une seule chose serait encore préférable à la mort, même auto-infligée (et, là aussi, les mélanomanes modernes emboîteront le pas à Arthur) : ne pas être né du tout. Ah ! là ! le vrai bonheur, n'est-ce pas ? Avec Calderón, Schopenhauer est persuadé que "la grande faute de l'homme est d'être né". Mais... comment ça, "la faute" ? De quelle nature est cette "faute" ? Cela ne ressemblerait-il pas, malgré l'athéisme tranquille qu'affiche le philosophe, au péché originel de la tradition judéo-chrétienne ?

Pour Schopenhauer, cette faute n'est pas spécifique au christianisme. Le constat de base, le constat premier, le constat universel, *c'est le malheur*. L'homme est malheureux. La vie est souffrance. Et si les hommes passent leur temps à souffrir, il doit bien y avoir une raison : la vie en tant que telle doit être une punition. Or si c'est une punition, ceux qui la subissent ont dû commettre une faute. Et cette faute, cela se déduit comme deux plus deux font quatre, c'est leur présence au monde. D'après Arthur, toutes les grandes religions tombent d'accord là-dessus. "Le sens profond du christianisme, son esprit, [est] le même que celui du brahmanisme et du bouddhisme ; tous trois nous montrent l'homme foncièrement coupable de par sa seule existence (...). C'est en expiation de cette faute – d'être né –, laquelle est nécessairement un effet de son propre vouloir, que l'homme, même s'il pratique toutes les vertus, demeure légitimement voué à toutes les souffrances physiques et morales, en un mot, qu'il n'est pas heureux."

Je m'excuse, glisse Déesse Suzy, mais... dire *qu'on est né par sa propre faute*, par son propre vouloir... Là, j'avoue que je ne comprends pas ce qu'Arthur veut dire.

Ah, mais tu oublies qu'il s'agit du vouloir de l'espèce.

Mais s'il s'agit du vouloir de l'espèce, alors l'individu, lui, n'y est pour rien... !

Eh bien tant pis, il souffrira quand même, et ce sera bien fait pour lui.

Euh... je m'excuse encore, dit Déesse Suzy, mais personnellement, si je regarde autour de moi... je ne vois pas *que* le malheur. Je vois toutes sortes de choses, mélangées. Malheur, bonheur, joies, souffrances, fêtes, farces, guerres, randonnées, mariages, enfin, je veux dire, si je promène mes yeux sur ce qui se passe dans le monde des hommes, je trouve que *ce n'est pas vrai* qu'il n'y a que souffrance. Ça n'aurait pas été *Arthur* qui était malheureux, par hasard ? Que fait-il par exemple de l'amour, du désir, de l'attrait passionné qu'éprouvent les êtres humains les uns pour les autres... ?

La sexualité ? Ne me faites pas rire ! répond Arthur (dont l'expérience en la matière, rappelons-le, est extrêmement limitée). C'est la pire affliction de toutes ! "Avec l'instinct sexuel apparaissent aussi dans la conscience l'inquiétude et la mélancolie, écrit-il dans *Sur la vie et le vouloir-vivre*, et dans la vie les soucis, les difficultés et les misères. C'est qu'à la satisfaction du plus impérieux de nos penchants, du plus violent de nos désirs, se rattache l'origine d'une nouvelle existence ;

autrement dit, cette satisfaction implique que la vie, avec tous ses besoins, toutes ses charges et toutes ses souffrances, soit recommencée et revécue de nouveau."

Ah ! ça, dit Suzy. On ne peut nier que cela arrive, en effet : que lorsqu'un homme et une femme copulent, un bébé peut en résulter, et la vie redémarrer… Cela aussi fait partie des *facts of life.*

Justement. Et donc, c'est logique : si l'on veut que la vie s'arrête, rien de plus affligeant que l'idée de la perpétuer. Ici encore, Arthur évoque explicitement le péché originel : "Nous sommes tous participants du péché d'Adam qui n'est autre, évidemment, que la satisfaction de l'instinct sexuel – et condamnés de ce fait à la souffrance et à la mort."

Certes, acquiesce Déesse Suzy, c'est parce qu'on est vivants qu'on doit mourir. On naît, on grandit, on fait l'amour, des enfants naissent et nous remplacent. Mais que la participation à ce cycle n'implique pour l'homme *que* souffrance et misère, voilà qui va moins de soi…

C'est parce que, d'après Schopenhauer, le désir humain provient toujours et exclusivement du vouloir-vivre de l'espèce. "Tout amour, écrit-il, affectât-il les airs les plus éthérés, a sa source unique dans le besoin sexuel et n'est même rien d'autre qu'un besoin sexuel plus étroitement déterminé." Il le dit et le redit… Malheureusement, le fait d'écrire sur un ton péremptoire et de se répéter mille fois ne suffit pas pour garantir qu'on soit dans le vrai.

C'est bizarre, dit Déesse Suzy, songeuse. Pourquoi tient-il absolument à ce que tout soit simple, à ce que tous les effets aient une seule cause ? Elle est tout de même désolante, cette tendance à reculer devant les choses mitigées.

Oui : ces simplifications conduisent chaque fois à la logique spécieuse dite du "tiers exclu", fondée sur des dichotomies grossières. En l'occurrence : *ou* nous sommes des dieux, *ou* nous sommes des bêtes. Or, même chez les animaux, la sexualité n'a pas pour but unique et exclusif la reproduction de l'espèce ; que dire alors de la sexualité humaine ?! Chacun peut penser à des comportements érotiques qui ne visent nullement la procréation, et n'en suscitent pas moins ce "plus impérieux de nos penchants", ce "plus violent de nos désirs". Comment se fait-il, par exemple, que si souvent les femmes désirent et jouissent plus fort quand elles se savent protégées d'une grossesse ? Non seulement les ébats sous contraception mais le coït entre vieillards, la pédophilie, l'homosexualité, l'adultère, la prostitution... Assimiler la sexualité au vouloir de l'espèce est un tour de passe-passe dont l'illogisme fait sourire : A égale B, dit en substance Arthur, parce que je refuse de tenir compte de tout ce qui l'en différencie.

En même temps, Schopenhauer semble penser qu'on peut agir malgré tout sur ce destin inéluctablement tragique qu'est la vie, puisqu'il recommande instamment aux hommes de ne *pas* se soumettre à la volonté aveugle de l'espèce. "L'apôtre de la charité, dit-il au cours de sa conversation avec Challemel-Lacour, à force d'efforts, d'aumônes, de consolations et de miracles, réussit à grand-peine à sauver de la mort une famille, vouée par ses bienfaits à une longue agonie ; l'ascète, lui, sauve non de la mort, mais de la vie, des générations entières. Il donne un exemple plus contagieux qu'on ne croit, qui aurait déjà sauvé le monde deux ou trois fois. Les femmes ne l'ont pas voulu ; c'est pourquoi je les hais."

"Le seul bonheur, insiste-t-il encore (d'après les notes prises par son disciple ahuri), est de ne pas naître."

Triple idiot ! dit Déesse Suzy. Comme si le bonheur pouvait exister indépendamment d'un *je* pour le ressentir ! Et comme si ce *je* pouvait exister indépendamment d'un corps !

Peut-être justement parce qu'il vivait si seul, parce que ses salles de classe étaient désertes et qu'il avait renoncé à fréquenter ses semblables, Schopenhauer ne concevait le rapport à autrui que comme relevant de cas extrêmes : ou bien la *cruauté* (infliger la souffrance à un autre afin de s'éprouver comme volonté) ; ou bien la *pitié* (s'identifier à la souffrance d'autrui). N'entrent jamais en ligne de compte les échanges courants, omniprésents dans la vie humaine : conversations, rigolades, disputes, réconciliations, apprentissages, souvenirs… En d'autres termes, ce qu'il laisse de côté, c'est la vie quotidienne de tout le monde.

Pour ne pas souffrir de sa solitude, Arthur l'érige en but suprême de l'existence. Il me fait rire quand il recommande de bien "conserver sa fortune, gagnée ou héritée (…), quand elle ne suffirait même qu'à permettre de vivre aisément, seul et sans famille, dans une véritable indépendance, c'est-à-dire sans avoir besoin de travailler, c'est là ce qui constitue l'immunité qui exempte des misères et des tourments attachés à la vie humaine".

Il me fait rire, mais en fait ce n'est pas gentil de ma part. La vérité, sais-tu, Déesse, c'est que peu d'êtres semblent souffrir plus intensément que nos grands solitaires ! De plus en plus, j'ai l'impression que les philosophes et intellectuels mâles forment une espèce à part, une espèce plus abattue et plus angoissée que les autres, particulièrement frileuse au sujet de la mort. Dans ce domaine aussi, ils ont tendance à penser dans des termes extrêmes, sautant du métaphysique au zoologique sans passer par la *vérité*, qui est toujours un mélange spécifiquement humain des deux. Ou l'on est *tout* – soi seul, centre de l'univers (et alors il est impossible de concevoir la mort autrement que comme une catastrophe, l'anéantissement total)... Ou alors on n'est *rien*, gouttelette d'eau, individu mortel semblable à des milliards d'autres et dont la disparition n'affecte en rien la pérennité de l'espèce. Ce qui n'est jamais envisagé, c'est que l'on ne soit *ni* tout *ni* rien mais un *lieu d'échanges*, un individu en transformation perpétuelle, ayant reçu non seulement la vie mais le langage, des rituels, des traditions, des savoirs... et susceptible (mais non obligé) de transmettre cet héritage aux autres (enfants, amis, élèves).

Schopenhauer ne supporte pas l'idée de la transformation. Pour lui, le caractère d'un individu est fixé une fois pour toutes (même s'il n'avance aucune hypothèse quant à la manière dont cela se passe, pas plus qu'il ne s'aventure à expliquer les variations d'un individu à l'autre). "Le caractère de l'homme est invariable, écrit-il dans *Aphorismes sur la sagesse dans la vie*. Il reste le même pendant toute la durée de sa vie. Sous l'enveloppe changeante des années, des circonstances où il se trouve, même de ses connaissances et de ses opinions, demeure, comme l'écrevisse sous son écaille, l'homme identique et individuel, absolument insaisissable et toujours le même*."

* Vu la fixité absolue du *caractère* chez Schopenhauer, et la nature au contraire fortuite ("accidentelle") de l'*intellect*,

Ou encore : "Nul ne peut modifier son individualité propre, c'est-à-dire son caractère moral, ses facultés intellectuelles, son tempérament, sa physionomie, etc."

Quel ennui ! s'exclame Suzy. Quel ennui si, quoi que l'on fasse, on ne peut jamais changer !

Mais oui, c'est ennuyeux ; c'est bien le problème. Chez Schopenhauer, dit Didier Raymond dans son introduction à ce même livre, "l'ennui est le principe central comme il en est le sentiment dominant".

C'est tout de même comique, dit Déesse Suzy avec un petit gloussement, ces hommes qui s'isolent, s'enferment, s'emmurent vivants, et se permettent ensuite de décrire comme vaines et absurdes les "agitations" des autres, *tous ceux que la vie intéresse* ! Bouddhistes ratés, ils aspirent à trouver dans la solitude accomplissement, sagesse et sérénité… au lieu de quoi ils s'embêtent comme des pierres.

Justement, estime Arthur : il vaudrait mieux que les êtres humains se considèrent et se traitent comme des pierres. Par exemple, on ne doit pas chercher à avoir la moindre influence sur autrui. "Pour apprendre à supporter les hommes, écrit-il, il est bon d'exercer sa patience sur les objets inanimés." Car, quand les hommes nous contrarient, "il est aussi sensé de s'indigner de leur conduite que d'une pierre qui vient rouler sous nos pieds".

Si Schopenhauer avait vécu auprès des enfants en bas âge, il n'aurait jamais eu cette étrange idée de l'immutabilité des individus. Il n'est loisible

on trouvera logique que d'après lui, lors de la conception d'un enfant, c'est le père qui donne au rejeton son caractère et la mère, son intellect !

à aucun parent de traiter ses enfants comme des objets inanimés. Et si, enfants, l'on nous avait traités de la sorte, nous n'aurions pas survécu. Même le petit Arthur, quoi qu'il en ait, a été refréné, encouragé, récompensé, puni, en fonction des conduites acceptables ou inacceptables qu'il a manifestées, sans quoi… point de lecture, point de conversation, point de concepts.

La question de la liberté chez Schopenhauer repose, elle aussi, sur le raisonnement du tiers exclu. Dans son optique, *ou* l'on est totalement libre, *ou* l'on est déterminé, agi, dirigé à son insu par cette fameuse volonté contre laquelle on ne peut rien. A nouveau se trouve bannie la possibilité que les gens se forment et se transforment les uns les autres… processus observable, notamment, pendant la petite enfance. En fait, bien sûr, les individus sont *à la fois* libres et déterminés, tantôt plus libres qu'ils ne le croient, tantôt plus déterminés qu'ils ne le croient. (C'est justement dans l'espace ouvert par l'interaction imprévisible de liberté et de détermination que se déploie… le roman.)

Avec le passage du temps, l'aspiration au néant de Schopenhauer se fait *aspirateur*, avalant non seulement l'être humain mais le monde entier : il ira jusqu'à dire que l'univers lui-même n'existerait pas sans la représentation que nous nous en faisons… et que ce serait tant mieux ! "La fin du monde, dit-il, voilà le salut." Et nous devrions tout faire pour que s'accomplisse ce salut : tout faire, c'est-à-dire *ne surtout rien faire*. Pas l'amour… pas les enfants… rien… rien… et alors… voici ce qu'il adviendrait enfin, voici l'Assomption et la gloire : "Dès que l'homme et les espèces animales auraient cessé d'être, le salut universel serait consommé, le monde n'existerait plus. Car l'existence du monde tient à celle des êtres intelligents, ce n'est pas eux qui sont dans le monde, mais le monde qui réside en eux."

Euh… je m'excuse, dit Déesse Suzy, ai-je bien entendu ? Il a bien dit : Ce n'est pas nous qui sommes dans le monde mais le monde qui est en nous, et, pour peu qu'on se laisse tous mourir, l'univers tout entier disparaîtra ?! Ah, ce n'est pas mal, ça ; fallait y penser : compenser la nullité de l'être humain par sa toute-puissance ! Ecoute, je trouve qu'il n'allait pas bien, ce monsieur. Sincèrement. Quelqu'un aurait dû lui venir en aide… Son caniche ne lui suffisait pas ; il manquait d'amis ; il manquait d'amour !

Sans doute. Mais le fait est que, loin de les estimer délirantes, les lecteurs se sont mis à boire ses paroles comme de l'élixir. En Europe occidentale à partir de la deuxième moitié du XIXe siècle, Schopenhauer deviendra *le* philosophe à la mode. Quand Dostoïevski se rend à Baden-Baden vers la fin des années 1860, raconte Joseph Frank, il trouve Tourgueniev "sous l'influence décourageante de Schopenhauer (…), accablé par la croyance que l'existence n'est qu'un royaume de la souffrance sans répit". Ayant lui-même lutté longuement pour surmonter le désespoir où l'avaient plongé ses années de bagne, Dostoïevski a du mal à éprouver de la sympathie pour les "doutes philosophiques" qui déchirent Tourgueniev.

Les dégâts s'étendent, encore et encore… En France vers 1880, pour reprendre l'expression d'un contemporain, "on se schopenhauérise comme on se morphinise". A la charnière du

XIXe et du XXe siècle, à peu près tous les penseurs et créateurs européens d'importance se réclament du philosophe pessimiste : Huysmans, Maupassant, Wagner, Nietzsche, Kandinsky, Strindberg, Kafka, Proust, Wittgenstein… la liste est sans fin. Aucun philosophe, sans doute, n'a eu une influence aussi décisive sur la vie artistique et intellectuelle du continent.

Parmi les adeptes de Schopenhauer figurent aussi la quasi-totalité des "professeurs de désespoir" qui, à l'époque contemporaine, définissent et incarnent les valeurs littéraires européennes. Apprendre à mourir, et nous apprendre à mourir, tel est leur programme commun. Dévaluer la chair et ses extases ; s'arracher à toute forme de lien et notamment au lien amoureux ; dénier et dénigrer le féminin pensant, le maternel intelligent, le temporel mouvant, l'imprévisible, le vivant, le sentant, le fragile, l'éphémère… en un mot, venir à bout de la vie humaine : voilà ce que, du haut des piédestaux où nous les avons hissés, ces professeurs nous enseignent.

Eh ben, murmure Déesse Suzy, ébahie. Tu sais quoi ? Je trouve ça… tout simplement… terrifiant.

INTERLUDE :
UN DÉJEUNER PAS CHEZ WITTGENSTEIN

Je suis avec mon ami G., dans une ville du Sud de la France.

Il est mourant.

Nous sommes tous mourants, bien sûr, mais lui plus que les autres car il se sait condamné à plus ou moins brève échéance (cancer du poumon, insuffisance cardiaque...).

Nous sommes invités à déjeuner chez un couple d'amis d'un certain âge. C'est le mois de juin. Une journée parfaite. Après ce déjeuner il y aura le train à prendre, le train partira à une certaine heure et il nous déposera à Paris trois heures plus tard, après quoi nos chemins divergeront et il rentrera dans son pays. Il est possible, fort possible, que cette journée soit la dernière que nous passions ensemble.

Mais en ce moment nous sommes là, chez ces amis, qui savent eux aussi que G. est en sursis. Notre hôtesse a dressé la table dehors, il y a des verres en cristal, une carafe d'eau, une bouteille de vin blanc, tout cela miroite doucement dans la lumière du Midi à l'ombre d'un grand platane, il y a du jambon et du melon, du bon pain, du beurre et du fromage, nous sommes quatre autour de la table, à boire, à manger et à deviser doucement ensemble, peut-être parlons-nous littérature, car tous nous aimons lire, écrire, traduire des livres… Soudain, G. interrompt la conversation pour dire que tout cela est d'une tristesse insupportable, le vent dans les arbres, les melons, le vin, cet amour, cette amitié… Cela lui manque déjà, alors qu'il est encore là, alors que tout est encore là, ça le blesse, le bouleverse, lui inflige la brûlure de la nostalgie.

Les gens s'aiment, voilà ce qui se passe. L'amour entre humains n'est pas un simple leurre qui permet à l'espèce d'arriver à ses fins : se perpétuer.

Quelle pensée pauvre, limitée. Quelle pensée fausse.

Arthur n'a pas raison, ni ses émules. Aucun professeur de désespoir ne me fera croire que ce n'était pas la peine de vivre cela, qu'en fait c'était minable, et que derrière les apparences (douces, heureuses et tristes) se cachaient des bassesses infectes, des mobiles inavouables, des désirs de meurtre, des malentendus grinçants…

G. est mort maintenant, bien sûr.

Ce moment, lui par contre, n'est pas mort.

Il fait partie de moi, je le transmets.

Et quand je serai morte, les feuilles des arbres de ce souvenir-là poursuivront, dans votre tête ou ailleurs, leur bruissement imperceptible.

V

LE RÂLE VAGI : SAMUEL BECKETT

Ma naissance fut ma perte.

SAMUEL BECKETT

Il vaut mieux te l'avouer tout de suite, Déesse Suzy, j'ai un faible pour Sam Beckett. Je partage avec lui l'Irlande dans le sang, le whisky dans la gorge, la musique dans l'âme ; et, de toutes les diatribes misogynes au monde, ce sont les siennes que je préfère. Les gens qui me font rire, même s'ils profèrent des énormités, sont toujours pardonnés, or Sam je le trouve désopilant et je lui pardonne, je lui plus-que-pardonne, je l'aime. Je le vois comme un frère en dépression. Un grand-père en fait, mais en littérature la consanguinité est immédiate, l'écart temporel n'existe pas. Je le lis, il est là avec moi, en moi.

Voici son histoire.

Ha ! tu t'attendais à ce que je dise : Samuel Beckett est né le 13 avril 1906… Eh bien, non. Ce qui est assez singulier dans son cas, c'est qu'il a des souvenirs remontant à *avant* la naissance. Il dit se rappeler parfaitement la vie intra-utérine. Ce n'est pas banal ! A quoi cela ressemblait-il ? "Je me rappelle que je me sentais coincé, j'étais emprisonné et incapable de m'échapper, je pleurais pour qu'on me laisse sortir mais personne n'entendait, personne n'écoutait. Je me rappelle que je souffrais mais sans pouvoir soulager cette souffrance d'aucune manière."

Mazette ! s'exclame Déesse Suzy (elle a parfois de ces expressions désuètes). Pour une première relation avec une femme, se retrouver désespérément à l'étroit dans son utérus, on peut dire que ça commence mal.

Oui. On ose à peine objecter que cette image terrible est forcément une reconstruction après coup, dans la mesure où, n'étant pas encore un *je*, un fœtus de neuf mois est incapable de "se" percevoir comme coincé. Pas plus qu'il ne peut pleurer ni s'étouffer car, pour s'adonner à ces activités, il faut respirer ; or les poumons d'un fœtus sont encore inertes ; son oxygène lui vient du sang dans le cordon ombilical.

N'empêche que l'image est saisissante. Cette angoisse claustrophobe ne quittera jamais Samuel ; on la retrouvera dans nombre de pièces et de romans beckettiens destinés à devenir célèbres, où les corps seront, d'une façon ou d'une autre, contraints à l'immobilité : emprisonnés dans des vases *(Comédie)*, enterrés jusqu'au cou dans le sable *(Oh les beaux jours)*, empêtrés dans une tranchée *(Comment c'est)*, allongés en permanence sur le dos *(Compagnie)*, confits dans l'attente *(En attendant Godot)* ; quant au narrateur de *L'Innommable*, il se trouve planté dans une "jarre" qui l'engloutit progressivement.

La naissance elle-même s'est mal passée, je ne sais pas si Sam s'en est également souvenu. Cela a pris des heures et des heures. Je plains May, la pauvre parturiente, car je vois bien ce que cela implique comme supplice. Le papa, Bill, ne supportant pas d'y assister, est parti faire "une interminable promenade en solitaire dans les montagnes au sud de Dublin". Mais voilà : le petit Sam finit quand même par venir au monde, et se met à vivre avec ces deux individus-là.

May a une forte personnalité, un caractère énergique, un code de conduite inamovible, et des idées très arrêtées sur la bienséance. Bill, lui, est plus souple : c'est un bon vivant, un sportif, un fonceur, très affectueux avec ses deux fils ; Sam ne gardera de lui que des souvenirs positifs.

May porte à son fils un amour féroce et Sam le lui rend bien ; il n'a guère le choix. Elle désapprouve ouvertement le père que Sam adore ; à défaut de pouvoir dominer son mari Bill, elle fait tout ce qui est en son pouvoir pour empêcher ses fils de lui ressembler. D'où, chez Sam, ambivalence : "Ceux qui ont connu la mère et le fils, écrit son biographe autorisé James Knowlson, parlent tous du lien affectif très fort qui les unissait, mais aussi des conflits orageux qui les dressaient l'un contre l'autre, parfois sans motif apparent."

Le milieu est protestant et May est pieuse ; elle apprend donc à ses fils à prier – et préside même à la récitation quotidienne de leurs prières. Avec le passage du temps, elle cherchera à faire plier Sam à d'autres exigences aussi, notamment en ce qui concerne son choix de carrière : comme le père d'Arthur, elle voudrait qu'il ait des affinités avec le monde des affaires ou de la finance. Mais, comme Arthur, Sam se rebiffera…

Tout petit, il développe une véritable passion pour les cailloux, qu'il traite comme des amis (Molloy, dans le roman qui porte son nom, aura la même manie). "Il ramène à la maison ceux dont il s'est entiché afin de les soustraire à l'action érosive des vagues et des intempéries, et pour les protéger les dépose avec précaution au creux des branches des arbres du jardin." Tout petit aussi, il adore prendre des risques, sauter, tomber, s'élancer dans le vide, jouer avec l'être et le néant. La nuit, il a peur du noir. Il s'accrochera longtemps à ses nounours… Sa vie durant (comme Emil Cioran, on le verra), il souffrira d'insomnie.

Ça grandit, un petit garçon. Ça devient un adolescent, puis un jeune homme. D'après de nombreux témoignages, les appétits sensuels du jeune Sam sont considérables. Il fréquente assidûment des prostituées. D'où, c'est prévisible chez un protestant : culpabilité, dégoût, haine de soi. Etudiant à Trinity College, raconte son autre biographe Deirdre Bair, "il revient sans cesse au cinquième chant de l'*Enfer* de Dante, «la troupe innombrable de ceux qui ont commis le péché de la chair, les voluptueux, les luxurieux qui ont trahi la raison pour la concupiscence». C'est le chant qui figurera le plus souvent dans ses écrits."

En 1927, à l'âge de vingt et un ans, Samuel Beckett publie *Dream of Fair to Middling Women**. C'est un livre fou, un délire verbal obscène, presque illisible à force de calembours et d'allusions littéraires. Dès ce tout premier livre, le personnage principal aspire à s'extraire de l'existence physique pour n'être plus qu'un esprit. Il voudrait côtoyer, dit-il, "dans des Limbes purgés de tout désir les ombres des morts, des mort-nés, des non-nés, de ceux qui jamais ne naîtront (…), l'esprit enfin devenu pour lui-même un asile, dépris, indifférent, débarrassé de la misère de ses éréthismes et de ses jugements, de ses saillies futiles ; l'esprit soudain en sursis a cessé de servir d'annexe au corps trop remuant".

* Il a toujours refusé que ce livre et le suivant, *More Pricks than Kicks*, soient traduits.

Dans la meilleure tradition des Pères de l'Eglise, Beckett perçoit l'esprit comme séparé du corps, et d'une nature radicalement différente. "Il se vit coupé en deux, partagé entre un esprit et un corps dont il ne comprend pas comment ils communiquent."

L'année après la publication de *Dream*, Beckett séjourne pour la première fois à Paris. Il y fait la connaissance de James Joyce, qu'il admire déjà ("Tous deux adorent les mots, leurs sons et leurs rythmes, leurs formes, leurs étymologies et leurs histoires"), devient son ami, son interlocuteur, son secrétaire et, un temps, le fiancé de sa fille. Des amis lui commandent un livre sur Proust et, pour comprendre *A la recherche du temps perdu*, il se met à lire... Arthur Schopenhauer. Cette lecture l'emballe. Dans une lettre à son ami MacGreevy, il décrit l'œuvre du philosophe pessimiste comme "une justification intellectuelle du malheur, la plus ambitieuse jamais tentée". Le roman de Proust lui inspire des commentaires sombres et désabusés ; dans sa conclusion, il présente la vie comme un pensum qui "dévoile le sens du mot *defunctus*".

En d'autres termes, à vingt-deux ans, il va déjà mal.

Mais, proteste Déesse Suzy, vingt-deux ans, n'est-ce pas justement l'âge où tout le monde va mal ? Surtout dans les milieux intellectuels et artistiques que fréquentait ce jeune homme ! A la fin de ses études, on se trouve devant une palette de possibilités trop nombreuses et ça donne le vertige. On se sent débordant de talents, mais pour l'instant on n'a rien fait, on sait seulement qu'on ne veut pas ressembler à ses parents, et comme la liberté a quelque chose d'affolant, on passe son temps à se saouler et à courir le guilledou, puis à battre sa coulpe... Gouffres existentiels bien répertoriés, non ?

Ce qu'il y a de mystérieux avec cet auteur, Déesse, c'est que chez lui, le mal-être propre à l'adolescence ne s'arrêtera jamais. Jusqu'à sa mort – tout en ayant des amis fidèles, hommes et femmes, et de merveilleuses maîtresses en plus d'une épouse dévouée, tout en menant la vie qu'il souhaite mener, c'est-à-dire une vie solitaire ponctuée de cuites conviviales et de travail collectif sur ses pièces de théâtre, tout en ayant vu son œuvre, à partir de la quarantaine, accueillie avec enthousiasme dans le monde entier, traduite et jouée dans toutes les langues, couronnée par le prix Nobel –, Beckett n'ira jamais bien. Il sera exactement aussi déprimé à quatre-vingt-quatre qu'à vingt-deux ans.

Est-ce à cause de May ? May Beckett qui, comme Johanna Schopenhauer, était une femme dotée d'une forte volonté propre ? Au lieu d'être amoureuse des hommes et des idées comme Johanna, May était du genre vertueux et rigide. En 1930, après un séjour de deux ans à Paris, Sam retourne à Foxrock et s'y installe un peu longuement ; il est malade et sa maman le soigne... Mais quand il essaie d'écrire à la maison, c'est la catastrophe : May lit les pages qu'il a laissées traîner sur une table ; horrifiée par les fantasmes sexuels de son fils, elle "disjoncte" et le chasse de la maison ; la brouille entre eux durera plusieurs mois. Leur relation se poursuivra toujours ainsi : mixte, heurtée, ponctuée d'éclats de voix et d'instants de tendresse, de séparations houleuses et de réconciliations larmoyantes.

Il faut se garder de sauter à pieds joints dans des lieux communs de la psychanalyse du genre "castration du fils par la mère"... Essayons d'y voir clair. *Cela a été.* Même si nous ne connaîtrons jamais toute la vérité, ces choses se sont passées et elles sont significatives. Mon propos ne sera jamais de rabattre les grands écrivains sur les faits pitoyables ou ridicules de leur enfance ("pipi-caca, ce n'est que ça !"), mais de dire : *Ils ne surgissent pas de nulle part.* Même s'ils se veulent solitaires et auto-engendrés, ils ont été formés et déformés, comme tout le monde, par les premières années de leur existence. Sam doit beaucoup aux qualités et aux défauts de May et de Bill, et ce n'est en rien diminuer son génie que de dire : *S'il n'avait pas eu ces parents-là, il ne serait pas devenu cet écrivain-là.*

Le mot-clef ici, et qui caractérise (comme on le verra) l'enfance de tous les mélanomanes, est celui d'*ambivalence.* Sam *aime* sa mère, et elle l'empêche de vivre. Il aime ce qui l'empêche de vivre. Il ne peut donc que désirer mourir, et travailler dans cet interstice où l'on respire à peine.

Victime d'un infarctus, Bill disparaît brutalement en 1933 ; pour son fils, âgé de vingt-sept ans, le coup est terrible. C'est alors qu'il s'installe à Londres et entreprend une psychothérapie… aux frais de sa mère. Son thérapeute l'aide à comprendre (il était temps ! comme pour Arthur !) qu'il ne devrait plus vivre seul avec sa maman. Ayant pris la décision de s'inventer une nouvelle vie grâce aux langues étrangères, le jeune homme part étudier une année en Allemagne.

Ce n'est pas n'importe quoi, l'Allemagne en 1936-1937. Tout en visitant de nombreux musées (c'est un passionné de peinture), Beckett est effaré par l'atmosphère politique du pays, la montée des discours fascistes et antisémites. "Je dis que les expressions «nécessité historique» et «destin germanique» déclenchent des haut-le-cœur à vomir", écrira-t-il dans une lettre pendant cette période.

Sa méfiance à l'égard des humains s'aggrave et s'étend pour atteindre le langage lui-même. Si l'on veut renier son appartenance à l'humanité, il faut faire violence à la langue – signe même du lien social –, perçue comme une manière de dissimuler plutôt que d'exprimer le réel. Dorénavant, dit Beckett, les écrivains devront s'appliquer à "détourner" le langage, à "creuser en lui un trou après l'autre jusqu'à l'instant où commencera à filtrer ce qui se tapit derrière, que ce soit quelque chose ou rien". Ce topos-là sera repris par les négativistes tout au long du XXe siècle, à en devenir une rengaine.

Au retour de l'Allemagne en septembre 1937, Beckett replonge dans la lecture de Schopenhauer. Bouffée d'air pur ! "Tout ce que j'ai essayé d'autre n'a fait que confirmer l'impression de nausée*, écrira-t-il à un ami. Comme une fenêtre soudain ouverte dans une pièce sentant le renfermé. J'ai toujours su qu'il était parmi ceux qui comptaient le plus pour moi, et commencer maintenant à comprendre pourquoi est un plaisir plus réel que tous les plaisirs goûtés depuis longtemps. C'est un plaisir aussi de trouver un philosophe qui se lit comme un poète." De Schopenhauer, il adoptera durablement les postulats qui rejoignent ses propres intuitions : coupure irrévocable entre l'homme et la nature, entre l'homme et l'homme. Vie faite de souffrance, de maladie, de mort.

* Il lira *La Nausée* de Sartre l'année suivante et jugera le livre "extraordinairement bon" ; quelques années plus tard il ressentira le même enthousiasme pour *L'Etranger* de Camus.

A la mi-octobre 1937 (âgé de trente et un ans), après une nouvelle querelle violente avec May, il quittera définitivement *et* sa mère *et* sa patrie, pour ne plus vivre ailleurs qu'en France. (Ceci dit, la mère et le fils se réconcilieront quelques mois plus tard dans un hôpital parisien, quand Sam, poignardé dans la rue par un inconnu, passe très près de la mort.)

Et les femmes ? Il en aime plusieurs, et elles ressemblent toutes un peu à May par leur liberté d'esprit, leur indépendance, leur originalité. En avril 1938 il décide de vivre avec l'une d'elles, Suzanne Deschevaux-Dumesnil, de six ans son aînée.

Puis c'est la guerre. Dès septembre 1939, l'Irlandais polyglotte s'engage dans un réseau de résistance (GLORIA) parce que, dit-il, "les nazis, et surtout le traitement qu'ils infligeaient aux juifs, m'indignaient tellement que je ne pouvais pas rester les bras croisés". Il insiste sur le caractère personnel et individuel de son engagement, son absence totale de patriotisme : "Je combattais contre les Allemands qui faisaient de la vie un enfer pour mes amis ; je ne combattais pas pour la nation française." Sous le nom de "Sam" ou "l'Irlandais", il remplit pendant deux ans le rôle de "boîte aux lettres" : point d'arrivée de toute l'information brute recueillie au cours des missions de renseignements. Les bribes d'informations lui parviennent "sur des boîtes d'allumettes, des fragments de menus, des lambeaux de journaux et des paquets de cigarettes. Non seulement il doit centraliser, collationner et dactylographier les renseignements, il doit en faire un microfilm que les messagers cachent au fond d'une boîte d'allumettes." Sa participation à la Résistance est donc essentiellement *verbale*, et doit être un bon entraînement pour la concision qui deviendra, après la guerre, le signe distinctif de sa littérature.

La deuxième moitié de la guerre, il la passe avec Suzanne dans la clandestinité à Roussillon, où il travaille sporadiquement pour les groupes locaux de la Résistance. Pendant ce temps il écrit *Watt*, troisième et dernier de ses romans anglais. Deirdre Bair cite un fermier du coin, un certain Bonnelly, qui est frappé à cette époque par l'obsession de Beckett vis-à-vis des mères : "N'importe quelles mères, dit-il : chiennes, chattes, femmes, n'importe lesquelles !" En présence de Sam, un ouvrier du voisinage se plaint d'aller travailler à regret car il est obligé de laisser toute seule sa vieille mère malade ; Beckett insiste pour le remplacer, déclarant avec emphase que "l'on *doit* rester avec sa mère" !

Rester avec sa mère, c'est bien sûr ce que Sam lui-même ne fait pas, ce qu'il ne fera plus jamais. Si, à la fin de la guerre, il décide de s'installer définitivement en France, c'est parce qu'un de ses amis, Alfred Péron, a péri à la suite des mauvais traitements subis à Mauthausen. Choisir de vivre pour et avec ses contemporains plutôt que ses parents, c'est la chose la plus normale du monde. Percevoir ce choix comme un crime, c'est mettre de côté un "caillou" de plus pour le monument au néant que Beckett s'apprête maintenant à ériger. Il faut ajouter que les abominations de l'après-guerre n'étaient pas faites pour conduire ses pensées en sens contraire. Sam travaille à Saint-Lô avec l'équipe de la Croix-Rouge irlandaise, et voit de ses yeux, de très près, ce que signifie l'anéantissement : les immeubles, les effets personnels, les vies ; tout est pulvérisé.

Dans cette situation, pour ceux qui raffolent de culpabilité, et c'est le cas de Sam, il y a l'embarras du choix. On est coupable d'avoir laissé sa maman toute seule pendant les cinq années de guerre, de n'avoir pas pu empêcher le pire, d'avoir laissé mourir de proches amis, et des millions d'autres, de ne pas être mort soi-même. On est coupable. Les cailloux s'accumulent.

Il lui reste à vivre son illumination.

Celle-ci se produira dans la chambre de sa mère, un jour où il est de passage en Irlande. Elle est analogue à celle évoquée par Krapp dans *La Dernière Bande* : "(...) clair pour moi enfin que l'obscurité que je m'étais toujours acharné à refouler est en réalité mon meilleur –"

"J'ai réalisé, confiera Beckett plus tard à James Knowlson, que Joyce était allé aussi loin que possible pour en savoir toujours plus, pour maîtriser ce qu'il écrivait. J'ai réalisé que j'allais moi dans le sens de l'appauvrissement, de la perte du savoir et du retranchement, de la soustraction plutôt que de l'addition."

Et quelle meilleure manière de perdre du savoir que de se lester d'un handicap, par exemple... écrire dans une langue étrangère ? Le français, en entravant Beckett, le libère : tout à la fois de Joyce, de Trinity College, de May, de l'Irlande et de l'enfance. Il devient écrivain.

A partir de là, résolument, il ne s'intéressera plus qu'à l'homme en tant qu'"il ne sait pas et ne peut pas". C'est ce qui explique, Déesse Suzy, du moins je le pense, son succès universel. Car au fond de soi-même, chacun de nous se sent souvent bête et vide, mais on n'ose pas le dire. Ça fait du bien d'entendre quelqu'un le dire enfin. Dans cet espace intérieur, profond, onirique, le réel cède la place à un sous-réel. Les vrais noms – de gens, et de lieux – s'évanouissent. Nous ne sommes nulle part, et partout. Nous ne sommes personne… et, du coup, tout le monde. Tout un chacun peut se reconnaître dans les vagabonds, les ratés, les clochards, les hystériques et les paumés des pièces de Samuel Beckett*.

En 1946 paraît son premier roman écrit en français, *Mercier et Camier* : feu d'artifice de jeux de mots, travail sur les clichés et les tournures, jubilation d'entendre et même de double-entendre la langue étrangère, de la plier à ses besoins, à ses désirs, de n'avoir pas à la respecter comme l'on respecte, par dressage scolaire et familial, la langue maternelle.

La même année que *Mercier et Camier*, Beckett écrit *Premier amour*. C'est un tout petit livre, long d'une vingtaine de pages, sur l'hétérosexualité, le malheur, la constipation, le silence des cimetières et surtout, interminablement, les hurlements d'une femme qui accouche. (Ecrit en 1945, *Premier amour* ne paraîtra qu'en 1970, Beckett ayant refusé de le publier du vivant de la femme en question.)

Le livre commence par l'évocation indifférente de la mort d'un parent : "J'associe, à tort ou à raison, mon mariage avec la mort de mon père, dans le temps." Ce trait est tellement répandu dans les romans néantistes qu'on peut presque le décrire comme un tic ; une fois qu'on y prête attention, sa récurrence devient comique. Il caractérise non seulement *Premier amour* mais

* Il est très frappant qu'un autre clochard adulé du XXe siècle sera la création d'un *autre* lecteur avide de Schopenhauer : Charlie Chaplin !

Molloy ; *L'Etranger* de Camus, *L'Extinction* de Bernhard, *Plateforme* de Houellebecq, et d'autres encore. Il s'agit d'abattre ses cartes d'entrée de jeu en montrant sa puissance cynique, son goût de l'indépendance et de la solitude souveraine : ma mère est morte, mon père est mort, je m'en fous, les liens ne signifient rien pour moi, les familles c'est de la merde, je suis libre. (Molloy, nous prévient Beckett, "risque souvent d'horrifier le lecteur par son indifférence monumentale aux principales préoccupations humaines, comme la volonté de vivre et l'instinct de procréation qui suscitent sa plus mordante ironie".)

Premier amour enchaîne avec un éloge des cimetières – là aussi, c'est un refrain qu'entonneront Cioran, Bernhard et d'autres néantistes : "Personnellement, je n'ai rien contre les cimetières, dit le narrateur de Beckett, je m'y promène assez volontiers (...). L'odeur des cadavres, que je perçois nettement sous celle de l'herbe et de l'humus, ne m'est pas désagréable. Un peu trop sucrée peut-être, un peu entêtante, mais combien préférable à celle des vivants, des aisselles, des pieds, des culs, des prépuces cireux et des ovules désappointés. Et quand les restes de mon père y collaborent, aussi modestement que ce soit, il s'en faut de peu que je n'aie la larme à l'œil."

Ces années d'après-guerre, les premières années d'écriture en français, représentent pour Beckett une explosion littéraire sans précédent... et sans suite. De 1947 à 1950 il écrit, coup sur coup, *Molloy*, *Malone meurt* et *L'Innommable*. En Irlande pendant ce temps, la santé de sa mère se détériore. Sam nage, patauge, se noie dans l'ambivalence. Il passe des journées entières au chevet de

May agonisante. ("Je guette les yeux de ma mère, écrit-il à un ami, si bleus, si stupéfaits, si déchirants d'enfance sans issue, celle de la vieillesse (...). Ce sont les premiers yeux que je vois vraiment. Je ne tiens pas à en voir d'autres, j'ai là de quoi aimer et pleurer suffisamment.") Dans le même temps, il écrit dans *L'Innommable* : "Je cherche ma mère, pour la tuer, il fallait y penser plus tôt, avant de naître."

May s'éteint enfin en août 1950, juste après que son fils eut mis à ce livre le point final.

L'Innommable représente (avec *Molloy*) l'adieu de Beckett au roman. Impossible d'aller plus loin dans la déconstruction du récit : le soupçon plane sur chaque mot, chaque geste, chaque description. Loin d'oublier que le langage lui vient des autres, le narrateur de ce livre n'en est que trop conscient, et c'est précisément ce qui le met en rage ! Il voudrait "dire qui je suis, où je suis" et le fait d'avoir à se servir de ce truc déjà existant, pourri, corrompu, est pour lui une humiliation ; ça l'oblige à reconnaître son appartenance à l'ignoble espèce qui l'a inventé. "Tout ce dont je parle, avec quoi je parle, dit-il, c'est d'eux que je le tiens (...). Ne pouvoir ouvrir la bouche sans les proclamer, à titre de congénères, voilà ce à quoi ils croient m'avoir réduit. M'avoir collé un langage dont ils s'imaginent que je ne pourrai jamais me servir sans m'avouer de leur tribu, la belle astuce. Je vais le leur arranger, leur charabia. Auquel je n'ai jamais rien compris, du reste, pas plus qu'aux histoires qu'il charrie, comme des chiens crevés."

C'est une voix, ce n'est pas une histoire. Les histoires ne sont plus que des "chiens crevés", charriés par le fleuve de la langue commune. En effet (nous y reviendrons dans le chapitre "Dire le pire"), le consensus littéraire de cette période d'après-guerre est qu'il serait indécent de se remettre à écrire des histoires comme avant ; à l'instar d'autres auteurs (ceux du nouveau roman, du théâtre de l'absurde, de l'OuLiPo...), Beckett tient à transformer les attentes avec lesquelles un lecteur aborde un texte. Son choix à lui consiste à couler sa parole à même le silence. Il dit chercher les mots qui lui permettraient de cesser de parler et, mieux encore, d'exister. C'est comme une psychanalyse *("talking cure")* dont la guérison serait la mort, mille fois appelée de ses vœux.

L'Innommable itère et réitère tous les thèmes de prédilection des néantistes :

– *être en vie est insupportable* : "(...) des mots me disant en vie, puisque c'est là qu'ils veulent que je sois, je ne sais pourquoi, avec leurs billions de vivants, leurs trillions de morts, ça ne leur suffit pas, il me faut y aller aussi, de ma petite convulsion, vagir, chialer, ricaner et râler (ici Beckett a encore besoin de quatre mots pour évoquer la trajectoire d'une vie humaine ; plus tard il lui suffira de deux : *râle vagi*), dans l'amour du prochain et les bienfaits de la raison" ;

– *l'amour est d'une bêtise abjecte* : "L'amour, voilà une carotte qui n'a jamais raté, j'ai toujours dû enfiler quelqu'un. Et c'est dans ce genre de W.-C. qu'il m'est arrivé de me croire et même de me déculotter" ;

– *les femmes sont coupables de la reproduction* : "Saisi par le fait d'être débarrassé à si bon compte d'un tas de consanguins, sans parler des deux cons tout court, celui qui m'avait lâché dans le siècle et l'autre, infundibuliforme, où j'avais essayé de me venger, en me perpétuant" ;

– *le passage du temps est une chose effroyable* : "C'est la fin qui est le pire, non, c'est le commencement qui est le pire, puis le milieu, puis la fin, à la fin c'est la fin qui est le pire, cette voix qui, c'est chaque instant qui est le pire, ça se passe dans le temps, les secondes passent, les unes après les autres, saccadées, ça ne coule pas, elles ne passent pas, elles arrivent, pan, paf, pan, paf, vous rentrent dedans, rebondissent, ne bougent plus" ;

– *il vaudrait mieux être mort* : "(...) de finir ici, ce serait merveilleux. Mais est-ce à souhaiter ? Oui, c'est à souhaiter, finir est à souhaiter, finir serait merveilleux, qui que je sois, où que je sois" ;

– *si seulement on pouvait se résoudre au suicide !* "Bien pourvu d'analgésiques, j'en usais largement, sans toutefois me permettre la dose mortelle qui aurait coupé court à ma fonction, quelle qu'elle pût bien être..."

L'univers beckettien est noir, très noir. On peut voir dans *Godot* des échos de la découverte récente, traumatisante, des camps de concentration allemands et polonais. On peut voir dans les tâches stupides et répétitives des personnages beckettiens une allusion aux travaux insensés imposés aux détenus de ces camps, avant l'extermination. On peut même relever des ressemblances frappantes entre les limbes selon Beckett – "sans mémoire de matin ni espoir de soir" – et telle évocation d'Auschwitz par un survivant : "Ses espoirs perdus. Son passé calciné, son avenir éteint" (Elie Wiesel). Ce que Sam Beckett a appris et compris entre 1939 et 1945 l'a sans doute raffermi dans ses convictions, mais ces convictions étaient là, déjà, avant la guerre. Noires, déjà. Il y a eu une coïncidence heureuse, si l'on peut dire, entre la dépression de l'individu et celle de son époque, entre les contraintes et enfermements réels et leurs équivalents fantasmatiques. "Etre vraiment enfin dans l'impossibilité de bouger, ça doit être quelque chose ! dit Molloy. J'ai l'esprit qui fond quand j'y pense. Et avec ça une aphasie complète ! Et peut-être une surdité totale ! Et qui sait une paralysie de la rétine ! Et très probablement la perte de la mémoire ! Et juste assez de cerveau resté intact pour pouvoir jubiler !"

Cette aspiration au néant est dite et redite tout au long de l'œuvre beckettienne. Mais elle est également *contredite*, et fortement. Par l'humour, d'une part. Mais aussi par le soin incroyable qu'apporte l'auteur à la construction de ses phrases et à la production de ses pièces. Tout est surveillé, jusque dans ses moindres détails, avec une attention maniaque. Ecrire et travailler ainsi, c'est démentir le solipsisme et faire preuve de respect pour autrui : en définitive, *quelque chose en vaut la peine*, puisqu'il importe à Beckett que le lecteur ou le spectateur comprenne exactement ce qu'il veut dire…

La compréhension se fait pourtant attendre. Pour Sam comme pour Arthur, le succès est lent à venir. Il a un éditeur fidèle, Jérôme Lindon des éditions de Minuit ; ses livres sont publiés les uns après les autres, mais les ventes sont dérisoires. De *Murphy*, par exemple, sur un tirage de trois mille exemplaires, seuls quatre-vingt-quinze seront vendus entre 1947 et 1951. Sam a quarante-cinq ans.

En attendant, il gagne sa vie en enseignant l'anglais à l'Ecole normale supérieure ; Suzanne complète les besoins du ménage en faisant de la confection. La relation entre eux est non seulement asexuelle mais asociale : quand Sam sort voir des amis, Suzanne ne l'accompagne pas. Elle n'a qu'un but dans la vie, écrit Deirdre Bair : "veiller à ce que rien ne gêne Beckett dans son travail littéraire". Elle croit en lui, le soutient, supporte ses crises de désespoir, admire et partage son besoin de silence, "semble contente de lui sacrifier sa vie". Le couple se marie même, pour la forme, en 1961. Samuel s'appuiera sur Suzanne pendant près de cinquante ans, jusqu'à la mort de celle-ci en 1989.

On commence à parler de lui, à le jouer... Un soutien important est apporté par le journaliste et éditeur Maurice Nadeau, directeur des *Nouvelles littéraires* (ce nom reviendra, de façon assez cocasse, tout au long de notre périple en pays mélanomane). Les pièces de Beckett sont jouées, attaquées, portées aux nues, traduites. Sa situation financière s'améliore d'année en année. Ce qu'il fait avec l'argent, de préférence, c'est le donner, de façon discrète et constante, à tous les parents et amis qu'il devine en difficulté ; jamais il ne portera la moindre attention à la beauté du lieu où il habite ni à la qualité des mets qu'il consomme. De même, l'état de sa santé le laisse indifférent (comme Sartre, il paiera cette indifférence par de graves maladies).

Sa santé mentale, en revanche, le tourmente. "Il se sent toujours profondément découragé, écrit son biographe James Knowlson. La moindre corvée le submerge, corriger les traductions faites par les autres le démoralise." Tout au long des années 1950, il lutte contre la dépression. "Je me bats, écrit-il à un ami, pour me battre avec ce sur quoi *L'Innommable* m'a laissé, soit avec ce qui est au plus près du rien." Pendant les trente années qu'il lui reste à vivre, il se collera à ce "au plus près du rien", égrenant une série de textes très courts – pièces de radio, fragments dramaticules – tournant toujours autour des mêmes thèmes terribles, insupportables : la naissance et la mort.

Voici par exemple ce qui se passe dans *Ni* :

va et vient dans l'ombre
du dedans au dehors de l'ombre
du moi impénétrable à l'immoi impénétrable
au moyen du ni...

Ou dans *Souffle* : "Rien qu'un faisceau de lumière qui s'intensifie puis diminue pour éclairer une scène jonchée de vagues détritus disparates inidentifiables, synchronisé avec le bruit d'un souffle (une inspiration, une expiration), le tout (ha !) commençant et finissant sur un même râle vagi."

Tout le génie de Beckett est dans la juxtaposition de ces deux mots, *râle vagi*, ou encore dans ce constat amer de Pozzo (dans *En attendant Godot*) selon lequel les femmes "accouchent à cheval sur une tombe". A peine est-on né que l'on crève ; ce qui se passe dans l'entre-deux ne vaut pas la peine qu'on en parle. "Tout ce que je regrette, c'est d'être né, écrit Beckett à soixante et un ans. Il m'a toujours semblé que c'était si long, si fatigant de mourir." Avec le passage du temps, cette idée prend chez lui l'allure d'une véritable obsession, et il ne semble pas s'être follement amusé à l'explorer. Dix ans plus tard – soit un demi-siècle après l'essai sur Proust où il méditait, déjà, le fameux vers de Calderón –, Beckett songe encore et toujours à écrire un texte sur le thème "Ma naissance fut ma perte".

La mort n'est ni plus ni moins qu'une catastrophe, chez lui comme chez tous les professeurs de désespoir. Etant donné qu'ils ne perçoivent pas la circulation, les liens mouvants, l'échange, la transmission, étant donné qu'ils décrivent chaque individu comme une entité inamovible et close, la mort leur apparaît comme l'effacement total de l'être. Il s'ensuit que la vieillesse, où l'on assiste forcément à la disparition de ses proches, est une tragédie perpétuellement renouvelée. "Laideur des jours, écrit Beckett dans une lettre, le 3 octobre 1979. Mon vieil ami Con Leventhal est mort d'un cancer au début du mois. Une amitié de plus de cinquante ans contre vents et marées, réduite en cendres dans l'urne n° 21501 au sous-sol du columbarium du Père-Lachaise."

Le corps de l'homme est réduit en cendres, d'accord. Mais pourquoi leur amitié le serait-elle ? Con Leventhal n'a-t-il rien apporté de durable à son ami ? Ne lui a-t-il rien laissé comme souvenirs ? Ne l'a-t-il en rien transformé ? Pour être aimés de nous, les autres ont-ils besoin d'être physiquement présents ? Ah, mais si l'on se croit obstinément seul, si la seule "compagnie" que l'on puisse envisager est celle de sa propre voix… les jours doivent être "laids" en effet.

May, en revanche, ne disparaîtra jamais. Morte, elle hantera son fils jusqu'à la fin. Il l'aime encore, elle l'obsède, il lui demande pardon, elle l'accable de reproches et de réprimandes, tant dans ses pièces (*Dis Joe*, par exemple) que dans la vie. "Alors que Beckett approchait de la fin de sa vie, écrit Knowlson, j'ai souvent été frappé par l'intensité presque explosive de l'amour qu'il exprimait pour sa mère et de ses remords de lui avoir, comme il disait, si souvent fait faux bond."

Les derniers textes de Beckett – *Mal vu mal dit*, *Cap au pire*, *Soubresauts* – sont de véritables exploits de minimalisme. Il cherche, dit-il, “un pire inempirable”. Dans les petits livres blancs et étroits de chez Minuit, les mots sont imprimés de plus en plus gros car il y en a de moins en moins. Ce sont des cailloux blancs, ces cailloux chéris depuis toujours par Sam, semés un à un pour nous conduire vers son endroit préféré de la forêt : nulle part. Le lecteur retient son souffle : avec si peu de mots, est-il encore possible de dire quelque chose ? Tel un funambule sur une corde raide en pointillé, Sam nous conduit au bord du gouffre vers lequel il tend depuis toujours : le silence. Moine à rebours, solitaire, anorexique, empreint de pureté négative, il vise le vide. Sortir à tout prix de cette sale histoire d'humanité, toute grouillante d'histoires, de sentiments, de sexe, de naissances et de morts.

La paix, enfin. N'être.

INTERLUDE :

LA GLANEUSE ET LA DANSEUSE

Voici ce que dit du vieillissement Agnès Varda dans *Les Glaneurs et la Glaneuse* (1998, elle a soixante-dix ans) :

"Non, non, ce n'est pas *ô rage*. Non, ce n'est pas *ô désespoir*. Ce n'est pas *ô vieillesse ennemie* ! Ça pourrait bien être ô vieillesse amie ! Mais, tout de même, il y a mes cheveux et mes mains, qui me disent que c'est bientôt la fin… Bon, pour le moment, on roule vers la Beauce, réputée pour ses blés. Mais c'est trop tard pour la moisson, donc on va s'occuper du glanage des patates."

Et, plus loin dans le film : "Alors c'est ça qui est formidable : on est allé dans un grand magasin de Tokyo, et au dernier étage, voilà, il y avait des Rembrandt. De vrais Rembrandt ! *Saskia*, en détail, et puis… et puis… ma main en détail. C'est-à-dire, c'est ça mon projet : filmer d'une main mon autre main. Rentrer dans l'horreur. Je trouve ça extraordinaire. J'ai l'impression que je suis une bête. C'est pire : je suis une bête que je ne connais pas. Mais c'est la même chose que Rembrandt, en fait, c'est toujours un autoportrait."

*

Et voici Colette dans *Les Vrilles de la vigne* en 1909, à seulement trente-six ans :

"Il faut vieillir. Ne pleure pas, ne joins pas des doigts suppliants, ne te révolte pas : il faut vieillir. Répète-toi cette parole, non comme un cri de désespoir, mais comme le rappel d'un départ nécessaire. Regarde-toi, regarde tes paupières, tes lèvres, soulève sur tes tempes les boucles de tes cheveux : déjà tu commences à t'éloigner de ta vie, ne l'oublie pas, il faut vieillir !

"Eloigne-toi lentement, lentement, sans larmes ; n'oublie rien ! Emporte ta santé, ta gaieté, ta coquetterie, le peu de bonté et de justice qui t'a rendu la vie moins amère ; n'oublie pas ! Va-t'en parée, va-t'en douce, et ne t'arrête pas le long de la route irrésistible, tu l'essaierais en vain, – puisqu'il faut vieillir ! Suis le chemin, et ne t'y couche que pour mourir. Et, quand tu t'étendras en travers du vertigineux ruban ondulé, si tu n'as pas laissé derrière toi un à un tes cheveux en boucles, ni tes dents une à une, ni tes membres un à un usés, si la poudre éternelle n'a pas, avant ta dernière heure, sevré tes yeux de la lumière merveilleuse – si tu as, jusqu'au bout, gardé dans ta main la main amie qui te guide, couche-toi en souriant, dors heureuse, dors privilégiée."

Et la même année, dans "Chanson de la danseuse" :

"Si tu ne me quittes pas, je m'en irai, dansant, vers ma tombe blanche.

"D'une danse involontaire et chaque jour ralentie, je saluerai la lumière qui me fit belle et qui me vit aimée.

“Une dernière danse tragique me mettra aux prises avec la mort, mais je ne lutterai que pour succomber avec grâce.

“Que les dieux m’accordent une chute harmonieuse, les bras joints au-dessus de mon front, une jambe pliée et l’autre étendue, comme prête à franchir, d’un bond léger, le seuil noir du royaume des ombres.”

VI

LIBRE COMME UN MORT-NÉ : EMIL CIORAN

Dès l'ovule, il est le jouet de la mort.

CÉLINE

L'être humain qui allait se transformer petit à petit en Emil Cioran démarra lorsqu'un spermatozoïde de pope orthodoxe rencontra un ovule gisant dans les tubes fallopiens d'une femme mélancolique. Cinquante et un ans plus tard, dans une lettre à son frère, c'est de cela que se souviendra le plus célèbre pessimiste d'Europe : "Je pense souvent à notre mère (...), et surtout à sa mélancolie dont elle nous a transmis le goût et le poison."

Ah. On peut donc recevoir de la mère autre chose que ce cadeau infect : la vie. De façon frappante, Eugène Ionesco, l'autre grand écrivain roumain de Paris, emploie des termes presque identiques pour parler de sa mère à lui. Quand Claude Bonnefoy lui demande quelles sont les émotions d'enfance qui l'ont le plus marqué, il répond : "C'est la tristesse de ma mère, c'est la révélation de la mort, c'est la solitude de ma mère."

Pourquoi les mères roumaines sont-elles si mélancoliques ?

Etant donné que l'ancien Empire austro-hongrois nous fournit une grande moitié de notre corpus de néantistes (Cioran, Bernhard, Kertész, Kundera et Jelinek), cela vaut la peine d'en brosser, même très sommairement, le portrait… Aide-moi, Déesse Suzy, à balayer du regard les maisons de la petite et de la moyenne bourgeoisie de l'Europe centrale, entre, mettons, 1910 et 1950…

Nous voyons un monde malade et rutilant, un monde inégalitaire et souriant, un monde propre dessus et ignoble en dessous, un monde où prime l'ordre et où les âmes sont assassinées, où la présentation impeccable cache une violence inouïe. Presque autant que celle des talibans quelques décennies plus tard, cette société accuse la différence des sexes. Les familles sont structurées comme l'Eglise et l'Eglise est structurée comme l'Etat, qui est structuré comme la famille, c'est-à-dire en pyramide – avec, tout en haut, le papa le pope le pape. Père d'Eglise Père d'Etat Père de Famille. Le chef le Führer le leader le dieu. La mère est son instrument. Elle est soumise, obséquieuse, obligée de plaire. Elle a le droit de prier, de frotter le sol et de se laisser engrosser. Etre à genoux ou autrement abaissée est sa position naturelle. Elle n'a évidemment accès ni à la contraception ni à l'avortement. Elle n'a pas le moindre contrôle sur son destin personnel et ne prend aucune part à la vie publique. Ses lectures : un livre de messe et, éventuellement, des magazines consacrés à l'entretien de la maison. Puisque le sens de l'existence découle de la hiérarchie, la mère domine à son tour les enfants. Elle leur inflige des rituels de propreté, tant extérieure qu'intérieure. Les enfants grandissent avec un sentiment de culpabilité omniprésente, incoercible. Ils vouvoient leurs parents. Tout élan de spontanéité est réprimé et, s'il surgit malgré tout, puni. Une grande importance est attachée au châtiment corporel. Il est pratiqué dans la famille, à l'école, à l'armée, dans les prisons.

Pour reprendre les termes de la psychanalyste suisse Alice Miller, dont l'essai *C'est pour ton bien* analyse de près la "pédagogie noire" qui prévaut alors dans cette aire géographique, la famille est le prototype du régime totalitaire : "La seule autorité incontestée et souvent brutale est le père. La femme et les enfants (...) doivent accepter les humiliations et les injustices sans poser de questions et même avec reconnaissance : l'obéissance est leur premier principe de vie." A l'intérieur de la famille comme dans le monde au-dehors, l'ambiance régnante est celle de la domination masculine, de l'autoritarisme, du respect obligatoire de l'ordre.

Il y a donc, pour les mères, largement de quoi être mélancoliques.

Cioran voit le jour en 1911 à Rasinari, un village moyenâgeux de la Transylvanie. Alors que Beckett dit avoir noué connaissance avec la souffrance dans le ventre maternel, pour Cioran, l'expérience décisive se produit à l'âge de cinq ans : *il s'ennuie.*

Quoi de plus banal, demande Déesse Suzy, qu'un petit garçon de cinq ans qui s'ennuie ?

Ah, mais l'ennui du petit Emil n'a rien à voir avec l'ennui ordinaire. "Cette crise d'ennui que j'eus à cinq ans, un après-midi que je n'oublierai jamais, fut mon premier et véritable éveil à la conscience (...). Sans l'ennui je n'aurais pas eu d'identité (...). L'ennui est la rencontre avec soi – par la perception de la nullité de soi-même."

Eh bien dis donc ! dit Déesse Suzy. C'est un enfant prodige du néantisme, alors !

Il faut croire. De cette crise existentielle, Emil retire une certitude durable : le fond de tout, l'arrière-plan de tout, c'est le *rien*. Il s'agira pour lui, au cours des huit décennies à venir, de demeurer perpétuellement attentif à ce *n'est que*… à l'exception, comme nous allons le voir, de quelques petites années où il se laissera tenter par le *y a qu'à*.

Ennui mis à part, Cioran décrira toujours les premières années de sa vie comme un "paradis". Il s'amusait beaucoup, affirme-t-il. Quels étaient ses passe-temps préférés ? Il aimait bien, dit-il par exemple, jouer au foot avec des crânes humains. C'est que sa maison était située tout près du cimetière ; il avait l'habitude de voir passer les processions funèbres ; l'univers de la mort lui était tranquillement familier, et le fossoyeur, pour le distraire, lui prêtait parfois de ces ballons un peu particuliers.

Voilà pour le paradis. Il en sera chassé en 1922, à l'âge de onze ans, quand son père l'envoie faire son lycée à Sibiu, ville allemande de la Transylvanie. Ce fut là, dira-t-il plus tard, "le jour le plus triste de ma vie (…) ; j'avais l'impression qu'on me conduisait à la mort". Il sera placé dans une famille saxonne et y subira une discipline rigide.

Trois ans plus tard, le père sera nommé à Sibiu et la famille Cioran sera réunie. Mais le petit Emil a grandi entre-temps… Vers l'âge de quinze ans, il se lance dans les deux mêmes passions que Beckett, à savoir : lectures et fornications tous azimuts. "Dans ma première jeunesse, écrira-t-il plus tard, ne me séduisaient que les bibliothèques et les bordels*.” Son pope de père doit être imaginairement à ses côtés dans les bibliothèques, où ses lectures de prédilection – Soloviev, Lichtenberg, Schopenhauer, Nietzsche – attaquent, sabotent, et sabordent systématiquement la foi chrétienne. Et quand il se trouve dans le lit des putains, sa mère, à n'en pas douter – présidente de l'Association des femmes orthodoxes de Sibiu –, se tient tout près de lui. Ce qu'il fait, tant à la bibliothèque qu'au bordel, il le fait sous les yeux de ses parents, et contre eux. Quand Emil voudra expliquer, plus tard, la morbidité qui s'est emparée de lui à ce moment de sa vie, il cherchera du côté de la… normalité excessive de sa famille. Ça l'embêtait, dit-il, “d'avoir des parents normaux, des parents bien convenables”.

Comme quoi, dit Déesse Suzy en éclatant de rire, quoi qu'ils fassent, les parents ont toujours tort !

Mais que veut dire, au juste, “normal” et “convenable” dans le contexte de l'époque ? Si le père n'est pas dénigré par la mère comme c'était le cas chez Beckett, on peut supposer qu'en raison de leur place dans la société, les Cioran désirent que leur fils devienne un “modèle de vertu”, et exercent sur lui, à cette fin, une pression difficile à supporter. Que ce soit pour cette raison ou pour une autre, dès l'âge de dix-sept ans Emil est ravagé par les insomnies et taraudé

* “Entre le sexe et le cerveau, écrit la poétesse russe Marina Tsvetaeva, placés aux extrémités de nous-mêmes, il y a le centre, l'âme, où tout se croise, se joint et se fond et d'où tout part transfiguré et transfigurant. Craignez le cerveau et le sexe disjoints, sans le pont l'arc-en-ciel de l'âme, avec le grand vide entre eux, franchi par le même saut brutal de la sexualité à la cérébralité.”

par la pensée de la mort. "Dans ma jeunesse, écrira-t-il plus tard, [cette pensée] ne me quittait jamais. Elle était au centre de mes nuits et de mes jours, présence justifiée en soi, suprêmement légitime et pourtant morbide."

On peut s'étonner de ce que ceux qu'obsède ainsi la pensée de la mort soient invariablement des jeunes gens de bonne famille, bien nourris, bien au chaud et en sécurité au sein de leur famille aisée. Ceux qui sont confrontés à la mort comme perspective réelle et non imaginaire, dans des situations de guerre ou de famine (et ils allaient être nombreux dans les années suivant l'enfance de Cioran), décrivent rarement la cessation de soi avec le même lyrisme. Comme le dit plaisamment G. K. Chesterton, "le désespoir est un privilège de classe, comme les cigares".

A voir son fils ainsi tourmenté, Mme Cioran ne sait pas où donner de la tête (je la comprends) ; une phrase lui échappe alors qui marquera Emil pour le reste de sa vie. "Je me trouvais seul à la maison avec ma mère, raconte-t-il, et, saisi d'une crise subite, je me suis jeté sur le lit en hurlant : «Je n'en peux plus ! Je n'en peux plus !» Et ma mère (...) m'a répondu : «Si j'avais su, je me serais fait avorter.»"

Phrase passablement assassine. Phrase surprenante, il faut bien le dire, dans la bouche d'une femme de prêtre ; son fils avait vraiment dû la pousser à bout. Or Emil, loin d'en être dévasté, se sent comme allégé par cette phrase, délivré de toute responsabilité pour son malheur. "Cela m'a fait brusquement un immense plaisir, dit-il. Je n'étais donc qu'un simple accident ! Dans ces conditions, que pouvais-je encore espérer ?"

Oui, je vois bien, dit Déesse Suzy. C'est encore ce foutu raisonnement *ou bien... ou bien...* dont on parlait tout à l'heure. *Ou bien* la foi dit vrai, et le Seigneur Dieu m'a mis sur terre pour une raison que je dois m'efforcer de découvrir… *ou bien* je suis l'effet d'un pur hasard – et alors, la vie étant du n'importe quoi, ce n'est pas la peine de vivre ! Ils jouent en quelque sorte au "pile ou face" : sens donné d'avance ou non-sens irrémédiable.

C'est ça. Ils exagèrent… et, *comme le génie est toujours excessif, on prend leurs excès pour du génie*. Emil exagérera toujours dans le sens de ce qu'il considère comme la *lucidité*. Le fait de ne pas dormir lui confère, prétend-il, une supériorité sur le commun des mortels. En effet, huit heures sur vingt-quatre, les autres êtres humains sombrent dans l'inconscience ; ils se réveillent le matin et commencent la journée avec l'illusion d'un "nouveau début", d'une "renaissance". Foutaises ! s'exclame celui qui n'a pas fermé l'œil de la nuit. Moi je demeure implacablement éveillé, le regard braqué sur le néant ; je ne me berce pas d'illusions : matin et soir, je vois les mêmes ténèbres. Un grand insomniaque, confie Cioran à son ami Gabriel Liiceanu, "cultive le sentiment extraordinairement flatteur de ne plus faire partie de l'humanité ordinaire".

Point n'est besoin d'être psychanalyste pour remarquer que ce rejet véhément du sommeil prive Emil d'un pan crucial de l'existence humaine, à savoir l'inconscient. Or *l'inconscient n'est pas synonyme d'inconscience* ; le sommeil n'est pas le vide. On ne cesse pas de vivre lorsqu'on dort, mais on vit sur un autre plan : celui des rêves, des fantasmes, des images qui retravaillent nos expériences diurnes et les transforment en histoires inattendues, nous révélant sur nous-mêmes des choses bien surprenantes. La vie onirique nous échappe ; c'est bien ce que ne supporte pas le jeune Emil.

Quiconque a veillé deux ou trois nuits de suite (sans parler des *dix-huit mois sans sommeil* que revendique Cioran) sait que ce dont l'esprit s'approche dans ces conditions est tout sauf la vérité. C'est le délire, le mauvais raisonnement, la confusion, l'hallucination, la paranoïa… la panique. Voilà ce que cultive, en fait, le jeune Roumain*.

Entre dix-sept et vingt et un ans, Emil travaille avec acharnement à ses études, essentiellement la philosophie et l'histoire de l'art allemandes. Il vouera à Schopenhauer une admiration constante. ("Je n'ai pas assez de mots pour vous féliciter, écrira-t-il dans les années 1970 à Gabriel Matzneff qui vient de publier un article élogieux sur Schopenhauer, de la façon dont vous avez pris la défense de notre grand Patron, boycotté par le troupeau des utopistes, pour ne rien dire de celui des philosophes.") C'est par Schopenhauer que Cioran apprend à admirer le bouddhisme – même si, à l'instar d'Arthur, il comprend de travers la doctrine bouddhiste et n'atteindra jamais, c'est le moins qu'on puisse dire, à la sérénité que peut en conférer la pratique. Il commence à publier dans des journaux des articles que l'on

* Plus tard, dans ses *Exercices d'admiration*, il citera *La Fêlure* de Francis Scott Fitzgerald : "A trois heures du matin, écrit le romancier américain, l'oubli d'un paquet prend des proportions aussi tragiques qu'une condamnation à mort : le remède devient inopérant. Or, dans la vraie nuit de l'âme, il est éternellement trois heures du matin, jour après jour." Et Cioran de regretter que Fitzgerald n'ait pas eu la grandeur d'esprit de rester dans cette "vraie nuit de l'âme". (Faut-il en conclure que, d'après lui, l'oubli d'un paquet est *bel et bien* une tragédie ?)

remarque, avec des titres reflétant ses préoccupations d'alors : "Assez de clarté !", "Eloge des hommes passionnés", "Les révélations de la douleur", "Sur les états dépressifs"... Son premier livre paraît quand il a vingt-deux ans et démarre par la phrase suivante : "J'éprouve une étrange sensation à la pensée d'être, à mon âge, un spécialiste de la mort." *Sur les cimes du désespoir* paraît l'année suivante : c'est, dit-il, le livre de "la quête infinie de soi" ; ici encore, le thème de la mort est omniprésent. Ces livres attirent l'attention de la critique, le jeune penseur commence à faire parler de lui ; pour ses parents, vu leur place dans la société, c'est un peu gênant. Ils ne chassent pas Emil de la maison comme May avait chassé Sam... mais ils estiment que ce ne serait peut-être pas une mauvaise idée qu'il s'éloigne un peu. Alors il s'éloigne.

Son choix se fixe sur l'Allemagne, où il s'installe de 1933 à 1935. Ce n'est pas n'importe quoi, l'Allemagne en 1933-1935. Hitler vient d'être élu... Tout au contraire de Samuel Beckett qui, arrivant dans le pays trois ans plus tard, sera atterré par l'ambiance qui y règne, Emil, lui, est ébloui. Il abandonne provisoirement ses cimes de désespoir pour descendre (comme on dit) dans l'arène politique. Il prend conscience, avec un dépit qui ne le quittera jamais, du peu d'importance de sa patrie sur le plan international. La Roumanie est un pays arriéré, sous-développé, sans envergure, sans rayonnement. Aucun génie n'en vient. Que n'est-il né en Allemagne, en France, à tout le moins en Autriche ! La Roumanie, elle, n'a pas laissé son empreinte sur l'Histoire ; elle est dénuée de destin. Dans "Mon pays", un texte retrouvé après sa mort, Emil écrit : "Je le voulais puissant, démesuré et fou, et il était petit, modeste, sans aucun des attributs qui constituent un destin."

Il faut prêter une oreille attentive, Déesse Suzy, à ce thème de l'ambivalence envers la mère patrie : il reviendra souvent chez nos mélanomanes. Beckett a été persécuté en Irlande (ses livres mis à l'index, ses pièces interdites de représentation) ; Thomas Bernhard sera attaqué par l'Autriche autant qu'il l'attaquera ; *idem* pour Elfriede Jelinek ; Milan Kundera développera toute une théorie sur les "petits pays" après avoir quitté le sien… Cet amour-haine des origines, comme de soi-même, est propice à l'éclosion de la pensée néantiste.

Emil est captivé par le fascisme allemand. Il adore cette force brute, cette énergie rythmée, cette virilité assumée et agressivement déployée. "Les nazis, écrit-il dans un article daté du 5 décembre 1933, procèdent en répétant inlassablement les mêmes slogans, qui finissent ainsi par s'imposer à la population comme des évidences, des vérités que tous intègrent de façon quasi organique." A son avis, c'est exactement ce qui manque à la Roumanie. Après huit mois passés dans le Reich, il écrit dans "Impressions de Munich" : "Il n'existe pas d'homme politique dans le monde d'aujourd'hui qui m'inspire une sympathie et une admiration plus grandes que Hitler (…). Ses discours sont traversés par un pathos et une frénésie auxquels seul un esprit prophétique peut atteindre."

Certes, étant un jeune homme instruit, imbu de Schopenhauer, Hegel, Kant, Fichte et Nietzsche,

Cioran doit bien reconnaître que le Führer n'est pas un géant sur le plan intellectuel. Mais, estime-t-il, cela est secondaire. Ce qui compte, c'est le rythme ; c'est l'organisation ; c'est la flamme ; ce sont les défilés tirés au cordeau ; c'est l'unisson et la passion. En somme, révolté par la "décadence" qui règne ailleurs en Europe, Emil salue dans l'Allemagne des années 1930 l'aube d'une "barbarie féconde et créatrice" ("Aspects allemands", 19 novembre 1933).

Bien que très jeune encore, ses premiers écrits lui ont valu une vraie notoriété, et quand, avec Mircea Eliade, il devient sympathisant déclaré du Mouvement légionnaire (groupe fasciste roumain prohitlérien, dirigé par Codreanu), il attire dans son sillon d'autres jeunes gens, les exhortant à un "abandon irrationnel à la nation" et à la "solidarité mystique du groupe". En 1936 il publie un livre d'un nationalisme virulent : *La Transfiguration de la Roumanie* (recueil d'une quarantaine d'articles dont il n'autorisera jamais la traduction). Est-ce contradictoire, pour un homme qui n'affiche que honte et mépris pour son pays ? Non, car ce dont il s'agit, c'est le rejet total de *ce qui a été*, et notamment du legs occidentaliste et démocratique. "N'est pas nationaliste, écrit le jeune insomniaque, celui que ne tourmente pas jusqu'à l'hallucination le fait que nous, Roumains, n'avons pas fait l'Histoire (...). N'est pas nationaliste celui qui ne désire pas fanatiquement un saut transfigurateur."

En 1936, malheureusement, il y avait beaucoup de monde désireux d'effectuer ce "saut"-là. Ionesco dira plus tard de cette période : "C'était un moment où la recherche objective nous semblait déconsidérée à jamais ; où tous les individus demandaient à vivre, à créer (...) ; c'était la victoire des adolescents, la victoire des égocentrismes, la victoire de toutes ces choses personnelles qui demandaient à dominer ; la victoire de l'indiscipline, des vitalismes."

Pendant l'année scolaire 1936-1937, âgé seulement de vingt-cinq ans, Cioran enseigne la philosophie dans un lycée. Pendant ce temps, il écrit comme un forcené, ne publiant pas moins de trois livres en l'espace de deux ans : non seulement *La Transfiguration de la Roumanie* mais, juste avant, *Le Livre des leurres* (1936) et, juste après, *Des larmes et des saints* (1937).

Les dates sont importantes parce qu'elles nous permettent de voir que Cioran *oscille* entre les deux discours, utopiste et nihiliste. De même que Beckett arpentait dès ses premiers écrits (bien avant la guerre) les "limbes" de son désespoir à lui, de même, Cioran passera du nihilisme à l'engagement fasciste avant de revenir définitivement au nihilisme. Les deux attitudes ont en commun d'exclure toute forme de mixité et de nuance : elles sont manichéennes, absolutistes, totalisantes. Espoir ou désespoir importe peu ; ici comme là, c'est la même démesure. *Ou* l'on est flamme vive, prête à incendier l'univers, *ou* l'on est pierre inamovible, toujours-déjà indifférente. Cioran peut basculer d'un extrême à l'autre : militant fébrile en décembre 1933, il lance aux réfractaires : "Hitler ne vous convient pas ? Occupez-vous d'art égyptien (...). La politisation vous révolte ? Etudiez donc l'art de la Renaissance" ; réfractaire en Mai 68, pendant que les étudiants prônent la révolution sous ses fenêtres à Paris, il se plonge dans l'*Enfer* de Dante, "peut-être le plus beau livre qui ait jamais été écrit", et affirme que "lire les auteurs *inactuels* dans les époques troubles, c'est la meilleure désintoxication qui soit" (1er juin 1968). Ce dont il semble incapable, c'est une position intermédiaire, à savoir une interaction avec le monde qui tienne compte de la réalité de celui-ci.

Tu l'auras compris, Déesse Suzy ; il ne s'agit pas pour moi de dire que "l'ignoble fasciste" d'avant-guerre jette un discrédit sur le "génial aphoriste" de l'après-guerre. Ce que j'ai à cœur de comprendre, c'est de quelle manière une névrose d'ordre personnel peut se transformer en un système de pensée qui semble l'expression la plus adéquate de toute une époque.

Brusquement, à l'été 1937, Emil part pour Paris. S'ensuivent, déclarera-t-il dans de nombreuses interviews, "dix ans de stérilité où je ne fis qu'approfondir ma connaissance du roumain". La vérité est autre. Certes, Cioran se trouve à Paris en juin 1940, le jour de la débâcle ; il racontera même quelques anecdotes plaisantes à ce sujet (par exemple : de peur que le franc ne se dévalue, alors que les Allemands prennent possession de la capitale, il court s'acheter un nouveau costume aux Galeries Lafayette).

Ce qu'il ne dit pas, ce qu'il ne dira jamais, c'est qu'il est retourné en Roumanie à l'automne 1940, y est resté plusieurs mois, et s'y est adonné de nouveau à la propagande fasciste et nationaliste. Non content d'affirmer dans un article que "Paris est tombé parce qu'il devait tomber. La ville s'est *offerte* à l'occupant", il réitère à la radio et dans la presse écrite sa foi dans l'héritage du "Capitaine" (Codreanu, exécuté entre-temps). Ce sont des mois sanglants à Bucarest et dans les environs, mois au cours desquels de nombreux juifs sont assassinés par les membres exaltés du Mouvement légionnaire. Fin février 1941, pour le trentième anniversaire d'Emile, on réédite *Transfiguration de la Roumanie* où l'on peut lire, entre autres, que les juifs "ne se sentent jamais mieux que dans l'atmosphère pestilentielle de la démocratie".

Plus tard, Cioran dira n'avoir jamais cru sincèrement aux positions politiques qu'il soutenait à cette époque. Il était conscient, écrira-t-il à Gabriel Liiceanu, que "l'action se fait oubli de soi, thérapie, moyen de dompter une vie intérieure menaçant, sous l'intensité de ses propres excès, de provoquer un effondrement de l'individu lui-même". En termes clairs, Emil était en proie à une pression mentale intolérable qui le conduisait aux frontières de la folie. (Aragon a peut-être embrassé la cause communiste en raison d'une semblable terreur de l'entropie.)

Cioran réussit enfin à se faire envoyer à l'ambassade roumaine de Vichy, où le nouveau chef de la garde de Fer lui a trouvé un poste de conseiller culturel. Il n'y restera que quatre mois, de mars à juin 1941... puis reviendra à Paris, s'installera à l'hôtel Racine, et laissera définitivement tomber la politique. De façon significative, il dira plus tard à propos de cette volte-face : "Au vrai, on devrait changer de nom après chaque expérience importante."

Il ne changera pas de nom ; mais, quelques années plus tard, *il changera de langue*, et ce changement-là lui apportera le "renouveau" qu'il appelait de ses vœux depuis longtemps.

En attendant, il continue d'écrire dans sa langue maternelle. *Le Crépuscule des pensées* paraît en 1940. Ensuite, pendant toute la durée de l'Occupation, à raison de douze heures par jour, il rédige son *Bréviaire des vaincus* au café *Le Flore*.

La dernière année, dit-il, "par je ne sais quel hasard je me retrouvais presque chaque jour assis à côté de Sartre. Je n'ai jamais été tenté d'échanger avec lui le moindre propos."

Image irrésistible ! s'esclaffe Déesse Suzy.

Oui : arrêtons là notre caméra, quelques instants. Les deux écrivains ont en commun plus de choses qu'il ne pourrait paraître à première vue. Si l'un est déjà réputé et l'autre un parfait inconnu, si l'un vient d'un pays puissant (bien que provisoirement en position de faiblesse) et l'autre d'un pays "minable" (où triomphe pourtant l'idéologie du jour), si Sartre est en train de s'éloigner de sa "mélancolie" (premier titre de *La Nausée*) pour se lancer dans l'action politique, et Cioran, au contraire, en train de renoncer à l'engagement collectif pour se replier dans les ténèbres de la solitude… tous deux résistent vaillamment à la tentation de lever le petit doigt dans Paris occupé par les Allemands ; tous deux croient à l'existence d'une scission radicale entre soi et le monde, soi et la nature ; tous deux ont des comptes à régler avec l'existence physique, c'est-à-dire l'obligation de vivre dans le temps, de naître et de mourir ; tous deux se soucient grandement de leur immortalité. Ils vont au café de Flore chaque matin et, côte à côte, passent la journée à écrire : Emil Cioran peaufine son *Bréviaire des vaincus*, tandis que Jean-Paul Sartre met les dernières touches à son roman *L'Age de raison* et à son essai *L'Etre et le Néant*.

C'est beau, dit Déesse Suzy. Ah, c'est beau.

Ses livres d'alors, dira Cioran non sans orgueil, "expriment la réaction d'un marginal, d'un pestiféré, d'un individu que rien n'attache à ses semblables. Cette vision ne m'a pas quitté." Et de se demander dans *Bréviaire des vaincus* – avec une certaine candeur, vu les lois antisémites en vigueur à l'époque : "Y avait-il, boulevard Saint-Michel, un seul étranger plus étranger que moi ?"

Les "vaincus" auxquels fait allusion le titre de ce livre écrit dans Paris occupé ne sont ni les Français, ni les juifs, ni les résistants ; rien de tout cela : *c'est nous tous*, pauvres êtres humains qui réfléchissons. "La mort est un fantôme, écrit Cioran dans la meilleure veine schopenhauérienne, tout comme la vie. On ne peut mourir que si l'on sait qu'elles ne connaissent ni perte ni gain." Où l'on retrouve l'image de la cascade et du prisme, du lion et de la *leonitas*…

Alors que la planète est en train d'exploser – alors que, depuis l'Asie lointaine jusqu'à l'Angleterre voisine en passant par la Russie martyrisée, des dizaines de millions de gens sont en train de mourir de toutes les manières possibles et imaginables –, Emil Cioran a trouvé sa position définitive : "Pécher par solitude, nuire en rompant, ne connaître de joie que dans ta retraite. Etre *foncièrement* seul." Et, un peu plus loin (mais il ne devait rien savoir de Bergen-Belsen, ni d'Auschwitz, ni de Dachau ; il ne pouvait se douter que, par la suite, ces mots allaient avoir des résonances fortement réalistes) : "Voici mon sang, voici mes cendres. Et le tâtonnement funèbre de l'esprit (…). Les survivants ont les yeux fixes (…). Il n'est plus de vents pour soulever la poussière de mon être. Les brises ont gelé sur des cerveaux mortels."

Eternel étudiant, Cioran s'en sortira financièrement par de petites combines, faisant indéfiniment renouveler ses bourses, habitant une mansarde place de l'Odéon et prenant ses repas jusqu'à l'âge de quarante ans dans des restaurants universitaires. C'est justement dans un "resto-U" qu'il fait la connaissance de Simone Boué, une jeune femme à qui il a demandé des cours d'anglais. Sa relation avec Simone, comme celle de Sam avec Suzanne, sera solide et durable, ponctuée (de la part d'Emil) par de nombreuses aventures érotiques à l'extérieur. Presque tous les professeurs de désespoir hommes vivent avec ces sortes de mères-amies qui leur fournissent des conditions de travail idéales, respectent l'antre sacré de leur bureau, règnent sur la cuisine et s'abstiennent de formuler la moindre exigence du côté de la chambre à coucher… sans parler, Dieu nous en garde, de la nursery.

La guerre se termine. Paris est libéré. Cioran se met alors à sillonner la France à vélo. Un jour, alors qu'il se trouve dans un village près de Dieppe, à traduire sans grande conviction des poèmes de Mallarmé, il est secoué par un séisme intérieur. Comme il le décrira plus tard, "une révolution s'opéra en moi : ce fut un saisissement annonciateur d'une rupture. Je décidai sur le coup d'en finir avec ma langue maternelle." Il entend comme un commandement divin : "«Tu n'écriras plus désormais qu'en français» devint pour moi un impératif. Je regagnai Paris le lendemain et, tirant les conséquences de ma résolution soudaine, je me mis à l'œuvre sur-le-champ. Je terminai très vite la première version du *Précis de décomposition.*"

Etonnant ! dit Déesse Suzy.

Oui, la ressemblance avec Beckett est frappante : *les deux hommes ont eu la même révélation au même moment, et sans doute en partie pour les mêmes raisons.*

La langue étrangère vous fait le cadeau d'un handicap. Elle vous oblige à ralentir, à examiner chaque mot, chaque formule, chaque tournure. Même si vous la maîtrisez oralement depuis longtemps, dans l'écriture vous n'y avez aucun automatisme. A Beckett, comme le dit son biographe et ami James Knowlson, la langue étrangère "laisse toute latitude de se concentrer sur les moyens de restituer directement sa quête de l'«être» et son exploration de l'ignorance, de l'impuissance, de l'indigence (...), de «retrancher le superflu, de décaper la couleur» pour mieux s'attacher à la musique du langage, à ses sonorités et à ses rythmes". Cioran, quant à lui, éprouve un attrait presque masochiste pour la langue française en raison de sa rigidité syntaxique. On se souvient que pendant ses dernières années en Roumanie, il s'était senti au bord de la folie et avait tenu des discours politiques frôlant le délire. "Le français, explique-t-il à Gabriel Liiceanu, recèle des vertus civilisatrices en ce qu'il vous impose en permanence ses contraintes. On ne peut pas devenir fou en français*. L'excès n'y est pas possible. La langue française m'a apaisé comme une camisole de force calme un fou. Elle a agi à la façon d'une discipline imposée du dehors, ayant finalement sur moi un effet positif. En me contraignant, en m'interdisant d'exagérer à tout bout de champ, elle m'a sauvé. Le fait de me soumettre à une telle discipline linguistique a tempéré mon délire." (Et moi personnellement,

* Le "on" dont il parle ici est évidemment un étranger. Les Français, eux, n'ont aucun mal à devenir fous en français ; cf. Artaud, Céline...

Déesse Suzy, moi qui te parle en ce moment, sculptant moi aussi mes phrases en français langue étrangère, je ne peux qu'abonder dans son sens.)

La rupture est radicale.

Cioran ne remettra jamais les pieds en Roumanie. Il ne reverra jamais ses parents (même si, jusqu'à leur mort, il continuera à leur envoyer de gentilles petites lettres d'étudiant). En définitive, la langue française est pour lui une bonne marraine ; elle lui tient lieu de présence humaine ; elle le presse contre son sein austère, lui donne à boire son lait d'encre.

Et le miracle s'opère : de fait, à partir de ce premier travail rédigé en français, *Précis de décomposition*, Cioran sera reconnu en France comme écrivain, et même *grand écrivain de son temps*. Dans sa chronique lors de la parution de ce livre, Maurice Nadeau (qui, on se souvient, avait également décelé très tôt la qualité de Sam Beckett) saluera en Emil Cioran "le prophète des temps concentrationnaires et du suicide collectif, celui dont tous les philosophes du néant et de l'absurde préparaient l'avènement, le porteur par exemple de la mauvaise nouvelle (...). Il portera témoignage pour notre époque."

Je ne veux pas exagérer à mon tour, Déesse Suzy, mais avoue que c'est un peu fort de café, non ? que l'admirateur de Hitler et l'auteur de pamphlets antisémites, ayant soufflé sur les braises chez lui à Bucarest puis passé la guerre douillettement enfermé au Flore à Paris, soit fêté comme "le prophète des temps concentrationnaires et du suicide collectif" ! *A quelle fête nous convoque-t-on ?* On se le demande. Célébrons la naissance de notre anti-Christ ("l'avènement" n'est pas un terme neutre ; et "mauvaise nouvelle" est une inversion patente de la "bonne nouvelle" des Evangiles). Le livre sera loué par Maurois, Mauriac et bien d'autres. Pourquoi ce bon accueil de l'intelligentsia française ? "Le climat de l'immédiat après-guerre, écrit Gabriel Liiceanu, la prédisposait sans doute favorablement à entreprendre cette cure de désillusion que proposait le livre de Cioran." On avait pu s'égarer dans l'enthousiasme patriotique, nationaliste, antisémite ; maintenant on regardait, consterné, les résultats. "Cioran a répondu, conclut Liiceanu, par un *délire de lucidité* aux obnubilations systématiques, provoquant ainsi un choc au sein de la communauté intellectuelle française."

Ainsi, malgré leurs prises de position politique antinomiques (l'un activement engagé dans la Résistance et l'autre dans le fascisme), Beckett et Cioran ont suivi à peu de choses près le même itinéraire : penchant précoce pour les ténèbres, nourri au cours de l'adolescence par des lectures philosophiques (les mêmes), exacerbé à l'âge adulte par la rupture avec le pays et la langue d'origine, à la suite de quoi… abracadabra ! Le néant que l'on trouve à dire (magnifiquement, éloquemment, drôlement) tombe à pic pour le moment noir que vit l'Europe de l'après-guerre ! Dans la dépression de *cet* individu, avec *cette* enfance et *cette* éducation dans *ce* pays, l'on croit reconnaître – et l'on proclame en chœur – le néant de l'Homme. O Déesse Suzy… vois-tu l'extraordinaire méprise ?

En fait, fils de pope, Cioran éprouve une nostalgie douloureuse pour la foi, et il le reconnaît. A défaut de pouvoir se prosterner devant Dieu, il aspire à *devenir* Dieu ; c'est justement ce que représente pour lui l'acte d'écrire. "Je ne peux produire, dit-il, que si, le sens du ridicule m'ayant soudain déserté, je m'estime le commencement et la fin. Ecrire est une provocation, une vue heureusement fausse de la réalité qui nous place *au-dessus* de ce qui est et de ce qui nous semble être. Concurrencer Dieu, le dépasser même par la seule vertu du langage, tel est l'exploit de l'écrivain."

Ce sont là, sans doute, des illusions utiles sinon indispensables à la création d'une œuvre d'art. Ce qui est plus singulier, et qui revient chez quasiment tous les néantistes (Bernhard en tête), c'est l'assimilation de ce geste créateur à une *attaque*. "Je n'ai envie d'écrire que dans un état explosif, dit Cioran, dans la fièvre ou la crispation, dans une stupeur muée en frénésie, dans un climat de règlement de comptes où les invectives remplacent les gifles et les coups (...). Le sage en nous ruine tous nos élans, il est le saboteur qui nous diminue et nous paralyse, qui guette le fou en nous pour le calmer et le compromettre, pour le déshonorer."

Que des individus qui souffrent règlent leurs comptes avec la vie qui leur inflige cette souffrance, rien de plus normal. Reste à savoir pourquoi nous, lecteurs, préférons tellement nous reconnaître dans le discours du fou plutôt que dans celui du sage... surtout lorsqu'il s'agit non d'un romancier mais d'un moraliste ! Pourquoi prenons-nous un si grand plaisir à nous entendre dire que nous sommes stupides, que toutes nos activités sont dérisoires et que, plutôt que d'attendre l'échéance et la déchéance de la vieillesse, nous ferions mieux de nous suicider toutes affaires cessantes ? Pourquoi raffolons-nous de pareilles énormités, pourquoi leur accordons-nous notre plus haute estime ?

Même Albert Camus, qui lit le *Précis de décomposition* en manuscrit chez Gallimard, félicite chaleureusement l'auteur. Mais il commet ensuite l'erreur d'ajouter un petit conseil : "Maintenant, lui dit-il, il faut que vous entriez dans la circulation des idées." Cioran recule – on le voit, presque, arracher sa main à celle de Camus – aussi horrifié que si on lui avait recommandé d'embrasser un lépreux sur la bouche. Il est blessé dans son amour-propre. Comment !? Albert Camus, cet "auteur de deuxième rang" avec sa "culture d'instit", dépourvu de "la moindre trace de culture philosophique", a le toupet de venir lui donner des leçons *à lui*, Emil Cioran ?! "Ça a été très humiliant pour moi (…), dit-il, comme si j'étais un pauvre débutant venu de sa province."

On voit que la honte liée au pays natal est tenace ; le ressentiment de Cioran envers Camus le sera tout autant. Circulation des idées, non, mais ! Que ne faut-il pas entendre !? Ensemencements, échanges, partages, et puis quoi encore ? *Rien* ne circule ! Tout est immobile. S'il n'a pas compris ça, alors…

Ecartons donc Camus et Sartre : quel écrivain trouve grâce aux yeux de Cioran ? Sam Beckett, tout de même ? Il fréquente Beckett, c'est vrai : "Dès notre première rencontre, écrit-il, je compris qu'il était arrivé devant l'*extrême*, qu'il avait peut-être commencé par là, par l'impossible, par l'exceptionnel, par l'impasse. Et ce qui est admirable est qu'il n'a pas *bougé*, que, parvenu d'emblée devant un mur, il persévère aussi vaillant qu'il l'a toujours été (…). La situation limite comme *point de départ*, la fin comme avènement !" D'accord, mais… Cioran *appréciait*-il les écrits de Beckett ? Ou ceux d'Henri Michaux, qu'il a également fréquenté ? Ah, ça non ! Beckett et Michaux étaient ses "grands amis" ; mais, dit-il (on voit presque le petit haussement d'épaules), "je n'ai pas connu de grands écrivains".

Parmi ceux qu'il considère comme vraiment grands (et qu'il n'a donc pas connus) figurent deux femmes : deux vierges, cela va de soi, comme lui éprises d'absolu et retranchées du monde : sainte Thérèse d'Avila et Emily Dickinson. Le goût pour l'ascétisme littéraire va de pair, c'est logique, avec la répugnance pour l'acte charnel, et surtout l'idée qu'une nouvelle vie puisse en résulter… que *soi-même*, on en a résulté. Que la collision du spermatozoïde du pope orthodoxe et de l'ovule de la dame mélancolique ait eu pour conséquence… *moi* !?! Horreur. "On ne peut consentir, écrit Cioran, qu'un dieu, *ni même un homme*, procède d'une gymnastique couronnée d'un grognement."

Oh ! comme c'est bien dit, comme c'est drôle ! glapit Déesse Suzy. Même si c'est bête.

Oui, mais écoute la suite, c'est du Schopenhauer tout craché : "Lorsqu'on sait ce que le destin dispense à chacun, on demeure interdit devant la disproportion entre un moment d'oubli et la somme prodigieuse de disgrâces qui en résulte."

Bien entendu, la moindre des choses est de ne pas participer à cette prolifération nauséabonde. "Barrons la route à la chair, essayons d'en paralyser l'effrayante poussée, nous assistons à une véritable épidémie de vie, à un foisonnement de visages."

Comment ne pas être frappé par l'immaturité et l'orgueil d'une telle attitude ? *Il y a trop de monde. Je veux être tout seul. Je suis au-dessus de ce grouillement obscène.* Le philosophe Jacques Dewitte retrouve chez Cioran, comme chez d'autres négativistes contemporains, "la haine gnostique pour le monde (...). Etant donné qu'il se représente le monde comme une vaste prison-cloaque et comme une sorte d'immense galère, l'instinct de la génération lui apparaît (...) comme une ruse diabolique imaginée par le créateur-geôlier afin que les galériens engendrent à leur tour de nouveaux galériens." Ce sont les femmes, bien entendu, qui "nous" attirent (le lecteur est systématiquement supposé masculin) vers ce piège épouvantable qu'est la vie. Schopenhauer le disait déjà : elles ne songent qu'à "nous" enlacer pour mieux "nous" asservir. "Elles savent mieux que nous, dit Cioran, que les mensonges de l'amour sont le seul vernis d'existence dans l'incommensurable irréalité. Et elles poussent jusqu'à la démesure le chantage à la vie dont la nature leur a fourni les moyens. Nous autres, nous tombons dans le piège et souillons l'infini dont nous n'avons pas su nous montrer dignes."

Pauvre infini ! pouffe Déesse Suzy. Se remettra-t-il un jour de cette souillure ? On se le demande !

La génophobie qu'affiche Cioran (Bernhard, Kundera, et bien d'autres gnostiques contemporains qui s'ignorent) vient aussi de ce que faire des bébés est à la portée de n'importe qui. "Que le dernier des avortons, écrit Cioran, ait la faculté de donner vie, de «mettre au monde», existe-t-il rien de plus démoralisant* ?"

* "La seule femme non maternelle que j'ai aimée, écrit encore Marina Tsvetaeva , c'est Marie Bashkirtseff – «non maternelle» : morte à vingt-quatre ans ! «Me marier et avoir des enfants, mais chaque blanchisseuse peut en faire autant !» Cri orgueilleux d'une petite fille génie, cri *avant* la vie, *avant* l'amour, cri de l'amazone nordique que nous, Russes, étions toutes."

Mais cette faculté est aussi *la preuve spectaculaire de la fausseté de la vision gnostique*, qui postule une différence de nature entre soi et le monde. Comme le sait forcément une mère, l'enfant fait d'abord partie de soi, ensuite du monde ; il est donc un lien vivant entre soi et le monde. Par lui, nous nous savons partie intégrante de l'univers, faits de la même matière que lui – matière organique, certes, mais spirituelle aussi.

Le 24 novembre 1960, alors qu'il vient d'apprendre la mort de sa sœur, Cioran écrit dans son journal qu'il a "toujours tout fait pour ne pas [se] perpétuer, pour n'avoir pas d'*héritiers*, par une sorte d'horreur instinctive de partager les responsabilités de tout le monde, d'un côté, de l'autre, par une vive répulsion pour tout ce qui est *avenir*". Ce qu'il semble ne pas comprendre, c'est que l'enfant nous lie non seulement à l'avenir mais également au passé – à nos ancêtres – pour la simple raison que, *nolens volens*, nous lui transmettons une grande partie de ce que nous avons reçu d'eux.

L'orgueil des mélanomanes se reflète dans leur refus d'apprendre autre chose que ce qui confirme et conforte leur philosophie. Si Cioran avait eu une connaissance même moyenne de la théorie de l'évolution des espèces, par exemple, il n'aurait jamais pu décrire la présence de l'homme sur terre comme une *aventure anormale*. "L'homme était né pour vivre comme les animaux, déclare-t-il à l'âge de soixante-huit ans, et il s'est lancé dans une aventure qui n'est pas naturelle, qui est étrange. Mais cette aventure de l'homme est anormale, elle se retourne nécessairement contre lui." Transparaissent dans ce passage les mêmes présupposés téléologiques qu'on a relevés chez Schopenhauer : les femmes sont faites "pour" la reproduction ; l'homme est né "pour" vivre comme ceci ou comme cela ; il n'est décidément pas facile, même pour les non-croyants, de s'affranchir de l'idée d'un projet divin pour l'espèce humaine.

Cioran est sincèrement persuadé que cette espèce se dirige droit dans le mur. "Je crois à la catastrophe finale. Pour un peu plus tard. Je ne sais quelle forme elle prendra, mais je suis absolument sûr qu'elle est inévitable." Du reste, s'il écrit, ce n'est pas pour nous ses contemporains, ni même pour les générations futures, mais pour la nouvelle espèce qui, après l'Apocalypse, naîtra des cendres de l'humanité. "Le bruit qu'on fait autour de moi me gêne et me déçoit, écrit-il à l'âge de soixante-seize ans. Je savais qu'un jour il serait inévitable mais mon orgueil le situait après la catastrophe future. C'était à l'attention de survivants, et non d'agonisants, que s'adressaient mes appréhensions."

Si Cioran avait lu des livres d'ethnologie, il n'aurait pu sérieusement entretenir l'idée selon laquelle, jadis, sous d'autres cieux, la naissance d'un enfant était reconnue pour le désastre qu'elle est. "A quel point l'humanité est en régression, dit-il, rien ne le prouve mieux que l'impossibilité de trouver un seul peuple, une seule tribu, où la naissance provoque encore deuil et lamentations."

S'il avait passé un peu de temps auprès des enfants en bas âge, il n'aurait jamais pu écrire : "Nous aurions dû être dispensés de traîner un corps. Le fardeau du moi suffisait" – car il aurait su ce que savent tous les parents, à savoir que le *moi* n'émerge que très progressivement du corps, et que ce corps, loin d'être un fardeau pour le moi, en est la condition *sine qua non*.

Et s'il avait le moindre sens de la logique, il aurait su que les pierres ne peuvent guère se féliciter de leur heureux état d'hébétude. "Il vaut mieux être animal qu'homme, insecte qu'animal, plante qu'insecte, et ainsi de suite. Le salut ? Tout ce qui amoindrit le règne de la conscience et en compromet la suprématie."

S'il avait lu des ouvrages de linguistique et de psychologie enfantine, il aurait su que la possibilité de commencer une phrase par "je" (cette phrase serait-elle "*je* souffre le martyre, *je* regrette d'être né, *je* trouve que la vie est une erreur funeste", etc.) dépend de la présence des autres pendant la petite enfance*. "J'aimerais être libre, éperdument libre, écrit Cioran. Libre comme un mort-né."

Ah là là ! soupire Déesse Suzy. On voit bien que cet homme-là n'a jamais vu un mort-né. Libre comme un mort-né, non mais ça ne va pas, la tête ?

Justement, ça ne va pas, la tête : *il souffre* ; tu ne veux donc pas comprendre ?! Il souffre comme une bête, ou plutôt comme seul un homme peut souffrir ; et, faute d'être mort-né, sa seule manière de s'en sortir c'est l'écriture. L'écriture lui apporte la "liberté" et l'"indépendance" – valeurs suprêmes, on s'en souvient, pour tous les professeurs de désespoir. "Si je n'ai fait qu'écrire le même livre, en marge des mêmes obsessions, c'est pour avoir constaté que cela me libérait, en quelque

* On peut lire à ce sujet les lumineuses réflexions de François Flahault dans le chapitre "Comment le bébé devient une personne", in *Le Sentiment d'exister : ce soi qui ne va pas de soi*.

sorte (…). L'acte d'écrire comme thérapeutique, c'était cela l'essentiel (…). Tout ce qui est formulé devient plus tolérable. L'expression ! Voilà le remède."

Cioran est un solipsiste typique pour ne pas dire caricatural. Il semble ne s'être jamais demandé ce qu'il serait devenu, adopté à la naissance par un couple du Middle West américain ou élevé dans une tribu d'aborigènes de la Nouvelle-Guinée. Même s'il est obligé de reconnaître qu'il ne s'est pas créé tout seul, il demeure convaincu que les origines sont secondaires : "Nos commencements comptent, cela s'entend, dit-il ; mais nous ne faisons le pas décisif vers nous-mêmes que lorsque nous n'avons plus *d'origine*, et nous offrons tout aussi peu matière à une biographie que Dieu."

Etre moine. Non : Dieu même. Alors qu'on n'est rien. Et si *soi*, l'on n'est rien, que dire des *autres* ? "Plus on est conscient de sa nullité, plus nous méprisons les autres (…). Quand il nous est impossible de nous leurrer encore sur notre propre compte, nous devenons incapables de ce minimum d'aveuglement et de générosité qui seul pourrait *sauver* l'existence de nos semblables."

Voilà la visée. Devenir aussi souverain que ce Dieu auquel on ne croit plus. Se suffire à soi-même. "Vivre véritablement, c'est refuser les autres." Pourvu, bien sûr, que Simone continue de vous apporter vos repas et de lire vos manuscrits, pourvu que le métro et les lampes électriques continuent de fonctionner, pourvu qu'on puisse aller de temps à autre faire une promenade au jardin du Luxembourg ou traîner chez les bouquinistes au bord de la Seine ou passer la soirée dans une salle de cinéma à l'Odéon…

Après avoir prôné le suicide tout au long de sa vie sans s'y résoudre, Emil mourra de sa belle mort à quatre-vingt-quatre ans, en 1995.

Simone Boué procédera au rangement méticuleux de toutes ses affaires (manuscrits, contrats, dossiers, documents, correspondance) et, aussitôt après, se noiera dans l'océan Atlantique.

Accident ou suicide ? Suzy seule le sait.

INTERLUDE :

SCHWESTERN IN LEBEN

Pour changer d'air – car décidément la mansarde d'Emil place de l'Odéon commençait à devenir irrespirable –, partons quelques instants en Suède.

Un cinéaste du nom de Wilfried Hauke y a récemment tourné un film avec trois anciennes compagnes d'Ingmar Bergman : Liv Ullmann, Ghita Norby et Bibi Anderson. Le film s'appelle *Schwestern in Leben*, "Sœurs de vie". Ces trois comédiennes célèbres (Norby pour ses rôles au théâtre, Ullmann et Anderson au cinéma) passent quelques jours ensemble dans une grande maison isolée pour évoquer, devant la caméra de Hauke, leurs souvenirs, leur amitié, le temps qui passe. Journées d'été au bord de la mer, brillantes, aux vents ébouriffants…

Je sais bien, Déesse Suzy, que personne au monde ne reconnaît comme autorités philosophiques ces trois comédiennes scandinaves. Je sais que leurs conceptions de la vie ne sont pas enseignées dans les universités, ne font pas l'objet de thèses d'Etat. Pourtant, je te le jure, je trouve la pensée des *Schwestern in Leben* plus *juste* que celle des professeurs de désespoir.

Toutes trois ont la soixantaine, elles sont conscientes de n'être plus aussi belles qu'à l'apogée de leur carrière. Mais le vieillissement pour elles, au lieu d'être simple synonyme de *déchéance*, est lié à une *histoire*. "Il y a une chose que j'apprécie dans le fait de vieillir, dit Liv Ullmann. Tout s'apaise. C'est très agréable. Subitement je dispose de plus de latitude pour être moi-même. Je n'ai plus besoin de jouer, devant les autres, à être celle qu'ils voient en moi. Je peux enfin être moi-même, calmement."

A un moment donné, alors que Bibi Anderson se repose sur son lit, Liv vient s'installer sur une chaise près d'elle, et elles parlent de l'époque où elles étaient jalouses l'une de l'autre. Pour Cioran, "la rivalité entre les saints, la jalousie qui existe entre eux, fait croire que vraiment la *perduta gente* l'est sans exception (...). Il n'y a pas d'issue à ce mal. L'histoire d'Abel et de Caïn résume toute l'histoire, elle rend même celle-ci superflue."

Ce n'est pourtant pas ainsi que les choses se sont passées entre les comédiennes. Liv et Bibi ont surmonté leur jalousie pour devenir des amies inséparables. Une fois, alors que Bergman avait donné à Liv le rôle que Bibi rêvait de décrocher, celle-ci a réagi en apportant, lors de la première du film... un *cadeau* pour Liv. "C'était un sac !" dit Liv maintenant, se rappelant, les larmes aux yeux, ce jour lointain...

> LIV. – Je voulais simplement te dire que je n'oublierai jamais... Et maintenant, on est ici ensemble, je te regarde, je vois qu'on a vieilli toutes les deux, on est tellement plus vieilles qu'avant, toutes deux jeunes mariées qu'on était à l'époque. Je regarde ta main et je n'arrive pas à me rendre compte que tu as vieilli.
> BIBI. – Mes mains sont vieilles.
> LIV. – Quand je vois ta main, je me dis, c'est vrai, on a vieilli. Je regarde ma propre main et moi aussi, j'ai vieilli, ça se voit sur ma main.

BIBI. – Pas tellement.

LIV. – Si, ça se voit beaucoup. Mais quand je vois ta main, je suis aussi heureuse, car je pense à tous les moments qu'elle a connus. Ta main a été heureuse, nerveuse, elle a tenu un homme, elle a caressé ma fille quand elle était petite, on a quitté cette main, on l'a prise. Je *vois* comme cette main a vécu.

BIBI. – Je vais pleurer. Mes mains noueuses !

LIV. – Cette main, c'est toute une vie !

Donnent-elles dans le sentimentalisme, dans le "kitsch" tant dénigré par Milan Kundera ? Je ne le crois pas. Je crois qu'elles sont simplement plus près de la vérité, *c'est-à-dire de la complexité*, des relations humaines.

Tout sépare, en effet, la vision des trois comédiennes scandinaves de celle de Cioran.

Pour Cioran, la vie n'est qu'une série d'humiliations insupportables. Il ressasse ses ressentiments. Etre né, pour commencer. Venir d'un pays minable, ensuite. Puis ce Camus qui a eu le culot de me proposer d'entrer dans la circulation des idées… Ah oui, puis encore ce connard de vendeur aux Galeries Lafayette, qui trouvait inconvenant que je vienne acheter un costume trois-pièces le jour de l'entrée des troupes allemandes à Paris… Je ne sais pas pourquoi je lui ai pas foutu mon poing sur la gueule, à celui-là.

Dans cette perspective paranoïaque, le vieillissement et la maladie ne peuvent être vécus que comme des humiliations supplémentaires. En mars 1972, Emil subit des examens médicaux et écrit dans son journal : "Après une séance pendant laquelle on a fouillé vos cavités, quelle mission s'arroger ? Comment croire encore en soi-même ? C'est là qu'on fait l'expérience *sordide* du néant. Etre moins que rien, c'est cela."

Ghita Norby, elle, a eu un cancer. Dans un premier temps, elle a éprouvé le même désarroi existentiel que Cioran, et la même honte attenante. “On se croit intouchable, invulnérable, on se croit parfait, on a l’impression que tout son corps fonctionne, on voit ses mains bouger, on est donc une personne saine. Et soudain, il devient évident que non, tu ne l’es pas. Et là… c’est un grand choc. C’est pour ça que j’ai eu honte. Je me suis trouvée minable, à en être désespérée. Mais au moment où j’ai vraiment touché le fond, l’angoisse m’a quittée.”

“Je n’oublie jamais, dit-elle un peu plus tard, les moments douloureux que j’ai vécus. Mais, par la suite, je vois les moments douloureux comme une source qui alimente ma force, mon esprit.”

Derechef, là où règne chez le néantiste professionnel la paralysie, pour ne pas dire la pétrification volontaire, la comédienne perçoit le flux et le reflux des choses ; elle participe du monde et elle le sait ; elle n’est pas d’une nature différente, pas coupée, pas retranchée.

Cela vaut également pour le passage de la vie à la mort. Les comédiennes en parlent.

LIV. – On a encore beaucoup de choses à vivre.

BIBI. – Oui, mais c’est une question de dix ou vingt ans. Après, c’est inéluctable. On modifie la perception de ce qu’on attend de la vie. On ne pense plus que tout est possible. Je ne pense plus comme ça. Je sais que ça sera fini d’ici dix, vingt ans. D’ailleurs, je ne veux pas vivre plus longtemps.

LIV. – On dit que l’éternité est sans fin. Envisage la vie dans l’éternité.

BIBI. – Et ça sera comment, ça ?

LIV. – Comme les pommes de pin. Elles tombent de l’arbre un peu plus loin, et un nouvel arbre prend racine. Sauf que ce ne sera pas la même personne que moi.

Nous voici à mille lieues de l'orgueil de Cioran, pestant contre la vie parce qu'elle n'est pas éternelle. Trois jours après la mort de sa mère, le 22 octobre 1966, il se trouve face au "rien comme fond de tout, la non-réalité essentielle du monde, même des affections. Qu'est-ce qu'un être ? Comment peut-on appeler *être* une figure vouée à la ruine nécessairement, instable et fragile d'une façon absolue ?"

Ghita Norby, elle, montre à ses deux amies une photo de sa mère, prise quand elle avait à peu près le même âge qu'elles maintenant. Cette mère est aujourd'hui une vieillarde, atteinte de la maladie d'Alzheimer. Et Ghita dit : "Si je n'ai qu'un seul souhait à faire, c'est – je vais me mettre à pleurer –, c'est qu'elle parle une seule fois, qu'elle me reconnaisse avant de mourir… C'est mon grand rêve. C'est ma maman. Elle a perdu la boule, mais c'est ma maman."

La mère d'Emil meurt le 18 octobre 1966 ; il ne l'a pas revue depuis son départ de la Roumanie un quart de siècle plus tôt. "Tout ce que j'ai de bon et de mauvais, écrit-il dans son cahier ce jour-là, tout ce que je suis, c'est de ma mère que je le tiens. J'ai hérité de ses maux, de sa mélancolie, de ses contradictions, de tout (…). Tout ce qu'elle était s'est aggravé et exaspéré en moi. Je suis sa réussite et sa défaite."

Le lendemain, il écrit : "Ma mère ne souffre plus. C'est comme si elle n'avait jamais souffert, jamais existé."

Alors, là, dit Déesse Suzy, je me mets en colère. Ça veut dire quoi, *c'est comme si elle n'avait jamais existé* ? Il a vraiment osé écrire ça quand sa mère est morte, que c'était comme si elle n'avait jamais existé ?

Du calme, Déesse.

Pourquoi je me calmerais ? Ça me met en pétard d'entendre des choses pareilles. C'est une calamité ! Quel est ce *ce*, le *ce* qui est abrégé en *c'* dans le mot *c'est* de cette phrase ? *Quoi* est "comme si" ? Quel est ce *ce* qui est comme si ? Ça veut dire quoi, ça ? *Le monde* est comme si ma mère n'avait jamais existé ? *Ma vie* est comme si ma mère n'avait jamais existé ? Ah ! ah ! ah ! laisse-moi rire ! Quel *ce* est-ce, qui est comme si ma mère n'avait jamais existé ? Moi qui parle, moi Emil Cioran qui trace ces mots sur la page de mon cahier le 18 octobre 1966, moi qui parle avec les mots que ma mère m'a appris, moi je dis, j'ose dire, j'ose écrire et publier ces mots, qu'il y a dans l'univers un certain *ce* que la mort de ma mère n'affecte en rien !? Non, mais les petits garçons comme ça, les ingrats comme ça, il faudrait leur mettre des baffes, voilà ce qu'il faudrait faire ! Ce n'est pas possible d'entendre des choses pareilles ! Sa maman le porte dans son ventre, elle le met au monde, elle lui torche le cul, elle le nourrit, elle lui chante des berceuses, elle lui apprend à parler, elle lui raconte des histoires, elle l'envoie à l'école, elle lave ses culottes sales, elle repasse ses chemises, et ensuite, quand elle meurt, quand son corps expire, celui qui en est sorti déclare avec un vague soupir aux relents surs : "C'est comme si elle n'avait jamais existé" !?!!

Doucement, Déesse, je t'en prie. Il ne faut pas prêter le flanc à cette sempiternelle accusation des hommes contre les femmes, qu'elles ne pensent qu'avec leurs sentiments.

VII

DIRE LE PIRE : JEAN AMÉRY, CHARLOTTE DELBO, IMRE KERTÉSZ

Pauvre de moi si je ne m'enivre
pas du soleil,
Pauvres de nous si nous ne jouis-
sons pas du printemps,
Si tu ne fracasses pas la coupe de
la tristesse sur la pierre,
Bientôt ses sept couleurs se multi-
plieront,
Et deviendront soixante-dix.

Poème persan

Il faut maintenant parler du cœur.

Au cœur du problème, au cœur de l'Europe, au cœur du XXe siècle s'est produit non seulement l'inimaginé mais l'inimaginable. Ont été construits des lieux funestes où pendant des années, l'on a acheminé des innocents par milliers, par dizaines, centaines de milliers, par millions, pour les réduire en fumée, en cendres, en savon, dents, peau… Cela a eu lieu. Il s'est trouvé suffisamment d'êtres humains pour organiser, approuver, conduire efficacement, mener à bien cette tâche insensée.

Affaissement de la civilisation, là où on la croyait la plus “avancée”. Anéantissement de l'humain, dans le berceau même de l'humanisme. Cela a eu lieu. Que dire, qu'écrire, comment faire pour vivre, une fois qu'on a compris ce *cela*-là ? Ou plutôt, puisque personne ne peut prétendre l'avoir compris, une fois qu'on a enregistré ce fait et mesuré son ampleur ?

La réalité des camps d'extermination était suffisamment atroce, pourrait-on croire, pour transformer tous les écrivains européens en néantistes, les inciter à se suicider ou tout au moins à se taire (Theodor Adorno dira dans une phrase fameuse qu'après Auschwitz il n'est plus possible d'écrire de la poésie) ; ce n'est pourtant pas ce qui s'est passé.

La guerre produit sur la littérature européenne des effets divers et imprévisibles. Le personnage et l'intrigue figurent en quelque sorte parmi les victimes du cataclysme, et les écrivains entrent dans ce que Nathalie Sarraute appellera bientôt "l'ère du soupçon". Avec la perte de la foi en l'homme est profondément ébranlée la foi en la vertu intrinsèque de toute histoire inventée, mettant en scène des personnages "ressemblants", réalistes. C'est comme s'il était devenu indécent d'imaginer, étant donné que la réalité du génocide avait dépassé tout ce que l'esprit humain avait pu imaginer jusque-là ; du reste, comment rivaliser avec cette inépuisable source de récits qu'est la Seconde Guerre mondiale ? Des millions d'histoires terribles, invraisemblables, complexes, imbriquées…

Méfiance, donc, vis-à-vis de la fiction, et surtout de toute forme de romantisme et d'optimisme tendant à rassurer les lecteurs quant au *sens* de l'existence. S'ils n'abandonnent pas carrément le roman en faveur de la théorie (soit littéraire, soit politico-sociale, soit les deux en alternance), les écrivains de l'après-guerre s'efforcent d'arpenter de nouveaux territoires : se développent par exemple la littérature *blanche* ou minimaliste (étrécissement des personnages, abstraction des situations), la littérature *engagée* (où l'histoire doit favoriser une prise de conscience politique) ; l'*érotisme noir* (où le mal sans limites se trouve ramené à des dimensions familières, celles des tortures et des meurtres sexuels*) ; le *formalisme* (s'attachant à la description ou des surfaces, ou des profondeurs anonymes) ; le *ludisme* (construisant des récits selon des contraintes mathématiques) – et, bien entendu, le nihilisme.

Qu'en est-il des survivants ? De toute évidence, il serait absurde de qualifier de "néantistes" ceux qui ont été déportés à Auschwitz, en sont revenus et ont écrit précisément au sujet de cet enfer. Etant passés par l'extrême, ils ont d'une certaine façon tous les droits, y compris celui de prôner le désespoir… Tous, pourtant, ne le font pas. Le fait d'avoir été détenu à Auschwitz – d'avoir de ce "pire" une expérience personnelle, immédiate et intime – ne fait pas automatiquement de vous un nihiliste. De ce qu'ils ont vécu dans les camps, les survivants écrivains tirent des conclusions étonnamment diverses ; du coup, les différences entre eux jettent une lumière sur le désespoir professionnel qui recevra, après la guerre, ses lettres de noblesse.

Parmi les survivants écrivains je vais en choisir trois – c'est un choix arbitraire, inévitablement, mais aussi, je l'espère, significatif : Jean Améry, Charlotte Delbo, Imre Kertész. Deux hommes et

* J'ai exploré les liens entre l'érotisme noir et la Seconde Guerre mondiale dans un article intitulé "La belle et le *bellum*", in *Désirs et réalités*.

une femme. Deux juifs et une non-juive. Deux ressortissants de l'ancien Empire austro-hongrois et une Française. Deux adultes engagés dans la Résistance (Améry, Delbo) et un adolescent (Kertész) engagé dans rien de particulier. Tous ces facteurs – l'âge, l'appartenance ethnique et nationale, le sexe, mais aussi le milieu familial et l'éducation – auront une influence sur la manière dont, plus tard, ces individus s'y prendront pour tenter de dire le pire.

*

Jean Améry, lors de sa naissance à Vienne en 1912, s'appelle Hanns Mayer. Ses parents font partie de la bourgeoisie juive assimilée, à tel point que le petit garçon sera envoyé dans une école catholique et suivra même le catéchisme. Quand son père meurt à la guerre en 1916, sa mère prend la gérance d'une auberge à Gmünden, mais sa pension fait faillite et ils sont obligés de retourner à Vienne. Au sortir du lycée, Hanns entreprend des études de littérature et de philosophie ; c'est un féru de Kant, de Hegel et – cela va maintenant presque sans dire – de Schopenhauer ; en 1934 il commence à travailler pour des revues littéraires. Mais l'année suivante, alors même que paraît son premier roman, il prend connaissance des lois de Nuremberg nouvellement promulguées et comprend qu'elles représentent pour lui un arrêt de mort. Le choc est rude : il se sent brutalement exclu de sa *Heimat* – sa patrie, son chez-soi, son identité familière. Même s'il ne connaît rien aux rites israélites, “j'étais bel et bien juif, comprend-il alors, et c'est pour cette raison que j'avais et que j'ai toujours le mal du pays". Trois ans plus tard, après l'Anschluss "où, même aux fenêtres les plus éloignées, flottait le carré d'étoffe rouge sang avec l'araignée noire sur fond blanc", il quitte l'Eglise catholique, épouse une juive du nom de Regine Berger Baumgarten, et s'exile en Belgique. A Anvers, de 1939 à 1940, il travaille comme professeur de langues ; il est arrêté en octobre 1940 et envoyé au camp de Gurs dans les Pyrénées. Le 6 juillet 1941, il s'échappe du camp et se rend à pied à Bruxelles (*trois mois* de marche !), où il retrouve sa femme. A partir de là, tout en enseignant dans une école juive, il travaille pour un réseau de résistance germanophone qui essaie d'infiltrer les occupants allemands de la Belgique. En juillet 1943 il est arrêté à nouveau, à Bruxelles, à cause des tracts qu'il porte sur lui. Il est enfermé dans une cellule solitaire de la prison de Breendonck et longuement torturé par la Gestapo ; bouleversé d'être supplicié par ceux-là mêmes qu'il avait considérés jusque-là comme "les siens", il fait une première tentative de suicide. Déporté, il passera deux années entières dans les camps d'Auschwitz, de Buchenwald et de Bergen-Belsen. Quand ce dernier camp est enfin libéré et qu'il retourne en Belgique (il fait partie des 615 survivants parmi les 25 000 juifs déportés de ce pays), il apprend que sa femme est morte un an plus tôt, à l'âge de vingt-neuf ans, d'un arrêt cardiaque.

Etrangement, la toute première démarche de Mayer à la fin de la guerre sera pour reprendre la nationalité autrichienne dont il avait été déchu ; il veut encore croire en la possibilité d'une *Heimat*, d'un chez-soi, serait-il intérieur. Il envisage même de retourner vivre à Vienne mais, à l'automne, fait la connaissance de Jean-Paul Sartre à Bruxelles : saisi d'une admiration sans bornes pour ce philosophe "engagé", il décide de s'installer définitivement à Bruxelles.

En 1955, Hanns épouse Maria Leitner, une Viennoise d'un an son aînée, et devient le correspondant d'un journal anglais ; c'est alors seulement (à quarante-trois ans) qu'il prend son nom de plume à consonance romane et amère (*Hanns* se traduit en *Jean* et les lettres de *Mayer* se réorganisent pour former *Améry*). Il publie plusieurs livres sur des sujets divers (les stars adolescentes, le jazz) avant de commencer à écrire son "journal reconstruit" d'Auschwitz : *Par-delà le crime et le châtiment* (1966)*.

Une des convictions fondamentales d'Améry est que, dans les camps, les intellectuels étaient non moins mais *plus* démunis que les autres. Toutes leurs lectures, toutes les années qu'ils avaient passées à réfléchir ne leur servaient strictement à rien. "L'esprit n'était d'aucune aide (...). Il nous laissait seuls. Il nous faisait faux bond dès qu'il était question de ces choses que l'on a un jour appelées «dernières»." "La pensée ne s'accordait presque jamais de répit. Mais ses systèmes de référence traditionnels s'effondraient. La beauté, ce n'était qu'une illusion. La connaissance s'avérait n'être qu'un jeu de l'esprit." Pour Améry, dorénavant (comme pour d'autres survivants des camps), la leçon d'Auschwitz apparaît comme *la vérité de l'existence* ; tout le reste est faux-semblant. "Nous avons emporté la certitude (...) que l'esprit dans sa plus grande étendue est un *ludus* et que nous sommes, ou plutôt que nous n'étions, avant notre entrée dans le camp,

* Le titre allemand est assez différent : *Au-delà de la culpabilité et de l'expiation.*

rien d'autre que des *homines ludentes*." Des plaisantins, en somme.

Améry ne se remettra jamais de ce traumatisme. Il se décrit comme une "victime terrassée" en permanence. Le pire ne diminue pas ; au contraire, il gonfle, bloque l'horizon, occupe l'univers entier. Il n'y a rien d'autre : "Avoir vu son prochain se retourner contre soi engendre un sentiment d'horreur à tout jamais incrusté dans l'homme torturé (...). Celui qui a été martyrisé est livré sans défense à l'angoisse." Peu importe que le cerveau de l'homme qu'on supplicie contienne une vaste et magnifique culture : "Une simple petite pression de la main prolongée par son instrument suffit pour transformer l'autre – y compris sa tête qui peut abriter ou non Kant et Hegel et toutes les neuf *Symphonies* et le monde comme volonté et comme représentation – en goret qui s'égosille sur le chemin de l'abattoir."

L'intellectuel athée n'a aucune cuirasse. Il est nu. Privé de sa volonté, il n'est rien. Schopenhauer ne lui est d'aucune aide, face aux brutes nazies. Sont mieux armés pour y faire face, ainsi qu'a pu le constater Améry, ceux qui ont la foi (religieuse ou politique, peu importe). Justement, Déesse Suzy... il me semble que le "moi" de ceux qui ont été formés à la philosophie du sujet a été *particulièrement* dévasté dans les camps. Pourquoi ? Parce qu'ils avaient érigé l'autosuffisance en idéal. Les priver de cette chose-là, c'était donc les détruire tout à fait.

Pour l'intellectuel juif de culture allemande, c'était pire encore. Son propre groupe s'est retourné contre lui. C'est *par des hommes parlant sa langue maternelle* que son corps a été supplicié. Améry s'est vu spolier de ses appartenances nationales, linguistiques, culturelles, de toutes ses identités sauf celle à laquelle il n'avait jamais pensé, celle de juif. Il est véritablement seul, plus seul qu'un être humain ne devrait jamais l'être.

Quand on a été ainsi humilié, écrasé, réduit à de la chair en souffrance, l'effet le plus terrible (comme le savent aussi les victimes de viol), c'est qu'on se méprise soi-même. Améry en parle à plusieurs reprises. "Dans les cachots et les camps du Troisième Reich, dit-il, notre impuissance et notre vulnérabilité extrême nous donnaient plutôt envie de nous *mépriser* que de pleurer sur notre sort."

Gardons présent à l'esprit ce mépris de soi ; il reviendra.

Améry revendique une attitude de *ressentiment* vis-à-vis de ceux qui lui ont gâché l'existence ; dans les années 1950 et 1960, il est choqué et indigné par le "miracle économique" qui permet à l'Allemagne fédérale de reprendre, tête haute, sa place parmi les nations. Le temps passe, et le ressentiment ne fait que grandir. Le corps vieillit et la rage reste toujours aussi jeune, la blessure à vif. En 1968, au beau milieu de la cinquantaine, Améry publie *Du vieillissement : révolte et résignation*. Comme Cioran, il perçoit le fait de vieillir comme un affront, une catastrophe non mitigée. Il est affligé par l'irréversibilité des actions (et des non-actions) et déprimé par les atteintes du temps à son corps. Ayant repris à son compte la conception sartrienne du corps comme "le négligé, le passé sous silence", il est horrifié par la manière qu'a soudain ce corps d'exister, de se faire sentir. "Qui se «sent» bien ou mal ne se porte pas brillamment, car s'il était pour de bon en possession de toutes ses forces, et sûr d'être parfaitement sain de corps, il ne «sentirait» pas."

A cet égard aussi, les intellectuels apares – ceux qui ont aspiré à devenir esprit pur et volonté pure – se trouvent plus démunis que les autres ; les paysans, eux, n'ont guère le loisir d'oublier qu'ils sont des corps, ni les ouvriers, ni les jeunes femmes, ni les mères… Pour Améry, qui plus est, cette insistance croissante de l'existence physique ravive sûrement les souvenirs de la torture – seul *autre* moment de sa vie où il avait été contraint de reconnaître qu'il était un corps. Chez lui, la perception de son corps comme détestable, méprisable, superflu n'est pas, comme chez Cioran ou Beckett, une vue de l'esprit ; c'est précisément *celle qu'avaient eue ses bourreaux*, et c'est à même sa chair qu'ils la lui avaient fait comprendre.

Améry songe à se supprimer : ce serait là, sans aucun doute possible, une victoire de la volonté sur le corps. Et comme c'est un intellectuel sincère, conséquent et méthodique, il écrit un "traité du suicide" intitulé *Porter la main sur soi*. Les approches psychologiques et sociologiques de la question sont balayées d'entrée de jeu. Son approche à lui est existentialiste – là encore, très proche du Sartre de *La Nausée* et de *L'Etre et le Néant* : "Si je m'avise, écrit-il, de prononcer les mots *dégoût de la vie*, le psychologue trouvera qu'ils n'ont pas de sens. Ce qui n'est pas socialement viable non plus, au sens où l'entend la philosophie sociale, c'est qu'un homme répugne à être chair, à se toucher…"

Nous reconnaissons là, bien sûr, le *je* hypertrophié et désincarné de nos chers néantistes, oublieux de l'enfance et de tout ce que doit aux autres l'avènement de ce *je*, de la possibilité de dire *je* : ah ! si seulement *je* n'avais pas besoin d'être incarné, quelle misère, quelle déchéance…

Pourtant, dans le même livre, se démarquant de la célèbre boutade sartrienne "l'enfer, c'est les autres", Améry reconnaît que *les autres* ne sont pas seulement l'enfer ; que, sans eux, il n'y aurait pas de soi : "L'Autre, avec son regard, son projet, et la fixation qu'il fait de mon Moi, est à la fois assassin et *Samaritain*. Il est le sein de ma mère et la main secourable de l'infirmière. Et il est encore plus que cela : il est le Toi, sans lequel je ne serais jamais parvenu à être un Moi."

Mais l'éducation philosophique est trop forte : le Moi-tout-seul, souverain et lugubre, reprend ses droits… et se réimpose la conviction que la solitude est plus "vraie" que le lien. Améry illustre cette conviction par une parabole étonnante : "Un homme rentre chez lui le soir et tandis qu'il traverse une petite place mal éclairée, il se dit : Il n'y a rien qui vaille la peine, rien qui mérite que l'on se donne du mal, tout ce que je pourrais espérer ne sera jamais qu'une illusion qui se consumera dans la réalisation. Je vais mettre fin à toute cette triste histoire. Mais voilà : quelqu'un est chez lui, parle du repas et de ses bobos et du temps demain. Celui qui était suicidaire il y a un instant se retrouve submergé par le quotidien et se laisse entraîner dans ses eaux troubles, ainsi n'arrive-t-il jamais à vivre pleinement sa solitude et devient-il de plus en plus pauvre et pitoyable. Il est plus mal loti que son voisin qui, à la même heure et habité des mêmes pensées, regagne ses pénates, où, en revanche, il n'entend pas débiter ces lieux communs qui l'aliéneraient à lui-même."

Le voisin, donc, libre grâce à sa solitude d'aller jusqu'au bout de son idée, se tue.

Eh oui, soupire Déesse Suzy. On se demande comment le pauvre vivotant a pu se laisser embobiner au point d'avoir "quelqu'un" chez lui, tant il est patent qu'entre lui et ce "quelqu'un" il n'y a aucun amour, ni même aucun souvenir d'amour. Cet homme ne s'intéresse ni au "repas" que veut lui préparer sa femme, ni aux "bobos" dont elle souffre, ni au "temps demain" qui pourrait favoriser une belle balade. Son désespoir lui est plus cher que son épouse, même si celle-ci l'empêche de se livrer corps et âme à celui-là.

Améry en arrive à la conclusion saugrenue que le suicide est le seul geste de liberté véritable. "Le fait est que nous ne pouvons accéder pleinement à nous que dans la mort librement choisie." Il reprend même, pour le caractériser, le titre d'un roman de Sartre : "La mort volontaire est, dans sa contradiction, l'unique chemin de la liberté qui s'ouvre à nous."

Il va le suivre, ce chemin.

Mais avant de le suivre, il va publier encore deux livres, des livres superbes et surprenants, atypiques, qui le montrent en train d'emprunter un *tout autre* chemin. Le premier, *Lefeu ou la Démolition*, représente un vrai tournant dans la vie d'Améry. Il l'écrit au début des années 1970, pour lui une période de crise aiguë : la guerre fait rage au Viêtnam et c'est l'Amérique, qui avait libéré l'Europe de la botte nazie, qui radie maintenant de la carte les villes de Hanoi et de Haiphong ; d'autre part il lit des textes sur le monde socialiste et se rend compte que "rien de ce qui se déroulait là-bas n'était ne serait-ce qu'acceptable" ; enfin, et c'est le plus important, devant des crimes odieux comme ceux des terroristes palestiniens aux Jeux olympiques de Munich, il comprend que toute philosophie de la violence (y compris celle que défendait Sartre dans sa *Critique de la raison dialectique*) est inadmissible.

Cette crise, en l'éloignant de son maître à penser, libère Améry pour un travail littéraire d'un genre totalement nouveau, presque expérimental, dans lequel il s'agit de "laisser venir les choses" (c'est la première phrase du livre). Le peintre Lefeu (pseudonyme de Feuermann), dont les parents sont morts en déportation, habite un studio mansardé "rue Roquentin*", dans le 5e arrondissement de Paris. Son immeuble est en train d'être démoli et, pendant cette "démolition", il réfléchit à l'inadéquation absolue du langage, ou de tout autre travail artistique, au vécu de l'Extrême. "Je ne parviens pas à me libérer de cet engorgement verbal qui me déforme la réalité", dit-il. Pourtant, au bout de longues et douloureuses considérations sur la "défaite du mot", Améry en arrive à une conclusion où pointe l'espoir : "Dans l'Histoire chacun vit sa propre histoire et dans chaque vie l'évidence subjective (...) gagne de haute lutte son droit d'exister, envers et contre toutes les objections rationnelles."

Lefeu ou la Démolition paraît en 1974, quand Améry a soixante-deux ans. Dans la postface, il décrit l'expérience inouïe qu'a été l'écriture de ce livre où, au lieu de s'évertuer comme d'habitude à articuler et à organiser ses idées de manière irréprochable et rigoureuse, "je me laissais porter et propulser par la langue. Elle faisait surgir de profondeurs inconnues, jamais explorées par moi, des associations sonores ou visuelles qui engendraient à leur tour de nouveaux enchaînements d'idées et d'images (...). Ces chaînes étaient en même temps leur propre contradiction : l'agent d'une euphorique délivrance." Il attend beaucoup de la publication de ce livre ;

* Allusion transparente au héros sartrien de *La Nausée*.

quand les critiques sont mauvaises, il sombre dans une dépression profonde et durable.

Entre-temps, Sartre l'a déçu plus gravement encore. En publiant *L'Idiot de la famille* (1971-1972), le philosophe français a délaissé le rôle qui avait été le sien, celui de l'humaniste radical engagé dans la transformation de la société, pour se pencher cinq années durant sur le plus grand représentant de l'art pour l'art. Et – dans un éclair, dirait-on – Améry comprend quelque chose de neuf : la haine de la bourgeoisie qu'expriment ces deux hommes-là, Gustave Flaubert et Jean-Paul Sartre, n'est rien d'autre qu'une *haine de soi*. Il décide d'imaginer que l'un des personnages de Flaubert se révolte contre le traitement injuste que le maître lui a réservé. Cela donnera *Charles Bovary, médecin de campagne. Portrait d'un homme simple*. Améry ne supporte pas l'orgueil de Flaubert, sa manière de mettre son propre génie sur un piédestal, de valoriser l'œuvre tout en dévalorisant les personnes et les choses qui l'entourent. "Il s'était très tôt déjà retiré du monde pour pénétrer dans le sinistre domaine des mots, celui où les objets n'ont plus d'importance, parce que la réalité objective n'est qu'une affaire subalterne" ; le souffle qui échappe de son cabinet de travail, dit Améry, est "sépulcral".

Nulle part ailleurs Améry n'a écrit des passages ressemblant autant à un éloge de la vie : "Sa servilité à l'égard de l'art, du style, n'exprime-t-elle pas la situation existentielle d'un homme qui exècre une certaine réalité sociale sans chercher du tout à la dépasser, ou ne serait-ce qu'à en reconnaître les aspects positifs aussi ?" "Etant donné qu'il ne s'intéresse pas à la journée méprisable des petites gens stupides, il ne fait aucun effort pour aller à la rencontre de leur singularité ou de leur rattachement social.”

On croit rêver. La journée méprisable des petites gens stupides… Ne serions-nous pas, par hasard, dans ce qu'il avait appelé naguère les “eaux troubles” du quotidien ? Encore et encore au long de ce livre, Améry décrit la haine de Flaubert pour la bourgeoisie comme la projection de celle qu'il voue à sa propre personne. Etant donné l'impitoyable lucidité d'Améry et son penchant pour l'introspection, on peut supposer qu'il savait appliquer à lui-même ses propres raisonnements…

Et puis non. En fin de compte, cela n'a pas suffi. L'amour du pays qui s'était transformé chez lui en haine du pays – et donc en haine de soi aussi – a fini par devenir irrésistible. C'est à Salzbourg, lors d'un retour dans cette mère patrie qui l'avait rejeté hors de son sein, que Jean Améry succombe au désespoir : à soixante-six ans, dans la nuit du 16 au 17 octobre 1978, il s'empoisonne avec des somnifères.

Un changement de langue lui aurait-il sauvé la vie ? Dans une lettre datant de dix jours avant sa mort, après avoir cité un vers poignant – *qu'est-ce qui me retient dans ce pays ?* – il avait écrit : “Mon inutilité apparente n'a pas alourdi mon cœur, seulement je me suis demandé si ce n'était pas une erreur du destin de ne pas être devenu un écrivain français.”

*

Charlotte Delbo est née en 1913, soit un an après Jean Améry ; c'est l'aînée d'une famille de quatre enfants. Ses parents, très unis, sont tous deux d'origine italienne ; athées socialistes avec des tendances anarchisantes, ils donnent la même éducation à leurs filles qu'à leurs garçons. Le père est riveteur, spécialisé dans les soudures et les assemblages ; chaque fois qu'il a un chantier en province il fait déménager toute la famille ; Charlotte fréquente donc les écoles primaires de plusieurs villages différents. Puis la famille s'installe à Vigneux-sur-Seine (Essonne), dans une maison construite par le père, et Charlotte fait chaque jour le trajet à Paris pour aller au lycée. Histoire plaisante : vers treize ans, elle exprime le désir de faire sa première communion comme tout le monde ; sa mère ne s'y oppose pas. Mais, découvre Charlotte, il faut être baptisée ! Débrouille-toi, lui dit sa mère. Alors la jeune fille fait ce qu'il faut, elle parcourt toutes les étapes de la formation catholique : baptême, catéchisme, première communion… Aussitôt après, elle laisse tomber, trouvant cela "trop bête".

Son baccalauréat en poche, Charlotte entame des études de philosophie à la Sorbonne. Lorsqu'elle réalise une interview de Louis Jouvet pour une revue estudiantine, le grand homme de théâtre s'émerveille de retrouver dans son article "mes phrases, mon mouvement de parole, ma respiration". Il l'engage comme secrétaire. Chaque jour, la jeune femme accompagne Jouvet dans ses classes au Conservatoire, ses répétitions au théâtre de l'Athénée et ses promenades dans Paris, transcrivant ses idées, commentaires et réflexions avec une précision remarquable. Peu à peu, elle s'imprègne de l'essence du théâtre, qui est l'*empathie* : se glisser dans la peau d'un autre, se mettre à sa place, deviner ses sentiments et les faire siens. (Rien de tel, on imagine, dans ses cours de philo à la Sorbonne !) D'autre part, cet apprentissage théâtral incite Charlotte à prêter une attention intense au *corps* et à la manière dont – par ses postures, gestes, attitudes, tics et mimiques – il traduit les mouvements de l'âme.

Dans les années 1930, Charlotte Delbo adhère aux Jeunesses communistes et épouse Georges Dudachs (qui, lui, est membre du Parti). Vient la débâcle. Avec Jouvet et sa troupe, Delbo réussit à quitter la France occupée en 1941, passant par Biarritz et l'Espagne pour aller en Argentine. Mais elle ne supporte pas de savoir son pays martyrisé et d'en être loin. En 1942 elle revient à Paris et s'engage avec Dudachs dans un des réseaux de la Résistance ; leur travail consiste à taper des textes pour la publication clandestine *Les Lettres françaises*. Au printemps 1942 ils sont arrêtés chez eux par cinq policiers des brigades spéciales ; Dudachs est fusillé au mont Valérien au mois de mai et Delbo est enfermée à la prison de la Santé ; le 24 janvier 1943 elle est déportée vers l'Est.

Elle passera deux ans et trois mois dans des camps de concentration : Auschwitz-Birkenau, Raisko, Ravensbrück. Libérée par la Croix-Rouge suédoise le 23 avril 1945, elle revient à Paris fin juin après une période de quarantaine. Son plus jeune frère vient d'être tué sur le front, à l'âge de dix-sept ans.

Dès son retour à Paris, Delbo va voir Louis Jouvet, se plante devant lui dans son bureau et lui lance : "Vous ne m'intimidez plus !" Elle reprend son travail avec Jouvet jusqu'à la fin de 1947. Ensuite, maîtrisant déjà la langue anglaise, elle apprend le russe et prend un emploi comme sténodactylo à l'ONU à Genève. Elle revient à Paris au début des années 1960 pour travailler avec Henri Lefebvre sous les auspices du CNRS ; elle fait des recherches pour Lefebvre comme elle l'avait fait pour Jouvet ; toute sa vie elle fera l'aller-retour entre les disciplines respectives de ses deux mentors : le théâtre et la philosophie.

Au dire de ses amis, Charlotte Delbo est une femme impressionnante : sûre d'elle, entière, fidèle en amitié. Elle ne se remariera pas et n'aura pas d'enfants, n'ayant rencontré aucun homme après Georges Dudachs qui puisse "faire le poids".

A la différence de Jean Améry et d'Imre Kertész, Delbo n'a pas été persécutée et punie pour ce qu'elle *était*, seulement pour ce qu'elle avait *fait*. Elle n'a pas été spoliée de son enfance, ni n'a assisté à la transformation de sa langue maternelle en langue de l'horreur. L'ennemi, les "monstres" et les "furies" (comme elle les appelle) du nazisme parlent une langue étrangère et sont, de ce fait, plus faciles à tenir à distance. Cela l'aide, très certainement, à préserver son sentiment d'exister. Mais ce qui l'aide encore plus, c'est sa capacité de former des liens avec les autres détenues : celles de son convoi, celles dont elle partage la vie et la mort pendant les trois années que dure l'épreuve. Dans un entretien radiophonique en 1974, elle explique que dans les camps, la volonté de vivre "s'exerçait sur soi-même et dans la solidarité avec les autres". Elle sait, en d'autres termes, que sans l'aide des autres elle n'aurait pas survécu ; cette dépendance n'est pas perçue comme une déchéance mais comme une chose douce et bouleversante : "Je sens que je tiens après Viva autant que l'enfant après sa mère. Je suis suspendue à elle qui m'a retenue de tomber dans la boue, dans la neige d'où on ne se relève pas..." Rien de tel sous la plume de Jean Améry – éduqué, lui, pour croire en la valeur suprême de l'autonomie.

D'autre part, Delbo a une foi inébranlable... non en Dieu, ni dans le parti communiste, mais dans la littérature en tant que "mémoire de l'humanité". Cette foi lui a littéralement sauvé la vie : avant, pendant et après l'expérience concentrationnaire.

Avant... Pendant ses longs mois d'emprisonnement à la Santé, puis dans le train qui la conduit à Auschwitz, comme elle le racontera dans une magnifique lettre à Jouvet *(Spectres, mes compagnons)*, les personnages des pièces et des romans qu'elle chérit surgissent près d'elle et lui parlent, la consolent, lui tiennent compagnie. Alceste, par exemple – personnage récemment incarné par Jouvet lui-même, son maître littéraire, et qui figure sans doute en partie celui-ci –, loin d'être un misanthrope, s'avère "l'exemple même de la solidarité des hommes". Ondine – très vivante dans son esprit aussi, car la troupe de Jouvet avait monté la pièce de Giraudoux – l'aide à supporter la douleur où la plonge la mort de son mari. D'autres, encore : Don Juan, Fabrice del Dongo, Antigone, Electre... De façon générale, écrit Delbo, les créatures du poète "sont plus vraies que les créatures de chair et de sang parce qu'elles sont inépuisables. C'est pourquoi elles sont mes amis, nos compagnons, ceux grâce à qui nous sommes reliés aux autres humains, dans la chaîne des êtres et dans la chaîne de l'histoire" ; nous voilà bien loin de la vision solipsiste des professeurs de désespoir. Mais, lors de l'arrivée à Auschwitz, ces "compagnons" s'évanouissent. "Le personnage de théâtre ne peut vivre que dans la société des hommes. Là où les hommes meurent, il meurt à son tour."

Pendant. Au long des douze mois terribles d'Auschwitz-Birkenau, tout l'être est requis par les exigences de la survie ; point de place pour l'imaginaire. Mais, dès le transfert à Raisko où le régime est un peu moins dur, les prisonnières reconstituent ensemble (et jouent !) le texte intégral du *Malade imaginaire*. (On pense à Primo Levi récitant de mémoire l'*Enfer* de Dante pour ses codétenus…) A Ravensbrück, voyant qu'une gitane a dissimulé dans sa manche un exemplaire du *Misanthrope*, Delbo lui donne sa ration de pain en échange du précieux petit livre. C'est vital. C'est cette nourriture de l'âme, partagée avec ses amies, qui l'empêche de sombrer.

Et après… Alors que la plupart des survivants écrivains attendront dix, quinze, voire vingt ans avant de pouvoir aborder par les mots l'enfer qu'ils ont connu, Delbo prend la plume dès son retour en France. En juin 1945, d'une seule traite, elle rédige *Aucun de nous ne reviendra*, qui deviendra le premier tome de sa trilogie *Auschwitz et après* (les autres tomes, *Mesure de nos jours* et *Une connaissance inutile*, viendront plus tard). *Le Convoi du 24 janvier* contient, méticuleusement reconstitués, les récits de vie (et, le plus souvent, de mort) de toutes les femmes déportées dans le même train qu'elle.

A quoi ressemblent ces livres-témoignages de Charlotte Delbo ?

A rien, peut-être, autant qu'à un roman de Beckett… ou d'Agota Kristof. Ecriture "blanche", ici et là. Dépouillement stylistique. Perturbation du rythme syntaxique et de la ponctuation. Dépersonnalisation (peu de noms propres ; un *je* présent comme pur regard/constat). Précision, parfois insoutenable. Sentiment de l'absurde. ("Alors, pourquoi le fossé ? Pourquoi tout ?") Agrandissement des gestes banals, qui en deviennent terrifiants. Répétition. Concrétude, objectivité. Rareté des métaphores. L'imagination ne se déploie que dans les minuscules espaces de liberté que permettent le rêve et, parfois, la conversation. Absence de sentiment – car, dans les camps, le moindre sentiment pouvait être cause de mort. Dédoublement de soi. Morcellement du corps. Texte flottant, à la structure insaisissable.

Comme tous ceux qui tentent d'écrire sur les camps, Delbo s'aperçoit que le fait de mettre des mots sur ce vécu-là le transforme irrémédiablement en autre chose. L'écriture met les souvenirs à distance, les lui rend étrangers, presque faux. "Et maintenant, écrit-elle, je suis dans un café et j'écris cette histoire – car cela devient une histoire" – alors que, là-bas, il n'y avait justement pas de mots, pas d'histoires. Pourtant, elle est convaincue de la *nécessité* de ce travail des mots. "Certains ont dit que la déportation ne pouvait pas entrer dans la littérature, dira-t-elle, que c'était trop terrible, que l'on n'avait pas le droit d'y toucher… dire ça, c'est diminuer la littérature, je crois qu'elle est assez grande pour tout englober (…). Il n'y a pas de mots pour le dire. Eh bien, vous n'avez qu'à en trouver – rien ne doit échapper au langage."

Delbo choisit de dire le pire avec une très grande économie de moyens. Exactement *ce qui était*, en cernant au plus près cette réalité qui a dépassé les pires cauchemars des fous. Décrire froidement, calmement, simplement, le calvaire des détenues. Permettre au lecteur de se mettre à leur place, de voir ce qu'elles ont vu, aussi incroyable qu'implacable. "Des mortes jonchaient la neige, dans les flaques. Il fallait quelquefois les enjamber. Elles nous étaient d'ordinaires obstacles."

Dire les épreuves du corps… la faim, la soif, la fatigue… mais avec quels mots, puisque les mots n'ont pas été inventés, n'ont jamais été utilisés pour désigner des sensations aussi extrêmes ? "Ma bouche est sèche. Pas amère. Lorsqu'on sent sa bouche amère, c'est qu'on n'a pas perdu le goût, c'est qu'on a encore de la salive dans la bouche." Mais dans les interstices de cette désolation, partout dans les livres de Delbo sur Auschwitz, il y a une autre chose, absente de ceux d'Améry : l'amour. Le souci intense et passionné dont témoignent ces femmes les unes pour les autres. Les instants de répit qu'elles parviennent à se ménager. "Je ne sais plus pourquoi je pleure lorsque Lulu me tire : «C'est tout maintenant. Viens travailler (…).» Avec tant de bonté que je n'ai pas honte d'avoir pleuré." Delbo a forgé à Auschwitz des liens qui allaient durer toute sa vie.

Au retour du camp, comme Améry et beaucoup d'autres survivants, Delbo fait un constat affligeant : la liberté est dérisoire. Presque tout ce dont s'occupent, ce dont se soucient les gens libres lui paraît factice, superficiel et sans importance. Auschwitz seul est vrai. Toutes les amies du camp qu'elle retrouve et interroge pour *Mesure de nos jours* (1971) disent la même chose : la vraie vie, la vraie amitié, solidarité, plénitude de l'existence, c'était *là-bas* : de retour à "la vie normale", elles ont la même effrayante perception des gens comme *homines ludentes* que Jean Améry.

"Je ne suis pas vivante, dit l'une d'elles. Je regarde ceux qui le sont. Ils sont futiles, ignorants (...). Je ne peux aller vers eux à visage nu. Ils croiraient que je les méprise avec leur petit train-train et leurs petits tracas et leurs petits projets, leurs passions éphémères et leurs désirs fugaces. Et pourtant, si nous avons lutté comme nous l'avons fait, si nous avons tenu, c'était bien pour que les hommes n'aient plus que de petits soucis, des soucis à leur mesure, pour qu'ils ne soient plus entraînés dans la tornade de l'histoire, broyés ou portés au-dessus d'eux-mêmes."

Paradoxe vertigineux de l'expérience concentrationnaire : lorsqu'on s'en sort, si l'on s'en sort, *elle suscite la nostalgie*. On ne peut s'empêcher, chaque fois qu'on rencontre une nouvelle personne, de se demander : Celle-ci m'aurait-elle tendu la main, aurait-elle partagé son pain avec moi ? Celui-là n'aurait-il pas détourné le regard en voyant passer notre convoi ? Il est presque impossible, après, de revenir à l'ancienne manière de voir.

"Qu'est-ce qui n'est pas à côté ? se demande Delbo dans *Spectres, mes compagnons*. Tout me montrait sa fausseté et j'étais désespérée d'avoir perdu toute capacité d'illusion et de rêve, toute perméabilité à l'imagination, à l'explication. Voilà ce qui, de moi, est mort à Auschwitz. Voilà ce qui fait de moi un spectre. A quoi s'intéresser quand on décèle la fausseté, quand il n'y a plus de clair-obscur, quand il n'y a plus rien à deviner, ni dans les regards ni dans les livres ? Comment vivre dans un monde sans mystère ?"

A Auschwitz, effectivement, il n'y avait *que* des extrêmes. La vie était comme surexposée, elle avait perdu ses nuances ; tout était noir ou blanc car chaque instant qui passait était une question de vie et de mort. "Cette perspicacité que nous avons acquise, écrit Delbo dans *Qui rapportera ces paroles ?* (1974), il faudra nous en défaire, parce que ce sera atroce de tout voir dans sa vérité. Ici [à Auschwitz], tout est vrai. Durement. Sans ombre. Les bourreaux sont les bourreaux (…). Les victimes sont les victimes."

Cette vision simpliste, tranchée et… manichéenne, parfaitement adaptée aux besoins de la survie dans les circonstances exceptionnelles des camps, mais gravement déformante le reste du temps, sera obstinément préservée par la littérature néantiste. C'est à cette réalité-là que les professeurs de désespoir s'efforceront de rester fidèles, et de rendre hommage. Comme si, à dire autre chose, on risquait de blasphémer contre la mémoire des martyrs du nazisme. Comme si les camps avaient grandi pour occuper la terre entière, privant subitement de légitimité, d'intérêt et de pertinence tous les autres phénomènes humains. Comme si Hitler était Dieu le Père en personne, et nous avait donné, à l'intérieur de l'enceinte sacrée d'Auschwitz, nos tables de la Loi pour les siècles à venir.

Or *la vérité de l'extrême n'est pas la vérité de la vie*. Charlotte Delbo sait qu'il importe de ne pas la laisser envahir la réalité et la recouvrir de façon permanente. S'en éloigner nécessite un long travail. Au moment du retour, avoue-t-elle, "je n'aimais pas les hommes". "Il y avait au secret de moi une terrible indifférence, l'indifférence d'un cœur en cendres (…). J'en voulais à tous les vivants. Je n'avais pas encore trouvé au fond de moi une prière de pardon pour ceux qui vivent." Mais cette prière, elle aspire à la trouver ; elle la cherche longtemps ; et enfin cela vient :

Vous qui passez
bien habillés de tous vos muscles (…)

animés d'une vie tumultueuse aux artères et
bien collée au squelette
vous êtes beaux
tellement beaux d'être quelconques

Le pendant de cette beauté retrouvée chez les gens "quelconques", c'est, pour Delbo, le refus de haïr en bloc ses ennemis. "Je ne sais pas haïr abstraitement, dit-elle. Haïr en général tous les nazis ? C'est un être abstrait, «tous les nazis» (…). Il se trouve que je ne les ai pas sous la main."

Non seulement Delbo s'abstient d'épingler inlassablement le nazisme comme incarnation du mal absolu, mais elle a à cœur – et c'est là, peut-être, ce qui la distingue le plus fortement des autres écrivains survivants – de dénoncer *d'autres* formes de barbarie, y compris celle de ses propres compatriotes. Dans *Les Belles Lettres* (1961), par exemple, elle recueille des lettres envoyées aux journaux au sujet de la guerre d'Algérie et les commente avec finesse et force. Ses pièces de théâtre au cours des années 1970 traduisent sa vigilance face à des conflits politiques qui, un peu partout dans le monde, engendrent des souffrances semblables à celle qu'elle a connue : en Grèce, sous le régime des colonels (*Kalavrita des mille Antigone*, 1979), en Amérique latine (*Marie Lusitania* ; *Le Coup d'Etat*, 1975) ou en Espagne (*La Sentence*, 1975) ; son tout dernier livre, *La Mémoire et les Jours* (1985), se termine par une vibrante dénonciation des camps soviétiques.

Charlotte Delbo ne s'est pas suicidée. Au contraire : elle a vécu avec intensité et délectation ; c'était pour elle une *revanche* contre les nazis qui avaient voulu la priver de la beauté du monde. Tant et tant de ses amies étaient mortes, il fallait que celles qui avaient survécu "profitent" *pour elles* aussi. Ainsi, elle raffolait des parfums de luxe, se faisait confectionner d'extravagants manteaux et toques de fourrure, aimait la cuisine raffinée et les grands vins de Bordeaux... Chaque soir en prenant son repas solitaire dans un petit appartement avec vue sur la montagne Sainte-Geneviève, elle débouchait une demi-bouteille de Veuve-Clicquot et portait un toast à la vie*.

*

Imre Kertész est né à Budapest en 1929 dans une famille hongroise qui, comme celle d'Améry à Vienne, juive par ses ascendances, était parfaitement intégrée dans la société bourgeoise de la capitale. Dans son livre *Le Refus* (1988), qu'il qualifie, comme tous ses livres, de "roman semi-autobiographique", Kertész parle avec sarcasme de l'horoscope qui a présidé à sa naissance. "Ainsi donc, quand je suis venu au monde, le Soleil était dans le signe de la plus grande crise économique jamais connue (...). La première loi hongroise antijuive (...) était au zénith de ma constellation (...). Tous les signes de la terre (je ne sais rien des signes du ciel) témoignaient du caractère superflu voire déraisonnable de ma naissance."

* On ne peut qu'être frappé par le peu de publications qui existent sur l'œuvre de Charlotte Delbo ; sur sa vie, sauf erreur de ma part, il n'y a rien du tout. Je remercie ses amis François Bott et Claudine Riera Collet d'avoir bien voulu partager avec moi leurs souvenirs de cette femme exceptionnelle.

Améry avait fait cette même découverte, on s'en souvient, en lisant les lois de Nuremberg. Mais le caractère "superflu voire déraisonnable" de l'existence de Kertész ne s'explique pas seulement par les lois antisémites que venait d'adopter son pays natal ; il s'étend au domaine de la vie privée. Car, "de surcroît, j'étais arrivé comme un fardeau pour mes parents : ils s'apprêtaient à divorcer (...). J'étais le petit garçon commun de mon papa et de ma maman, lesquels n'avaient désormais plus rien en commun ; pensionnaire de l'internat privé où ils m'avaient placé en attendant de régler leur divorce ; élève de cette école, petit citoyen de l'Etat (...). Avec des paroles aimables ou avec des avertissements sévères, tout doucement j'étais amené à maturité pour être supprimé."

D'emblée, donc, et tout au long de son enfance, c'est-à-dire bien *avant* d'avoir saisi la gravité de la conjoncture politique, Kertész se sent de trop : non comme Améry cette fois mais beaucoup plus comme moi, ou comme les enfants du *Refus global*. Il n'a jamais vraiment eu de *Heimat*. On ne lui a jamais aménagé une place au chaud dans l'univers. Après cette enfance malheureuse, sa déportation à Auschwitz en 1944, à l'âge de quatorze ans et demi, sera vécue par lui (dit-il) presque comme un soulagement.

Après la libération du camp en 1945, Kertész travaille comme journaliste à Budapest jusqu'en 1951, où il sera licencié en raison de la terreur intellectuelle que fait régner le régime hongrois sous emprise soviétique. Il s'engage dans l'armée pendant deux ans, puis se consacre à l'écriture tout en gagnant sa vie comme traducteur... de l'allemand. Il se dévoue pour faire connaître les auteurs qui incarnent à ses yeux le génie positif de cette langue : Canetti, Roth, Schnitzler, Nietzsche, Freud, Wittgenstein… et se contente, pour son expression personnelle, d'écrire des comédies musicales. Dans les années 1950, il trouve chez un bouquiniste un exemplaire de *L'Etranger* de Camus, qui le marquera durablement.

Comme Améry et beaucoup d'autres écrivains survivants, Kertész mettra vingt ans avant de pouvoir écrire sur Auschwitz ; de plus, le grand livre qu'il consacre à cette expérience, *Etre sans destin*, achevé en 1965 mais refusé par les éditeurs, ne paraîtra que dix ans plus tard. C'est un compte rendu très détaché de l'expérience d'un adolescent juif dans un camp de concentration et, même si Kertész dit n'avoir jamais voulu raconter sa propre vie, on peut penser que la voix qui parle dans cet ouvrage est proche de la sienne. Or, on le verra, cette voix résonne de façon étrangement analogue à celle des professeurs de désespoir.

Kertész fait le même constat que les autres exdétenus : le fait d'écrire sur la vie dans les camps transforme cette réalité en une chose fictive ; il se relit et se demande, avec un certain étonnement : “Pourquoi ne m'est pas revenu ce qu'il y avait eu *avant* ces phrases, l'histoire brute, ce matin réel d'Auschwitz ? Pourquoi ces phrases ne contenaient-elles à mes yeux qu'une histoire *imaginaire*, un wagon à bestiaux imaginaire, un Auschwitz imaginaire et un garçon de quatorze ans et demi imaginaire – alors que j'avais moi-même été ce garçon ?”

Tout est disproportionné, après le retour. De même que les mots “faim”, “soif” ou “fatigue”, dans la bouche des gens normaux, sont presque choquants pour ceux qui en ont connu les extrêmes, le mot "mal", dont se servent les romanciers pour désigner (par exemple) de gentilles petites perversions sexuelles, fait doucement rigoler Kertész. "Oui, oui, dit-il, nos pensées sont toujours prisonnières des douces rêveries innocentes des intellectuels (...). Il y a là une disproportion insurmontable : d'une part, les adresses enivrées de l'aurore, la transvaluation de toutes les valeurs et la sublime immoralité, d'autre part, un convoi avec son chargement humain qu'il faut faire disparaître au plus tôt, si possible sans accrocs, dans des chambres à gaz de capacité toujours trop faible."

Le dernier paragraphe du livre rejoint le constat paradoxal de Charlotte Delbo : "Là-bas aussi, parmi les cheminées, dans les intervalles de la souffrance, il y avait quelque chose qui ressemblait au bonheur. Tout le monde me pose des questions à propos des vicissitudes, des «horreurs» : pourtant en ce qui me concerne, c'est peut-être ce sentiment-là qui restera le plus mémorable. Oui, c'est de cela, du bonheur des camps de concentration, que je devrais parler la prochaine fois, quand on me posera des questions."

Mais le plus important, c'est l'insistance de Kertész, au long de la trilogie que forment *Etre sans destin*, *Le Refus* et *Kaddish pour l'enfant qui ne naîtra pas*, sur le fait que les misères de l'enfant déporté *n'avaient pas commencé au camp* : aussi loin qu'il s'en souvienne, il avait connu la souffrance. Auschwitz n'a fait que confirmer ce qu'il avait déjà pressenti et redouté au sujet de la nature humaine. Une fois rentré, il se retrouve face au même sentiment d'"arbitraire" qui a présidé à sa vie depuis sa naissance, et doit se durcir pour ne pas céder au désespoir.

Comment procède-t-il pour se durcir ? Il lit des livres. Lesquels ? Ceux que lit tout jeune homme européen désireux de se former l'esprit. Schopenhauer ("l'intentionnalité apparente dans le destin de l'individu") ; Calderón *("el delito mayor del hombre…")* ; Gide ("Familles, je vous hais !") ; Sartre ("il faut et je veux considérer ma vie plutôt comme une succession de prises de conscience") ; Bernhard ("Dès l'enfance j'étais souvent étonné que la notion de pouvoir signifiât toujours terreur")… Par ces livres, il absorbe et assimile la philosophie néantiste – laquelle, paradoxalement, lui redonne courage. Elle lui apprend à valoriser non pas, comme Delbo, "la chaîne des êtres, la chaîne de l'histoire", mais le soi, le soi seul, les décisions conscientes d'un soi solitaire et malheureux.

Ce choix est particulièrement frappant dans *Kaddish pour l'enfant qui ne naîtra pas*. Vous autres, accuse Kertész dans ce livre, passez votre temps à vous détourner de la vérité, qui est noire, néant, extinction ; de façon grotesque, vous cherchez à "récupérer des bribes du grand naufrage où *tout s'est brisé*, oui, rien que pour ne pas voir les siècles qui béent partout autour de vous, devant, derrière, dessous, le néant, le vide, c'est-à-dire notre situation réelle".

Ce néant n'est pas, pour lui, une conclusion qui découle d'Auschwitz. Elle a une cause plus générale, qu'Auschwitz n'a fait que magnifier : c'est notre mortalité. Vient le moment où, si nous réfléchissons froidement, "nous prenons conscience du fait que notre vie est intenable – et elle l'est effectivement, puisqu'on nous la prend". La vie se réduit donc à "ce temps d'attente indécise qui sépare mes deux seules occupations réelles, ma naissance et ma mort". On croirait entendre Beckett ou Cioran. Comme ces deux-là (et comme tous les mélanomanes), Kertész trouve notre existence sur terre intolérable : s'il n'y a pas de raison divine de vivre, il n'y a pas de raison du tout. Il fait état d'une grave dissociation entre l'homme et le cosmos ; la mortalité lui semble un scandale et il chérit le fantasme d'un arrière-monde dans lequel le *je* serait enfin détaché de son incarnation particulière. "Je ne sais pas (…) pourquoi à la place de la vie qui existe peut-être quelque part je dois vivre ce fragment qui m'a été donné par hasard : ce sexe, ce corps, cette conscience, cet espace géographique, ce destin, cette langue, cette histoire." Il est convaincu que son âme est immortelle mais, en attendant de la retrouver nettoyée de ses particularités agaçantes, il se sent en dehors de la vie et de son propre corps. "Il semble que je ne peux entrer en contact avec la vie que sous la forme d'un jeu logique, comme quand on joue aux échecs" ; "mon corps aussi m'est étranger qui me tient en vie et finira par me tuer".

Le narrateur de ce livre vit avec une femme qu'il aime, mais du matin au soir il s'enferme loin d'elle pour écrire. Quand elle lui demande quelle est cette "notion pure et que ne corrompt rien d'extérieur" dont elle l'a entendu parler, il répond "sans hésiter qu'à [s]on avis, cette notion [est] la liberté". Elle lui fait remarquer qu'il est pour le moins étrange de s'emprisonner au nom de sa liberté ; il est d'accord, mais répète que ce n'est que dans cette existence-là, minimaliste, à l'étroit dans un appartement misérable, qu'il peut faire ce qu'il aime : "vivre pour moi, à l'abri, caché et pur".

A ceci près qu'elle porte un intérêt au monde des idées et non seulement aux "eaux troubles du quotidien", cette femme fait drôlement penser au “quelqu’un” dans la parabole de Jean Améry : de façon énervante, elle cherche constamment à tirer l’écrivain du côté de la vie. Au secours ! “Elle demande que je la laisse entrer dans mon *ultimum moriens*, c’est-à-dire dans mon cœur” ; “j’y voyais une menace pour la *liberté* qui est nécessaire – que dis-je nécessaire, indispensable – à mon travail*”.

Kertész doit à tout prix tenir le bonheur à distance parce que, les rares fois où il y a goûté, grâce à l’amour, force lui a été de constater que “cet état, c’est-à-dire le bonheur, exerçait aussi une influence défavorable sur le travail”. C’est grave ! Il ne s’agit pas d’être heureux, on n’est pas là pour ça, on est occupé, préoccupé de la seule grande affaire : souffrir, souffrir en écrivant, écrire en souffrant, à en mourir. Kertész nous dit qu’à cette époque, il était encore “loin de la véritable lucidité, de la connaissance de la véritable nature de mon travail qui n’est fondamentalement rien d’autre que de creuser, continuer et finir de creuser cette tombe que d’autres ont commencé à creuser pour moi dans l’air”.

Voilà ce qu’il importe de faire : creuser sa tombe. Ne jamais l’oublier. Ne pas s’en laisser distraire. Mais… “je vois se fixer sur moi un regard de femme qui semble vouloir faire jaillir de moi une source”. Une source ! Et puis quoi encore ? Ah, les femmes ! Incapables de comprendre les vérités terribles, elles veulent à tout prix provoquer de ces jaillissements, de ces renouvellements… Oui, elle ira jusque-là,

* Nous sommes ici en plein territoire cioranien ; cf. *Bréviaire des vaincus* : “Le bonheur paralyse mon esprit. La réussite me vide de moi-même et la chance en amour efface les traces de la grandeur.”

l'épouse : elle osera demander à cet homme de lui *faire un enfant.*

Et, avant même qu'il ait pu réfléchir, un cri lui échappe : "Non !" Pas ça ! Tout sauf ça ! "Non !" Pas l'enfantement. "Non !" Le cri résonne d'un bout à l'autre de son livre.

Ce rejet virulent de la paternité n'est pas, chez Kertész (quoi qu'en disent la plupart de ses commentateurs), le résultat des camps. Il est le résultat de son enfance, et surtout de ce qu'il perçoit comme la *continuité entre son enfance et Auschwitz.* Kertész a le mérite d'avoir vu clairement ce lien ; c'est l'un des seuls ; il serait dommage de ne pas l'écouter.

Il se mettait en colère chaque fois qu'il entendait quelqu'un dire : Auschwitz, ça ne se comprend pas. Au contraire : puisque cela avait eu lieu, cela *pouvait* avoir lieu, et puisque cela *pouvait* avoir lieu, il y avait forcément un enchaînement de causes et d'effets qui l'avait rendu possible. Pour Kertész, l'explication ne fait aucun doute : *c'est la faute aux pères.*

Kaddish pour l'enfant qui ne naîtra pas se termine par une description terrifiante de l'univers enfantin du protagoniste, sombre et hérissé de menaces. De façon bouleversante, il dit que "dans mon enfance, et donc depuis ce temps, tout était toujours un péché qui me signifiait moi-même, et toujours vertu quand j'agissais de sorte à me nier et me tuer".

Quand ses parents ont divorcé, explique-t-il, la garde de leur fils unique a été donnée au père et celui-ci l'a mis dans un internat. Un internat aux mêmes méthodes de "pédagogie noire" que celui où, comme nous le verrons, Thomas Bernhard a été envoyé par sa mère à la même époque. (Schopenhauer, Cioran, Wittgenstein et Hitler aussi... On ne peut qu'être frappé par l'impact négatif qu'a eu sur tous ces garçons leur envoi loin de la famille, à l'adolescence, pour une éducation sévère.)

Reconduit chaque lundi dans la pension, le petit garçon sombre dans une existence infernale : discipline, punitions, maux de ventre, migraines, peur constante... "A l'époque, écrit Kertész, j'avais compris depuis longtemps que le monde était un endroit épouvantable pour un petit enfant." A ce traitement, Imre réagit par l'échec scolaire. "Il y a sûrement des explications psychologiques profondes au fait que j'étais un si mauvais élève au collège. («Tu n'as même pas l'excuse d'être bête, répétait souvent mon père, parce que tu as de la jugeote.»)"

C'est donc par un souvenir d'internat que nous est révélée la vraie raison du refus de paternité du narrateur, à savoir *sa haine du patriarcat* : "Et comme j'étais là sous mon parapluie, touché par le secret étouffant de cette institution, de ce riche internat privé (...), entouré par ce secret qui flotte toujours dans l'air humide de l'automne (...), j'ai été soudain, comment dire, quasiment transi, comme par une humidité pénétrante, par cette *culture ancienne*, cette culture paternelle, ce complexe universel du père."

Pas question, donc, d'adhérer à cette culture-là en devenant père à son tour. Son propre père lui avait manifesté si peu d'affection ! C'était un puissant qui se servait de sa puissance, comme l'ont fait plus tard les geôliers du camp, pour le terroriser, l'opprimer, le contrôler... l'anéantir. "Auschwitz, dis-je à ma femme, m'est apparu par la suite comme une exacerbation des vertus qu'on m'inculquait depuis ma prime jeunesse." Et encore : "Auschwitz (...) représente pour moi l'image du père, oui, le père et Auschwitz éveillent en moi les mêmes échos."

Pas étonnant qu'il se soit senti presque soulagé d'arriver au camp : là, au moins, *il n'était pas obligé d'aimer ses bourreaux* ! "Et s'il est vrai que Dieu est un père sublimé, conclut Kertész, presque à la dernière page de sa trilogie, alors Dieu s'est révélé à moi sous la forme d'Auschwitz."

Voilà l'atroce secret qui se niche au cœur du XXe siècle, au cœur de l'Europe et au cœur de ce livre : Auschwitz, c'est Dieu. Celui qui a révélé ce secret se verra attribuer, en 2001, le prix Nobel.

Mais cette conclusion n'a rien d'une évidence, puisque tous les écrivains survivants n'y souscrivent pas. Améry a fait des tentatives héroïques pour la combattre et Delbo l'a rejetée tout à fait. Voici l'hypothèse à laquelle me conduit la lecture de ces trois auteurs : *l'horreur historique ne suffit pas pour induire l'idée du non-sens comme vision du monde ; celle-ci ne s'impose que lorsque s'y ajoute, premièrement, le malheur personnel et, deuxièmement, une certaine conception philosophique, hautaine et solitaire, de l'individu.*

INTERLUDE :

L'ENFANCE D'UN CHEF

J'ai peur à nouveau, Déesse Suzy. A approcher Thomas Bernhard (l'écrivain auquel, ne l'oublions pas, je t'ai empruntée pour commencer), j'ai peur de choquer, de mettre les gens en colère, de provoquer des explosions de rage : Jupiter et ses coups de tonnerre assourdissants… Toujours, sans doute, ai-je eu peur de revivre cet *anéantissement* que j'ai connu, enfant, quand la colère de mon père se dirigeait contre moi… parce que je l'aimais, mon père, je l'aimais énormément… et je l'aime encore. Depuis lors, tout en ayant hérité de lui ce trait de caractère détestable (que ne me connaissent, bien sûr, que mes intimes les plus intimes), je fais l'impossible pour éviter que l'on ne se mette en colère contre moi. Mais aujourd'hui il faut que je coure ce risque, il le faut, et la conviction de Bernhard selon laquelle les femmes "tremblent" et n'osent jamais aller jusqu'au bout de leur idée me donne envie de prouver le contraire. Alors voilà : y ayant longuement et mûrement réfléchi, je vais enfin formuler cette idée qui fera bondir plus d'un lecteur (plus d'une lectrice aussi, sans doute) – ô Déesse Suzy ! je t'en prie, guide mes doigts sur le clavier, aide-moi à raison garder, à ne pas céder en écrivant à la colère et à ne pas redouter celle que provoqueront, inévitablement, les mots qui suivent…

Voilà : il existe de fortes ressemblances psychiques entre l'antifasciste proclamé Thomas Bernhard et Adolf Hitler.

C'est dit.

Il n'y a pas que les femmes qui tremblent, n'est-ce pas, Déesse ? Tu le sais comme moi. Je ne vois pas où est la faute, d'ailleurs. Trembler est une réaction naturelle, viscérale, à une menace (réelle ou imaginaire) que l'on fait planer sur vous ; c'est l'effet de *la peur*. Tous les faibles tremblent, et nous sommes tous faibles à certains moments de notre vie, singulièrement pendant l'enfance. Les enfants tremblent – non dès la naissance, mais dès qu'ils comprennent qu'ils sont vulnérables. Ont tremblé, tout au long de leur enfance, devant la colère *anéantissante* d'un parent par eux aimé, Adolf et Thomas. Les garçons, surtout en Allemagne et en Autriche à l'époque de la "pédagogie noire", apprenaient qu'ils ne devaient jamais trembler, jamais pleurer, jamais trahir la moindre faiblesse mais au contraire prendre sur eux, maîtriser leur peur, se montrer insensibles, stoïques, de bois, de pierre.

Il est bien troublant, Déesse Suzy, de constater que cet idéal d'insensibilité, poussé à son paroxysme comme chacun sait par le régime nazi, est devenu aussi, dans l'Europe de l'après-guerre, l'idéal du monde des lettres.

Une fois de plus, Déesse, il faut le dire et le répéter, très fort pour que tout le monde l'entende : on ne naît pas Hitler, on le devient. Si Hitler avait été un peintre plus doué, il ne serait peut-être pas devenu le criminel monstrueux que l'on sait* ; *a contrario*, si Bernhard avait commis un crime atroce, on aurait trouvé dans son enfance (comme dans celle de Patrice Alègre, par exemple), sinon des circonstances atténuantes, du moins de quoi le comprendre. Lorsque les gens sont soumis à des pressions intolérables et à des menaces constantes, ils sont obligés, s'ils veulent ne pas mourir, de trouver des solutions ; or ces solutions – crime, art ou folie – auront forcément le même caractère extrême que les problèmes qui les ont engendrées.

Afin qu'il n'y ait pas de malentendu possible (un tel malentendu serait grotesque mais il est à prévoir, et la plupart de ceux qui *désirent* mal entendre entendront mal malgré tous mes efforts d'explication), je reprendrai ici, en en martelant chaque mot, la phrase d'Alice Miller dans sa remarquable étude sur l'enfance de Hitler : "Le fait de comprendre le destin d'un enfant n'empêche pas de mesurer l'horreur de la cruauté ultérieure."

Avançons donc sur ce terrain miné et, sachant qu'il est miné, essayons d'y voir clair sans nous laisser paralyser par la terreur des explosions.

Adolf et Thomas sont nés dans le même pays, l'Autriche, à quarante-deux ans de distance, le premier en 1889 et le second en 1931.

L'héritage familial du petit Adolf laisse rêveur. Son père, Aloïs, était l'enfant illégitime d'une fille de ferme du nom d'Anna Schicklgruber. L'identité

* Dans son roman *La Face de l'autre*, Eric-Emmanuel Schmitt nous propose d'imaginer ce qu'aurait été la destinée de Hitler si sa carrière de peintre avait tourné autrement.

du père d'Aloïs demeurera à jamais incertaine… source d'opprobre et de honte, on l'imagine sans mal, pour la famille Schicklgruber. La jeune mère célibataire finit par épouser un certain Hüttler, avec qui elle a plusieurs enfants ; quand il meurt, c'est son frère Johann qui épousera Anna, adoptera son jeune bâtard Aloïs et lui donnera son nom.

Hüttler devient Hitler.

S'extrayant tant bien que mal de ce micmac familial, Aloïs Hitler entre dans l'administration autrichienne des Finances. C'est un homme que ses proches décrivent, faut-il s'en étonner, comme strict, minutieux et pédant. A son tour il se marie et engendre des enfants : Aloïs fils naît en 1882 et Angela en 1883 ; quand sa femme tombe malade, il embauche comme gouvernante et aide-domestique sa cousine germaine Klara Pötzl, âgée de seize ans. Avant même la mort de madame, monsieur couche avec la jeune fille et la met enceinte. Leur enfant meurt, l'épouse de monsieur finit par mourir aussi… Alors, Aloïs âgé de quarante-huit ans épouse Klara qui en a vingt-quatre. Il n'arrête pas de la mettre enceinte, mais leurs enfants décèdent les uns après les autres. Pour être précise, Klara n'endure, en l'espace de deux ans et demi, pas moins de trois grossesses, trois accouchements et trois deuils. A leur quatrième bébé, le couple donne le prénom d'Adolf. Il n'est pas difficile d'imaginer l'angoisse qui plane sur le berceau de ce petit être, la manière dont sa mère se cramponne à son fils, l'inonde de tendresse, l'entoure et l'étouffe de ses attentions inquiètes. (D'autres enfants suivront : Edmond en 1894, qui mourra de la rougeole à l'âge de six ans, et Paula en 1896.)

Comme à peu près tous les pères de famille autrichiens de cette époque, Aloïs instaure dans son foyer "une sorte de dictature familiale. La femme lui était soumise, et pour les enfants, il avait la main rude." Quand il boit, or il boit souvent, Aloïs cogne. Parfois il bat Klara devant les enfants mais, le plus souvent, il se contente de battre les enfants eux-mêmes, "sans pitié et avec un fouet énorme". En 1896, quand Adolf a sept ans, son frère aîné Aloïs (qui en a quatorze) quitte le foyer après une violente querelle avec son père. Aussitôt, celui-ci le déshérite. Leçon saisissante. Ambiance de cauchemar, à la maison. (Signalons en passant qu'en 1898 la famille Hitler déménage au sud de Linz, dans une maison tout près du cimetière…) A partir de là, dit Paula, "c'était surtout mon frère Adolf qui provoquait la rigueur de mon père et il recevait chaque jour sa part de coups". D'autres témoins confirment : "C'est surtout Adolf qu'il ne comprenait pas. Il le tyrannisait. Quand il voulait le faire venir, l'ancien sous-officier sifflait avec ses six doigts dans la bouche." Une fois, son père se moqua de lui et "le ridicule blessa Adolf plus que n'importe quelle cravache".

Comment le petit garçon réagit-il à ce traitement anéantissant, de la part d'un être puissant à qui il doit respect et amour ? Tout petit, bien sûr, il n'a pas le choix ; il ne peut que trembler. Plus tard, il se montre insolent, mais la volonté paternelle n'en devient que plus implacable. Alors Adolf, qui jusque-là avait eu de bonnes notes à l'école, décide – comme Imre plus tard – d'exister par l'échec scolaire. Aloïs (un bâtard, souvenons-nous) a réussi à se hisser jusqu'à un poste important dans les douanes ; il tient à ce que son fils le suive dans cette voie. Adolf se braque. (On pense à Arthur, et à Sam – qui, eux aussi, se sont braqués contre les projets de carrière respectable formulés pour eux par leurs parents.) “C’était un garnement grossier et effronté, dit Paula, et tous les efforts de son père pour lui faire passer l’insolence à force de coups et le convaincre d’entreprendre une carrière de fonctionnaire restèrent nuls et non avenus.”

“Adolf était sûr, écrit Alice Miller, que les châtiments continueraient. Quoi qu’il fît, cela ne changerait rien aux coups auxquels il pouvait quotidiennement s’attendre. Il ne lui restait donc plus qu’à nier la douleur, autrement dit à se nier lui-même et à s’identifier avec l’agresseur.” Comment s’y est-il pris ? Un petit exemple : “Tout petit déjà, monté sur le sommet d’une colline, Adolf tenait de longs discours passionnés.”

Aloïs meurt quand Adolf atteint l’âge de treize ans, mais le mal est fait : l’échec scolaire persiste ; l’humiliation et la peur feront à jamais partie de la personnalité de cet individu. Toute sa vie il souffrira d’insomnies, s’éveillant la nuit en poussant des cris convulsifs ou en prononçant des chiffres et des bribes de phrases sans suite. Non, je ne demande pas qu’on prenne en pitié le Führer, qu’on verse une larme émue pour le massacreur des juifs. Ce que je demande, c’est qu’on veuille bien s’interroger sur la manière dont “Hitler” a pu surgir du petit Adolf. Il est étonnant, n’est-ce pas Déesse Suzy, que dans le continent européen deux siècles après les Lumières, l’on soit séduit par des superstitions du genre “le diable” ou “l’incarnation du Mal”, et que l’on écarte d’un revers de la main toute tentative pour dégager par la raison les causes d’une catastrophe.

Après la mort de son père, en 1903-1904, Adolf est envoyé dans une pension de sinistre mémoire : la *Realschule* de Linz. Par coïncidence, Ludwig Wittgenstein s'y trouve au même moment ; les deux garçons ont le même âge et se sont très probablement rencontrés ; certains prétendent même que c'est grâce à Ludwig qu'Adolf a découvert la pensée de Schopenhauer ! Que ce soit par ce biais-là ou par un autre, les thèses du philosophe allemand influenceront fortement Hitler ; "pendant la [Première] Guerre mondiale, écrira-t-il dans *Libres propos*, j'ai traîné avec moi les œuvres complètes de Schopenhauer. J'ai beaucoup appris avec lui." D'après son futur secrétaire Maser, il admirait éperdument le style du philosophe allemand et était capable d'en réciter par cœur des pages entières ; dans *Mein Kampf* sont disséminés (sans guillemets) de nombreux extraits du *Monde comme volonté et comme représentation*. Et c'est de Schopenhauer – qui avait répercuté la leçon des anciens traités de l'hermétisme et croyait fortement en la magie – que Hitler tirera un enseignement crucial pour sa carrière politique : "On peut déclencher des effets magiques par l'excitation violente et sans retenue de ses émotions." L'émotion qu'il cherchera avant tout à exciter, on le sait, c'est la haine des juifs.

Lui qui dans sa jeunesse n'avait rien d'un antisémite trouvera plus tard chez "les juifs" l'exutoire idéal. Cela se passe à un moment précis : lors de la reddition allemande en 1918. Blessé aux yeux, Hitler se trouve dans un hôpital militaire lorsque soudain, de la bouche d'un pasteur, lui parvient l'annonce de l'armistice. "J'étais ému au plus haut point en l'écoutant (...), écrit-il. Depuis le jour où je m'étais trouvé sur la tombe de ma mère, je n'avais plus jamais pleuré (...).

Plus je tâchais d'y voir clair dans ces affreux événements, plus le rouge de la honte me montait au front en face de cette ignominie (...). Misérables ! Dépravés ! Criminels ! (...) Dans ces nuits naquit la haine, la haine contre les auteurs de cet événement (...). Avec le juif, il n'y a point à pactiser, mais seulement à décider : tout ou rien !"

Annie Leclerc cite ces passages de *Mein Kampf* dans son essai *Exercices de mémoire* (1992), et souligne la nature du tournant que Hitler vient de prendre : "Le refoulement des larmes, l'appel à une dureté sans faille et la désignation des juifs comme auteurs de l'effondrement de l'Allemagne : tout est fixé en quelques lignes (...). Ce que l'on hait c'est la part humiliée de soi, la part des larmes et de la détresse. C'est elle qui dit la vérité que l'on veut tuer."

Dans son étude de l'enfance de Hitler, Alice Miller en arrive à une conclusion similaire : "Tandis que les juifs représentaient la partie humiliée et battue du moi de son enfance, qu'il cherchait à éliminer par tous les moyens, le peuple allemand à ses genoux (...) était la part noble de son âme, celle qui aimait son père et était aimée de lui."

Les petits garçons martyrisés ont tremblé et pleuré ; devenus hommes, ils prennent la décision consciente de refouler leurs larmes, de se montrer durs et impitoyables, et de donner libre cours à leur colère. Ils cherchent et trouvent l'ennemi dont ils ont besoin. La métamorphose de la douleur en haine, on l'a vu, peut conduire à une vocation artistique, criminelle ou politique... "Quant à moi – écrit Hitler de ce même 10 novembre 1918, dans la phrase qui vient immédiatement après «Avec le juif, il n'y a point à pactiser...» – je décidai de faire de la politique."

A partir de là, avant d'en arriver à l'horreur indescriptible des camps d'extermination, entrent en jeu mille autres facteurs : l'effondrement de l'Empire austro-hongrois, la désorganisation et la ruine économique de l'Allemagne, son humiliation par le traité de Versailles, la valorisation traditionnelle par les Allemands et les Autrichiens de la hiérarchie, de l'ordre et de l'autorité, leur fort penchant (tout aussi traditionnel) pour l'irrationnel, l'histoire de l'antisémitisme depuis deux mille ans, la montée du communisme en Russie, et ainsi de suite… mais ce n'est pas mon sujet ici.

Mon sujet ici est le nihilisme, et les raisons pour lesquelles, en Europe au XXe siècle, non seulement certains politiciens en sont venus à souhaiter l'anéantissement d'un peuple entier, mais certains intellectuels et artistes en sont venus à préconiser celui de l'être humain en tant que tel, voire de l'univers. Au XXVe siècle, si tant est que l'espèce humaine survive jusque-là, il est bien possible que notre époque soit perçue comme celle de la *Vernichtung* : politiciens fous et littérateurs emballés par le même absolutisme destructeur.

VIII

L'ASPHYXIE :
THOMAS BERNHARD

Vous comprenez ? La vie, c'est le désespoir pur, très limpide, très sombre, très cristallin... Il n'y a qu'un chemin qui y mène à travers la neige et la glace du désespoir, il faut s'y engager par-dessus l'adultère de la raison.

THOMAS BERNHARD,
Gel.

Je suis un génie
me suis-je toujours répété
contre tout ce qui pourrait le contredire
Nous désespérons déjà très tôt
Tiré profit du désespoir
le désespoir
a fait de moi un génie.

THOMAS BERNARD,
Simplement compliqué.

Comme celle d'Adolf Hitler, l'enfance de Thomas Bernhard est marquée par des complications familiales. Son patronyme lui vient d'un homme qu'il n'a jamais rencontré : le premier mari de sa grand-mère Anna. Celle-ci avait quitté le mari en question (ainsi que leurs deux enfants) pour vivre avec un homme qui se rêvait grand écrivain, un certain Johannes Freumbichler ; leur premier enfant, Herta (la mère de Thomas), est né avant leur mariage.

La famille tourne entièrement autour des grandes ambitions littéraires de Freumbichler, à quoi tout le reste doit être sacrifié. Le frère de Johannes s'était suicidé et Johannes lui-même a de fortes dispositions dépressives ; toute sa vie il sera hanté par la pensée du suicide et en menacera son entourage. Le travail littéraire de cet homme est pour Anna "sa seule richesse, sa seule religion" ; elle se met passionnément à son service. Freumbichler échafaudera en effet une œuvre monumentale (autant de pages que Thomas Mann !)... mais médiocre. Il va d'échec en échec, mais refuse de s'abaisser jusqu'à prendre un emploi, laissant à Anna puis à leurs enfants tous les soucis de la survie. Pauvreté perpétuelle, insécurité obsédante, misère. Leur mobilier est constitué de caisses à sucre, leurs affaires sont souvent au mont-de-piété ; ce sont des nomades désargentés, en déplacement perpétuel, objets de mépris dans les villages où ils s'installent successivement.

Ah, Déesse Suzy ! La vie de Herta Bernhard, mère de Thomas, ferait un roman misérabiliste extraordinaire ! A vingt-six ans, en 1930, elle "pèche" avec un ouvrier agricole devenu menuisier, du nom de Zuckerstätter (prénom : Aloïs, comme le père d'Adolf, mais ça, c'est pure coïncidence). Dès qu'il entend parler de cette grossesse non désirée, le père prend la clef des champs. Il déguerpit, même, de façon assez radicale : en mettant le feu, avant de partir, à la maison de ses parents.

L'ambiance qui préside à la naissance de Thomas comme à celle d'Adolf est donc une ambiance d'angoisse. Certes, l'angoisse n'est pas la même : alors que Klara redoutait de perdre encore un bébé et couvait son fils avec une sollicitude excessive, la mère de Thomas, elle, n'a pas la moindre envie qu'il vienne au monde. Conçu aujourd'hui en de semblables circonstances, il eût été liquidé par une pilule RH486 et on n'en aurait jamais entendu parler. Mais en 1930 : pas moyen de s'en débarrasser. Ah ! s'il pouvait disparaître, cet embryon... ce fœtus... cet enfant qui persiste à être là et à lui rappeler sa honte. Herta part en Hollande et se fait admettre dans une école de sages-femmes à Heerlen, où elle sert d'objet d'étude aux élèves. Après son accouchement le 9 février 1931, elle reste trois mois avec le petit Thomas au pavillon de transition de la maternité ; à partir de là, c'est le chaos. Plusieurs déménagements dans la ville d'Amsterdam. Asiles provisoires. Herta fait des ménages seize heures par jour pour entretenir non seulement ce fils illégitime mais aussi son père grand écrivain ; elle laisse son bébé dans différents foyers et lui rend visite deux fois par mois ; plus tard elle l'installe chez ses parents et retourne vivre seule à Rotterdam ; l'enfant passe souvent des mois d'affilée sans voir sa mère.

En 1937, grâce à une démarche d'Anna auprès d'un éditeur, Johannes goûte enfin à la renommée dont il rêve depuis toujours : un de ses romans, *Philomena Ellenhub*, est publié et lui vaut le Prix national autrichien. Mais ce premier succès (qui permet enfin au couple de se marier !) sera aussi le dernier ; l'année d'après, la carrière littéraire de Freumbichler sera réduite à néant par l'Anschluss.

Entre-temps, Herta a épousé le tuteur du jeune Thomas, Emil Fabjan, garçon coiffeur de son état. Le nouveau couple engendre alors deux enfants légitimes et cherche à se donner toutes les apparences d'une famille normale, une famille pleine de confiance dans l'avenir… Mais Herta voue toujours une haine féroce à l'homme qui l'a engrossée puis abandonnée ; et comme, par sa simple existence, Thomas lui rappelle cet homme, elle le bat. C'est plus fort qu'elle. Les coups pleuvent. Chaque fois que le petit garçon fait une bêtise, sa mère s'empare d'un nerf de bœuf et tape sur lui en lui hurlant dessus : "C'est toi qui fais tout mon malheur (…). Tu as détruit ma vie ! C'est toi qui es responsable de tout ! Tu es ma mort ! Tu es un rien du tout, j'ai honte de toi ! Tu es un aussi grand propre à rien que ton père !"

"Je sentais son amour pour moi, écrira Thomas des années plus tard, mais aussi, en même temps, toujours la haine contre mon père qui faisait obstacle à cet amour de ma mère pour moi." Elle l'attaque avec tout ce qui lui tombe sous la main, lui lançant à la tête des tasses et des pots, et le harcelant d'injures. "La parole, dira Bernhard, était cent fois plus puissante que le bâton." (Pour Adolf aussi, on s'en souvient, "le ridicule blessa […] plus que n'importe quelle cravache".) Mais son fils tient à la disculper : "Je voyais moi-même son désespoir ; elle est absolument exempte de toute responsabilité. Il y avait longtemps qu'elle ne parvenait plus à me maîtriser. L'enfant qu'elle ne pouvait plus dompter l'avait complètement épuisée."

Etre supplicié par un faible qu'on n'a d'autre choix que d'aimer : voilà ce qui rapproche Adolf et Thomas.

Thomas ne rencontrera jamais son père. Ça le travaille, ça l'obsède. Cet homme avait eu connaissance de son existence ; or "il ne m'avait pas reconnu, il se refusa à payer même un schilling pour moi". Pire, Herta humilie son fils en l'envoyant à la mairie chercher l'allocation que l'Etat lui verse pour suppléer au père défaillant, en précisant : "pour que tu voies ce que tu vaux" ; l'enfant en concevra une haine inextinguible pour toutes les institutions de l'Etat.

Adolescent, Thomas essaie d'apprendre tout ce qu'il peut sur son père (et la recherche du père sera l'un des grands thèmes de l'œuvre future). La récolte est maigre : "Ma mère avait refusé de dire même un seul mot sur mon père, écrit-il dans un de ses romans autobiographiques. Pourquoi ? Je n'en sais rien (...). Combien le crime ou les crimes de mon père selon la chair doivent avoir été grands pour qu'il ne m'ait pas été permis de mentionner son nom dans ma famille et même chez mon grand-père, prononcer le nom d'*Aloïs*, cela m'avait été interdit." Il parvient malgré tout à retrouver son grand-père paternel ; celui-ci lui donne une photo d'Aloïs, "qui me ressemblait tellement que j'en fus effrayé". Il montre la photo à sa mère. Elle la jette au feu ; ils n'en parleront plus jamais*.

Dans le même livre, Bernhard affirme que son père, après s'être marié en Allemagne et y avoir fait encore cinq enfants, a péri à l'âge de quarante-trois ans dans un bombardement à Francfort-sur-l'Oder. Les faits sont autres : Aloïs Zuckerstätter s'est effectivement marié en 1937 avec une Allemande du nom de Hilda ; une seule enfant est née de cette union ; peu après le couple s'est séparé

* On pense à Romain Gary : sa mère aussi, Nina Kacew, a toujours refusé de lui parler de son père. Mais, bien que manipulatrice à sa manière, Nina était plus espiègle, plus fantasque, plus inventive et débrouillarde que la rigide et névrotique Herta Bernhard. Plus tard, la démarche littéraire de Romain sera aux antipodes de celle de Thomas.

en raison de l'alcoolisme chronique d'Aloïs. Celui-ci s'est suicidé par le gaz en novembre 1940, dans son appartement de Berlin.

Quant au grand-père – mégalomane, tyrannique, égoïste, prétentieux, prolixe, frustré, invivable –, il marquera fortement l'imaginaire de l'enfant. Freumbichler remarque l'intelligence du jeune Thomas, il accueille souvent le garçon chez lui et lui parle de tout, de la vie, de la mort, de l'histoire et de la politique. Là où la mère rabaisse et accable son fils par ses invectives, le grand-père l'estime, le loue, voit en lui un futur génie et son successeur intellectuel. Dans les conversations élevées avec Freumbichler, Thomas connaît le bonheur. C'est sur les rayonnages de sa bibliothèque qu'il découvrira un livre qui l'accompagnera au long de sa vie et dont il chantera la louange dans de nombreux écrits : *Le Monde comme volonté et comme représentation*, d'Arthur Schopenhauer. Ce livre, dira par exemple le narrateur de *Oui*, "était pour moi, depuis ma prime jeunesse, le plus important de tous les livres de philosophie, et j'avais toujours pu compter sur son effet, celui d'un rafraîchissement complet de mon cerveau. Dans aucun autre livre je n'ai jamais trouvé une langue plus claire, aucune œuvre littéraire n'a jamais exercé sur moi un effet plus profond. En compagnie de ce livre, j'avais toujours été heureux."

La famille Bernhard habite à cette époque le village de Seekirchen. Et dans ce village, l'endroit préféré du petit garçon est le cimetière. (On se rappelle les crânes humains avec lesquels le petit Emil Cioran jouait au foot, et le faible de Molloy, personnage de Sam Beckett, pour l'odeur des cadavres en décomposition.) Thomas est un Hamlet précoce : "Les morts, dit-il, étaient déjà alors mes confidents les plus chers, je m'approchais d'eux sans contrainte. Des heures entières j'étais assis sur l'entourage d'une tombe quelconque et je ruminais sur ce qu'est être et son contraire."

Mais – catastrophe – Emil Fabjan, le mari de Herta, trouve un travail à Traunstein, dans le Sud de l'Allemagne, et Thomas est obligé de partir avec eux. "C'en était fini du paradis", dit-il, comme l'avait dit Cioran à propos de son départ de Rasinari. Le gamin se trouve soudain en pays étranger, et discriminé, à l'école, en tant qu'Autrichien. "Je fus complètement livré à la raillerie de mes condisciples (...). J'étais désarmé comme je ne l'avais jamais été auparavant. C'était en tremblant que j'entrais à l'école et c'était en pleurant que j'en ressortais (...). Pour la première fois j'eus l'idée de me tuer."

Ainsi, il s'avère que Thomas Bernhard a tremblé lui aussi. Ce n'est pas sur un ton triomphaliste que j'écris cela. J'essaie de comprendre d'où sont venus, plus tard, sa rage, sa haine et son mépris. Faible et sans défense comme tous les enfants, il a tremblé sous les insultes de sa mère et sous les railleries de ses camarades ; comment faire autrement ? Il a souffert le martyre. Nous sommes en Allemagne, l'année scolaire 1938-1939. Hitler est au pouvoir depuis cinq ans ; le pire se met en place. Le petit Thomas a huit, neuf ans ; on l'oblige à faire partie des Jungvolk (degré préparatoire aux Hitlerjugend) – encadrement qu'il décrit comme "encore plus affreux que l'école". Il réagit en devenant incontinent. Scandale ! Un enfant de neuf ans qui pisse au lit ! Bien imprégnée de la "pédagogie noire" ambiante, sa mère le punit en suspendant ses draps à la fenêtre. A partir de là, exactement comme Adolf et comme Imre, Thomas choisira d'exister par l'insolence et l'échec scolaire.

Herta se résigne à le mettre en pension. Plus précisément, elle l'envoie dans un "foyer pour enfants difficiles" à Saalfeld, à plusieurs centaines de kilomètres de chez eux. (Mais c'est une erreur, elle était distraite, elle pensait que l'école se trouvait tout près, à *Saalfelden* ! Ah que c'est bête, son petit garçon bâtard se trouve à l'autre bout du pays, bon, tant pis, dommage...) Là, Thomas sera à nouveau martyrisé aux mains des femmes : le foyer est dirigé par une association nommée Œuvre des femmes allemandes – "et pour l'éduquer, ces bonnes dames le giflent". Il recommence à mouiller son lit et l'on exhibe son drap chaque matin dans le réfectoire du petit-déjeuner. La honte est cuisante. "De nouveau, dira Bernhard dans *L'Enfant*, je retombais dans les plus sombres réflexions et je pensais au suicide." "Quelle avait été la profondeur de mon désespoir, il n'est absolument pas possible aujourd'hui de l'imaginer."

La vie de Thomas, à partir de cet envoi en pensionnat, ressemble à un cauchemar. Il n'est pas banal de faire l'expérience, avant l'âge d'homme, de tant de *variétés* de souffrance différentes. Pendant la guerre, la famille est à Salzbourg ; l'enfant est à nouveau en pension et c'est une torture de tous les instants : "En conséquence de son séjour comme détenu de l'éducation dans un pareil cachot d'éducation, écrira-t-il en parlant de lui-même à la troisième personne, il aura été *anéanti*, qu'il vive encore des décennies, peu importe en quelle qualité et quel lieu." Le pire, dit-il, est que personne ne semble s'apercevoir de sa souffrance, personne n'essaie de l'aider. S'il tient le coup, c'est grâce à deux choses : le violon, et la pensée du suicide.

En 1944, la ville subit les bombardements des Alliés. Thomas voit cela, il voit les morts et les blessés, les maisons effondrées ; un jour dans la rue il marche sur "une main d'enfant arrachée à un enfant" et c'est, dit-il, une "intervention horrible de la violence et une catastrophe". Le troisième bombardement, qui dévaste la ville, lui donne "un coup d'œil plongeant directement dans le désespoir des hommes, l'abaissement, l'anéantissement des hommes. Pour toute ma vie (...), j'ai appris et aperçu par l'expérience que j'ai faite comme la vie et l'existence en général sont terribles, comme elles ont peu de valeur."

Il n'est pas difficile de comprendre qu'un garçon de treize ans soit traumatisé par le bombardement de sa ville. Ce qui caractérise Bernhard, c'est *l'extrapolation* à partir de ce traumatisme, le saut instantané jusqu'à l'extrême : *ceci* est terrible, donc l'existence en tant que telle est terrible. On *peut* traiter la vie comme si elle avait peu de valeur, donc elle *a* peu de valeur. Parfois Bernhard décrit sa propre souffrance comme un "état maladif – maladie mortelle – contre lequel et contre laquelle rien n'a été fait", ce qui implique que quelque chose *aurait pu* et *aurait dû* être fait ; mais le plus souvent il s'autorise de sa détresse personnelle pour décrire l'espèce humaine en général comme vouée au malheur.

L'école de Thomas à Salzbourg, gérée pendant la guerre par les nazis, est reprise à partir de 1945 par les catholiques. L'adolescent n'est pas dupe : il voit que la transformation ne touche que les symboles ; le portrait de Hitler a été remplacé par un crucifix, les autorités ont d'autres noms mais le traitement qu'elles infligent aux élèves est toujours aussi sadique. Avant et après le changement de régime, l'éducation consiste à dresser les élèves, à leur apprendre la soumission et à décourager chez eux tout élan de curiosité. Vient le moment où Thomas n'en peut plus. A l'âge de quinze ans, il provoque une rupture spectaculaire, se déclasse, opte pour la pauvreté. Exactement comme Adolf, qui avait déçu tous les espoirs de sa famille en quittant Braunau-sur-Inn pour tenter sa chance comme artiste à Vienne, quitte à subir les affres de la faim et à dormir sous les ponts, Thomas choisit un beau matin "la direction opposée". Sans rien dire à ses parents, au lieu de suivre le chemin de l'école, il se dirige vers une agence pour l'emploi et commence un stage d'apprentissage dans l'épicerie d'une cité ouvrière nommée Scherzhauserfeld. Il l'appelle aussi "l'antichambre de l'enfer".

Cela lui fait un bien immense – tout comme, au *même* moment, en 1946, ça fait un bien immense à certain Irlandais de bonne famille de rejoindre en esprit les clochards vagabonds pour écrire *Mercier et Camier.* Si Bernhard n'a pas changé de langue comme Beckett, il a changé d'univers social. Le malheur et la misère des petites gens dans l'Autriche dévastée de l'immédiat après-guerre : voilà ce qu'il considérera toujours comme la *vérité* de l'existence humaine. Dans cette vie du souterrain (au sens propre, car l'épicerie est située dans une cave), "tout d'un coup, dit-il, j'existais *intensément, naturellement, utilement*". C'est une dose puissante de réalité concrète. "Des années durant, j'avais continuellement existé dans des livres et des écrits (...), dans l'odeur poussiéreuse de l'histoire moisie et desséchée, comme si moi-même j'appartenais déjà à l'histoire. Maintenant j'existais dans le présent, dans toutes ses odeurs et ses degrés de résistance."

Le patron de l'épicerie, un certain M. Polaha, exerce sur Thomas une influence positive : "Mon grand-père m'avait éduqué dans l'art d'être seul et de ne dépendre que de moi-même, Polaha dans l'art de vivre en communauté avec beaucoup et les plus différents." Par ailleurs, M. Polaha se trouve être mélomane : c'est lui qui, le premier, amènera Thomas dans les salles de concert de Salzbourg et lui inculquera le goût de la musique classique.

Les portes semblent s'ouvrir les unes après les autres. La voix du jeune homme mue et il se découvre, émerveillé, un don pour le chant. C'est un excellent baryton ! Il commence une formation au Mozarteum et, pour la première fois, éducation n'est pas synonyme d'écrasement et de meurtre de l'âme. "Dans cet enseignement j'entrais totalement de moi-même, de la façon la plus naturelle, sans la moindre opposition ; la surprise qu'apprendre avec un professeur, faire des études, se cultiver puisse être une joie pure me rendait heureux." A entretenir soigneusement ces deux facettes de lui-même, l'épicerie et l'école de musique, la plèbe et l'élite, le boueux et l'éthéré, Thomas se sent enfin "en équilibre".

Mais, brutalement, l'équilibre se rompt et tout s'effondre.

A l'âge de dix-sept ans, en faisant un déchargement de pommes de terre une nuit de violente tempête, Thomas attrape une grippe qui évoluera en maladie grave : la tuberculose. Il passera les deux années suivantes à voyager d'hôpital en sanatorium et de sanatorium en hôpital. A l'âge où la plupart des jeunes hommes découvrent le désir, le flirt, les vertiges des premières expériences érotiques, il est aux prises avec la grande camarde. A dix-huit ans, il se réveille un jour dans le mouroir de l'hôpital, près d'un ecclésiastique venu lui donner l'extrême-onction.

"Après que j'avais franchi le mauvais cap, dit-il, j'avais aussi moi-même la possibilité de considérer mon séjour à l'hôpital comme un séjour dans un district de pensée et d'exploiter ce séjour en accord avec cette idée." Alors il pense. Il pense en fonction de ce "district"-là, ce carré blanc tout près de la mort qu'est une chambre de sanatorium, et les conclusions qu'il en tire sont celles-là mêmes que Cioran tirait, au même âge, de ses insomnies : "La seule porte de sortie qui nous reste à la fin, c'est qu'il n'y a pas d'espoir (...). Tout n'a rien été que tromperie. A regarder de près, notre vie entière n'a rien été qu'une éphéméride miteuse portant la date des cérémonies, finalement complètement effeuillée."

Son corps le fait souffrir ; il le vit comme une chose autre que lui, une "enveloppe mortelle" dont il cherche à s'échapper "à force de théorie et d'imagination" ; de nouveau il lui semble que la seule issue logique – victoire définitive de l'esprit sur le corps – serait le suicide : "Toute ma vie je n'ai rien admiré davantage que ceux qui se suicident (...). Je me méprisais parce que je continuais à vivre."

C'est alors qu'il apprend, dans le journal, la mort de son grand-père. Cette perte l'afflige mais, dans le même temps, elle le libère... pour l'écriture. Du reste, Johannes Freumbichler lui a laissé en héritage sa machine à écrire et il n'en utilisera jamais une autre. "Mon grand-père, le poète, était mort, maintenant *moi* j'avais le droit d'écrire

(...). Maintenant, pour arriver à mes fins, j'avais ce moyen dans lequel je me précipitais de toutes mes forces, j'utilisais abusivement le monde entier en le transformant en poèmes (...). Je n'avais plus rien, que la possibilité d'écrire des poèmes."

Sa mère vient lui rendre visite dans le mouroir et c'est là, enfin, qu'il parvient à nouer avec elle "la relation étroite et affectueuse dont j'avais dû si douloureusement me passer tout au long des dix-huit années précédentes". Mais, hélas, Herta est malade aussi. Son mal s'aggrave et bientôt elle ne peut plus venir le voir... elle est à l'agonie. Thomas dénonce "le service gynécologique, comme on l'appelle, où l'on avait pratiqué à ma mère l'ablation de la matrice, avec un an de retard". La mort de sa mère aussi, il l'apprendra par le journal, avec une faute d'orthographe à son nom ; toute sa vie il gardera cette coupure de presse à portée du regard.

C'est intolérable, que votre mère meure par où elle a "péché" – par où, à son corps et à son âme défendant, elle vous a mis au monde. C'est une chose ignoble, mettre des enfants au monde. Il n'aurait pas fallu que les mères existent, qu'elles donnent la vie.

La même année que la mort de sa mère, 1950, toujours au sanatorium de Grafenhof, Thomas fait la connaissance d'une femme qui la remplacera avantageusement. Elle s'appelle Hedwig Satavianicek mais pour lui (et pour tous ceux à qui il la présentera), son nom sera "la Tante". Elle a cinquante-six ans et lui, dix-neuf. C'est, écrit Hans Höller, "la seule personne qui eût le droit d'habiter chez Bernhard" ; d'autre part, elle “lui offrait (…) la possibilité de se loger à Vienne et une modeste aide financière (…) ; c’est cette adresse à Vienne qui permit à l’écrivain débutant d’entrer en contact avec les milieux artistiques de la capitale”.

Il s’agit d’une relation intime mais asexuée (pas plus qu’à Hitler, on ne connaît à Bernhard aucune relation sexuelle) ; elle durera trente-quatre ans, jusqu’à la mort de “la Tante” en 1984. Comme Samuel avec Suzanne, comme Emil avec Simone, Thomas comptera sur sa compagne pour le protéger du monde extérieur, lui faire la cuisine, lire ses manuscrits et l’écouter parler. C’est, dira-t-il, son “être vital”.

Il écrit comme si sa vie en dépendait – et elle en dépend, en effet. Dans un premier temps, toujours sous l’influence de son grand-père, il écrit des poèmes du terroir, d’inspiration catholique. En 1953 il formule ainsi son credo : “Nous devrions nous tourner vers un livre pur, qui ne soit pas rongé par la maladie, composé sans problème, et qui cependant soit capable de nous donner une image claire du monde.” Mais, dans le même temps, il rédige des chroniques pour le *Demokratisches Volksblatt* – et, dit Hans Höller, “après ces quelque cent cinquante reportages sur les crimes les plus divers commis dans la ville et le *Land* de Salzbourg, le panégyrique du terroir aura définitivement vécu”.

L’Autriche se reconstruit pendant ce temps, retrouve sa fierté nationale, s’efforce de présenter au monde un visage paisible et pimpant ; les anciens nazis se prélassent dans les nouveaux postes de pouvoir. Ecœuré par la bonne conscience tranquille de ses compatriotes, Bernhard subit une mutation radicale : “La campagne et le monde rural restent le théâtre de ses poèmes mais l'idylle s'est renversée en un paysage de douleur et de tourment." Ses éditeurs n'apprécient pas cette évolution : vers 1960, choqués par sa fureur blasphématoire, ils refusent un recueil de poèmes intitulé *Gel*.

Profondément blessé, Bernhard se retire et rédige en l'espace de deux mois un épais roman portant le même titre. *Gel* le roman, publié en 1963 (il a trente-deux ans), rencontre un succès instantané, phénoménal. Omniprésents dans ce livre sont les hôpitaux, les cimetières, les hospices, les cadavres, les chairs putrides, les misères exacerbées du corps et de l'esprit. "Le cri est la seule chose éternelle, indestructible, permanente, dit le personnage principal. C'est à partir des abattoirs qu'on devrait enseigner la science des hommes et des barbares, des opinions humaines et du grand mystère humain (...). Ce n'est que dans les abattoirs que je vois des résultats tangibles d'un enseignement sur le monde et sur l'existence pleine de larmes et de sang de cette terre (...). L'abattoir donne la possibilité d'une philosophie radicale qui pénètre au fond des choses."

La page est tournée ; la conversion au néantisme est accomplie ; le style bernhardien est né : monologues ininterrompus, tirades vitupérantes. La philosophie est en place, étanche, inamovible ; Thomas ne s'en écartera plus d'un pouce. Dorénavant, tout ce qui ne corrobore pas cette vue sera écarté, jugé risible, dérisoire, débile, sentimental.

A partir de 1965, Bernhard décide de se retirer complètement du monde. Il achète un immense domaine et s'y enferme avec "la Tante". Il écrit comme un forcené, du matin au soir : romans et pièces de théâtre se succèdent à un rythme hallucinant – une soixantaine de livres en tout, au cours des vingt-cinq dernières années de sa vie. Inlassablement, en proie à une sorte d'hystérie virile, il abreuve littéralement le pays de sa parole – comme l'avait fait Adolf, l'autre fils battu, l'autre fils dévoyé. "Comme", c'est-à-dire avec la même énergie folle, la même rage folle et la même… incontinence.

"La Tante, dira plus tard André Müller, a probablement été la seule personne de son entourage à affronter avec dignité ce jeu sadique. Il en a profité pour expérimenter avec elle une forme théâtrale (…). C'est une forme de relation érotique : il dit des choses qui blessent et elle les supporte. Il est devenu dépendant d'elle, ne pouvant s'en passer. Avec elle, il pouvait montrer sa vraie nature (…). J'estime que c'est érotique, puisqu'il crée le rapport physique à travers des mots."

Hitler aussi, c'est bien connu, établissait un rapport physique à travers les mots. "Ses harangues devant les grands rassemblements de masse, écrit un de ses biographes, évoquaient un volcan en éruption ; l'on se serait cru au théâtre (…). Hitler ne tolérait que l'approbation."

Adolf et Thomas haïssent ce qu'ils aiment. Dans leur langue, cela s'appelle *Hassliebe* : tous deux ont réussi à détourner leur haine de l'objet aimé (qui avait failli les tuer) pour la diriger vers un autre, désigné comme l'ennemi. L'ennemi s'appelle, pour Hitler, "les juifs" ; et, pour Bernhard, "les Autrichiens" (en fait, par cercles concentriques de grandeur croissante : Salzbourg, l'Autriche, l'espèce humaine, la nature, le monde en général).

“Il chante, écrit Kurt Hofmann à propos de Bernhard, la victoire de la volonté, la victoire de l’esprit sur le corps, de l’âme sur la chair. Il fait l’éloge du travail, de la concentration et d’une autodiscipline rigoureuse au service de l’art. Il est quotidiennement en proie à l’exigence extrême, à une ambition dévorante et au désir d’immortalité tout en essayant de s’y soustraire par la pensée de la mort.”

Si l’on remplace le mot *art* par le mot *politique*, cette description du dramaturge pourrait s’appliquer, à la lettre, au chancelier du Troisième Reich. La ressemblance, je le répète, n’est que psychique. Ce n’est évidemment pas la même chose d’être un homme politique, chef des armées et Führer d’un pays à la conquête du monde, ou un professeur de désespoir enfermé chez soi, passant ses journées à noircir du papier. Hitler est responsable de millions de morts, Bernhard n’a causé la mort de personne. L’un prend des bains de foule, l’autre se retranche de la société. L’un veut créer un grand Etat, l’autre une grande œuvre… mais les deux créations prennent leur source dans un même besoin de destruction ; les deux pensées s’abreuvent à la même violence. Ici et là : mégalomanie et logorrhée. La haine *travaillée*, pour atteindre à un maximum d’efficacité. La langue est péremptoire et tranchante, elle fonctionne par antinomies exacerbées, par dichotomies brutales – *nous* et *les autres*, *moi* et *le monde* ; elle refuse toute forme de dialogue, d’interaction et d’influence, valorise la solitude et le sentiment de puissance, voire de toute-puissance, l’extase de l’extrême. “Je fais tout mon possible pour ne dépendre de rien ni de personne. C’est tout de même la première des exigences", déclare Bernhard*.

Ce qui donne à Bernhard sa liberté extraordinaire, c'est qu'il ne cherche pas à plaire. Endurci par trop de douleur, il a atteint l'indifférence. Du coup, dans l'écriture, il peut dire n'importe quoi, y compris les pires énormités, sans souci de cohérence, et c'est en cela que consiste son "génie". C'est rare, les gens qui ne tiennent aucun compte de l'image d'eux que l'autre est en train de construire dans sa tête. Colère et hostilité agissent sur Bernhard comme des stimulants – à l'instar de Cioran, il ne peut et ne veut écrire que dans un état d'excitation agressive, comme s'il commettait un crime ou un viol. Tout se passe comme si l'adrénaline avait remplacé l'inspiration comme principal moteur de la création littéraire. Il s'agit, en écrivant, non pas de dire la vérité (quelle vérité, d'ailleurs, puisque "tout est égal" ?) mais de se fouetter les sangs jusqu'au paroxysme pour se débarrasser d'un mal-être – ou, du moins, l'atténuer. Ce qui intéresse Bernhard, c'est de faire de l'effet, de choquer, de scandaliser, de crier jusqu'à l'extinction de la voix, l'extinction de soi, l'extinction du monde. *Il se sert des mots comme sa mère s'en était servie contre lui, petit* : pour punir, attaquer et étouffer l'autre (lui qui, poitrinaire, a du mal à respirer en permanence), pour le laisser estomaqué, sans voix, sans réplique

* Lecteur vorace de journaux et de magazines, Thomas ne lit pour ainsi dire jamais de romans, et sa bibliothèque est conçue en fonction... de la couleur des tranches des livres, pour en faire un arc-en-ciel ! "Je suis mon propre écrivain, déclare-t-il quand un critique lui demande quelles sont ses lectures. Je n'ai pas besoin des autres. Comme nul ne peut m'apprendre ou me dire quoi que ce soit, je n'ai pas besoin d'aller les voir."

possible. Il hypnotise lecteurs et spectateurs par un style incantatoire où fourmillent des superlatifs, les mots *toujours* et *jamais*, les mots *absolument* et *tout* et *rien* ; il les noie sous le flot de ses paroles... Pour survivre, l'anéanti s'est fait anéantisseur.

La journaliste Krista Fleischmann, discutant avec Bernhard peu de temps avant sa mort, l'interroge sur sa misogynie légendaire : tout de même, lui dit-elle, si les femmes sont "inférieures" dans tant de domaines, n'est-ce pas parce qu'elles ont été opprimées ? Et Bernhard d'éclater de rire. Opprimées, les femmes ? Quelle idée ! "Johanna Schopenhauer, elle écrivait des romans kitsch, elle gagnait énormément d'argent et c'était une célébrité à son époque. Et son frère, qui en dehors de son chien avait deux auditeurs à l'université, n'a eu en quarante ans qu'un tirage de cent vingt exemplaires du *Monde comme volonté et comme représentation*. Où voyez-vous l'oppression de la femme ?"

Magnifique lapsus, qui fait de Johanna la *sœur* de Schopenhauer et non sa *mère*, tant est inconcevable aux yeux de Bernhard la coexistence, dans la même personne, d'un utérus et d'un cerveau féconds ! (La sœur aînée d'Arthur, Adèle, écrivait elle aussi – mais seulement un journal intime, constitué pour l'essentiel de plaintes neurasthéniques sur l'ennui de son existence ; loin de lui apporter la célébrité, ce journal n'a été édité que cent cinquante ans après sa mort.) "La femme a toujours été glorifiée, en fait, renchérit Bernhard (ravi, on l'imagine, de voir la journaliste rosir d'indignation devant ses déclarations à l'emporte-pièce). On distingue les mères, on leur donne, rien que pour avoir fait dans la torture quelques gnards, on leur suspend une médaille d'or autour du cou, n'est-ce pas, et à partir du cinquième enfant la famille peut pratiquement vivre pour rien. Tout cela, on le doit à la mère, alors où est l'oppression de la femme* ?"

Intéressant, ce "tout cela, on le doit à la mère". Et le père, alors ? Il n'y est pour rien, dans la reproduction ? Le père c'est le Saint-Esprit ? Il est vrai que Thomas n'a jamais rencontré son père… ni fécondé le ventre d'une femme, ni vécu avec un petit enfant, le sien ou celui d'un autre… Il ne sait rien du tout au sujet de la paternité, et ses opinions sur la famille sont aussi péremptoires que son ignorance est totale.

La journaliste revient à la charge : voyons, les femmes ne sont pas *que* mères ; il y a bien des

* Ce n'est pas seulement dans les interviews "à bâtons rompus" que Bernhard exprime cette opinion. Elle est réitérée à d'innombrables reprises dans ses écrits ; par exemple, dans *L'Extinction* : "Les Allemands ont un complexe de la mère, ai-je dit, comme les Autrichiens, on n'a pas le droit de secouer les mères (...), les mères sont sacrées dans ces pays, mais en vérité la plupart d'entre elles sont de perverses mères de poupées qui tiraillent leurs enfants et leur famille comme des poupées (...) jusqu'à ce que ces maris poupées et ces enfants poupées soient morts à force d'avoir été tiraillés par elles" ; ou encore : "Ce sont les mères qui sont les responsables, avais-je dit soudain à Gambetti (...), mais on ne leur demande pourtant jamais de rendre des comptes lorsqu'il le faudrait, parce que le monde extérieur a une si haute opinion positive des mères, indéracinable depuis des millénaires (...). Les mères jettent leurs enfants dans l'existence et en rendent le monde responsable, ainsi que de tout ce qui arrive ensuite à ces enfants, alors qu'elles devraient porter elles-mêmes la responsabilité, mais elles ne la portent pas."

femmes qui écrivent aussi !? Certes, certes, soupire Bernhard. "Les femmes savent écrire, parfois, quoique la plupart du temps ce soit grotesque (…). Oh, il y a beaucoup de femmes qui, justement, se sont énormément essayées à des thèmes masculins (…) jusqu'à Hannah Arendt et les autres (…). Ce ne sont que des explosions de sentiments, l'esprit reste pour ainsi dire à moitié chemin."

On peut effectivement dire que les écrits de Hannah Arendt sont des "explosions de sentiments" ; on peut aussi dire que le ciel est vert et que le vin a un goût de citrouille ; on peut tout dire, si l'on ne voit pas l'intérêt de distinguer entre le vrai et le faux, ce qui est le cas de Thomas Bernhard. (Quels écrits, au fait, traduisent des "explosions de sentiments" ? Ceux de Hannah Arendt… ou les siens ?)

A cette règle de la médiocrité qui caractérise aux yeux de Bernhard les femmes écrivains, il y a malgré tout *une* exception : la grande poétesse autrichienne Ingeborg Bachmann. "La Bachmann je l'ai beaucoup appréciée, dira-t-il, c'était vraiment une femme sensée." Ingeborg apparaît dans ses écrits sous les traits de Maria dans *L'Extinction* : "Depuis que je suis à Rome, j'ai régulièrement rencontré Maria, la seule femme avec qui j'aie vraiment entretenu des relations, chez qui j'ai éprouvé le besoin d'aller toutes les semaines pendant tout ce temps, tu vas chez l'intelligente, ai-je pensé, chez l'imaginative, chez la grande, car je n'ai jamais douté un seul instant que ce qu'elle écrit est grand, a toujours été encore plus grand que tout ce qu'ont écrit toutes les autres poétesses."

Pourquoi Bernhard admire-t-il tant "la Bachmann" ? Parce qu'elle lui ressemble. Fille d'un nazi militant de Klagenfurt, ravagée par l'ambivalence, elle a fait le même choix que lui : prendre tous les risques, aller partout, dénoncer les lâchetés et les veuleries de l'Autriche, vivre sur le fil du rasoir. Quand Bachmann meurt en 1973, brûlée vive dans son lit à l'âge de quarante-sept ans, l'interprétation de Bernhard est toute prête : "Ceux qui croient au suicide de la poétesse répètent sur tous les tons qu'elle s'est brisée sur elle-même, alors qu'en réalité, elle ne s'est bien entendu brisée que sur le monde qui l'entourait, et, au fond, sur l'odieuse bassesse de sa patrie, qui, à l'étranger aussi, la persécutait pas à pas, comme tant d'autres."

Etant donné la tendance qu'a Bernhard à généraliser à partir de son malheur personnel pour décréter le malheur comme condition exclusive de l'humanité, étant donné sa vision schopenhauérienne selon laquelle la vie est une calamité, et sa perpétuation, un crime, il était à prévoir que dans ses livres, les femmes, en tant qu'instruments *visiblement* concernés par la reproduction, en prennent pour leur grade. La mère (absente/présente) est infiniment plus coupable que le père (absent). Tous les exégètes de l'auteur constatent la chose, sans qu'elle suscite chez eux la moindre désapprobation ni la moindre réserve. "La femme, pour Bernhard, est ruse du social à des fins de perpétuation du social comme espèce" (Lenormand et Wögerbauer) ; "Toutes les femmes sont malades ou, au moins, maladives" (Lartichaux) ; si le mot "juifs" ou "Noirs" se trouvait à la place de "femmes", un chœur de protestations s'élèverait ; étrangement, là où le racisme fait bondir, le sexisme passe comme une lettre à la poste.

“Lors de notre première interview, lui dit un jour André Müller, vous m’avez dit qu’il faudrait couper l’oreille à toutes les mères.” (C’est drôle, ça, Suzy ? Drôle comme l’idée de couper la barbe aux juifs ?) “Je l’ai dit, explique Bernhard joyeusement génophobe, parce que c’est une erreur quand les gens croient qu’ils mettent au monde des enfants. Ils accouchent d’un aubergiste ou d’un criminel de guerre suant, affreux, avec du ventre. Alors les gens disent qu’ils vont avoir un petit poupon, mais en réalité ils ont un octogénaire qui pisse de l’eau partout, qui pue et est aveugle et qui boite et que la goutte empêche de bouger, c’est celui-là qu’ils mettent au monde. Mais celui-là, ils ne le voient pas, afin que la nature puisse se perpétuer et que le même merdier se poursuive à l’infini.”

On retrouve là l’idée beckettienne selon laquelle les mères accouchent à cheval sur une tombe. En d’autres termes, puisque la vie se termine par la mort, elle ne mérite pas d’être vécue. Les deux extrémités de l’existence, naissance et mort, sont écrasées l’une sur l’autre ; se trouvent exclus le passage du temps, le récit, la narration, l’histoire chaque fois différente de la manière dont les gens *évoluent*, en se transformant au contact les uns des autres. Se trouvent éliminés, autrement dit, les vicissitudes de la vie, les problèmes, apprentissages, découvertes, conflits, choses bâties, les échecs et les réussites, les rêves. Le poupon est octogénaire ; le râle est vagi ; la boucle est bouclée. *Fin de partie.*

La haine du récit comme celle de la nature sont liées au refus du *temps*. Les événements, fleurs, arbres, jardins, amours, tout ce qui confère du sens à l’existence humaine, éclosent dans le temps et sont destinés à disparaître ; voilà, aux yeux de Bernhard, l'intolérable. "Je ne suis pas un narrateur, déclare-t-il dans une interview. Je déteste le récit. Je suis un anti-narrateur, l'anti-narrateur type. Quand j'écris, et que je vois poindre une histoire à l'horizon, derrière la colline de la prose, dès que je la flaire de loin, je la trucide. C'est pareil avec les phrases. Dès que je vois une phrase se former j'ai envie de l'éliminer."

D'où vient ce besoin de s'acharner contre tout ce qui *prend forme* ? Pour Thomas, malade en permanence depuis l'âge de dix-sept ans, le passage du temps est synonyme de dégradation et de rien d'autre. Il ne voit pas les cycles, il ne voit que la pente descendante. "Il y a un processus de décomposition, dit-il. Et ça, c'est fascinant – tout aussi fascinant que de regarder dans un microscope et de voir une particule se subdiviser encore, chercher à se détruire. C'est ce qui se passe dans la relation avec les gens, avec la littérature, avec la science, avec tout. Ce qui est fascinant, c'est la décomposition, la maladie. Ce qui nous entoure est maladif, on l'est soi-même. Mais on refuse de l'admettre. Car l'idée même de la maladie est quasiment insupportable."

Tout se dégrade, tout est horrible, la seule victoire possible consiste à regarder en face le néant de l'homme et à le dire. Mais il se profile ici une incohérence logique : le rejet global du monde devrait rendre superflu le rejet spécifique de tel ou tel de ses aspects. Est-ce bien utile de critiquer l'Autriche en particulier, si la vie humaine dans son ensemble doit être mise au rebut ? Pourquoi préciser que les Autrichiens sont antisémites, si l'on refuse de regarder ailleurs, chez des peuples qui le sont moins, et de se demander à quoi est due cette différence ? Bernhard aime passionnément l'Espagne ; il y séjourne souvent ; il se livre même, parfois, à des comparaisons entre ce pays bercé d'un farniente enchanteur et le monde froid, ordonné, compassé et constipé de son pays natal. Ah... il fait donc meilleur vivre ici qu'ailleurs ? Tout est à balancer... mais certaines choses, tout de même, un peu moins que les autres ? On garde... les tapas et le flamenco ? On garde les petits ports où de vieux pêcheurs bavardent tranquillement au soleil ? On garde les brillants amoncellements de tomates et de poivrons sur les étalages du marché ?

De même, Thomas avait connu dans sa jeunesse, fût-ce de façon éphémère, une période d'harmonie et d'équilibre : une telle chose est donc possible. Même si les maîtres d'école, ou les femmes des foyers pour enfants difficiles, étaient des tyrans sadiques, les professeurs de chant au Mozarteum savaient, eux, transmettre à leurs élèves l'amour de la musique. Il y a donc du mieux et du moins bien. *Pourquoi n'a droit de cité en littérature que le moins bien ?*

Le problème avec les folles exagérations de Bernhard (exagérations qu'il assume pleinement comme telles, dont il est fier*), c'est qu'elles excluent toute perspective historique. Le malheur provoqué par sa naissance, pour prendre un

* "Depuis toujours mon fanatisme de l'exagération m'a soulagé, ai-je dit à Gambetti. Parfois c'est la seule possibilité, à savoir quand j'ai transformé ce fanatisme de l'exagération en art de l'exagération, de me sortir de mon état d'esprit misérable, de la lassitude de mon esprit (...). Je puis me dire sans hésiter le plus grand artiste de l'exagération que je connaisse."

dernier exemple, est évidemment lié à la condition des femmes en Autriche en 1930 (absence de contraception, honte attachée à la sexualité hors mariage). N'a-t-on pas constaté, si l'on y réfléchit, *un peu de progrès* dans ce domaine, au cours du demi-siècle qui vient de s'écouler ? Mais Bernhard ne souhaite pas réfléchir, il souhaite rugir.

De *Gel* en 1963 à *Place des Héros* en 1988, une formidable machine sadomasochiste se met en marche entre Thomas Bernhard et sa patrie ; il devient un véritable contre-pouvoir politique. Il couvre l'Autriche d'opprobre, elle le couvre de prix et d'or. Plus il est récompensé, plus il éructe, conspue, dénonce. Les exemples pullulent : "En Autriche, il faut être un médiocre pour avoir droit à la parole et être pris au sérieux, être un homme de l'indigence et de l'hypocrisie provinciales, un homme dont la cervelle est faite sur mesure pour un petit Etat. Ici un génie, ou ne serait-ce qu'un esprit exceptionnel, est *tué* tôt ou tard d'une manière infamante." "Les Autrichiens sont un peuple dépravé / les Autrichiens haïssent les juifs / et ceux qui reviennent d'émigration plus que les autres / les Autrichiens n'ont rien appris / ils n'ont pas changé / la totalité d'un peuple comme la totalité d'un piètre caractère." "En chaque Viennois il y a un exterminateur à la chaîne." "Nous sommes autrichiens, nous sommes apathiques (…). Ce que nous pensons a déjà été pensé, ce que nous ressentons est chaotique, ce que nous sommes est obscur. Nous n'avons pas à avoir honte, mais nous ne sommes rien non plus et nous ne méritons que le chaos…" Ainsi de suite, *ad infinitum*.

C'est logique : sa mère, qui l'aimait, le fustigeait, donc ceux qui le louent et l'admirent ne peuvent être que des fripouilles, des imbéciles. Chaque fois qu'il vient chercher un prix, il se moque méchamment de l'institution qui le lui confère. Elle fait partie du monde par lui honni, le monde des gens respectables et puissants qui l'ont fait trembler et pleurer quand il était petit – alors il crache dans la soupe.

Bien sûr, certains critiques se rebiffent, certains lecteurs sont dégoûtés, ses pièces déclenchent des controverses, on lui intente des procès pour atteinte à la dignité... Mais Bernhard se moque de la bonne opinion que pourraient avoir de lui ses compatriotes. Plus il choque, plus il est content : enfin on fait attention à lui, à ses souffrances !

A partir des années 1970, Bernhard commence à avoir du succès au-delà des frontières de l'Autriche. On le traduit, on le publie, on le joue, on l'adore ! Son message à la fois antihitlérien et nihiliste ravit au plus haut point les milieux intellectuels et artistiques de l'Europe continentale. L'enthousiasme pour son œuvre s'étend comme une traînée de poudre. En France, un de ses éditeurs n'est autre que... Maurice Nadeau, le vaillant défenseur de Cioran et de Beckett. En 1985, au début d'une émission littéraire à la télévision, François Weyergans déclare en brandissant devant les caméras un exemplaire du *Neveu de Wittgenstein* : "Je pense que c'est le plus grand écrivain vivant ; c'est notre maître à tous, même s'il ne nous influence pas encore ; quelqu'un d'impitoyable, ce qui est très rare... Au moins il n'y a aucune pleurnicherie, ce qui est rarissime sinon unique dans la littérature mondiale actuelle." (Voilà l'ennemi : la pleurnicherie !

Le sentimentalisme ! Un garçon ne pleure pas, c'est bien connu* !)

Une chose est de comprendre à quoi correspond (psychiquement, historiquement, esthétiquement) une œuvre comme celle de Bernhard, et d'admirer la force d'un individu qui, refusant de se laisser détruire par une enfance abominable, a échafaudé une forteresse verbale pour empêcher la dissolution de son moi ; autre chose est d'embrasser cette œuvre à corps perdu, de l'encenser, de l'approuver, de la faire nôtre en ânonnant à notre tour (comme si cela pouvait nous laisser intacts) ses exagérations, ses imprécations infantiles, ses jugements sexistes et élitistes… sans se soucier le moins du monde de son rapport à la vérité, ni aux valeurs que nous prétendons défendre par ailleurs. D'où vient le plaisir intense que procure à ses lecteurs et spectateurs l'œuvre de Bernhard ? C'est qu'elle leur permet de vivre sans mauvaise conscience leur propre méchanceté. Dans un essai intitulé justement *La Méchanceté*, François Flahault explique que l'être humain nourrit l'illusion de sa propre indestructibilité ; en lisant ou en écoutant le discours dévastateur d'un autre, nous pouvons adhérer à la destruction parce qu'elle ne nous atteint pas. Flahault cite Longin, un auteur du IIIe siècle de notre ère : "Notre âme s'élève et, atteignant de fiers sommets, s'emplit de joie et d'exaltation, comme si elle avait enfanté elle-même ce qu'elle

* Comment ne pas faire le rapprochement avec Michael Heineke, ce cinéaste autrichien (réalisateur de *La Pianiste*) qui, dans les mots de sa comédienne fétiche Isabelle Huppert, "tend à une expression aride, brute, pour suggérer l'insupportable. Le mot qu'il déteste le plus, c'est «sentimental». C'est tout dire !"

a entendu." Les tirades de Hitler donnaient aux foules allemandes cette possibilité de jouir impunément de la méchanceté ; toute proportion gardée, les tirades de Bernhard la donnent aux foules autrichiennes.

Qu'en est-il des foules françaises ? Bernhard se désintéressait de la traduction de ses livres ; d'après lui, ils n'avaient de sens qu'en allemand. Il est facile de voir, en tout cas, qu'ils ne peuvent avoir le *même* sens à l'intérieur et en dehors des frontières de l'Autriche ; ce n'est pas du tout la même chose pour un Autrichien et pour un Français de dire que l'Autriche est pourrie, qu'elle est fasciste, qu'elle est encore et toujours hitlérienne*...

Autant le rapport entre Thomas Bernhard et son peuple peut reposer sur une ambivalence partagée, un antagonisme politique fécond, autant, exporté à l'étranger, le message devient ambigu et fait appel aux instincts les plus bas des lecteurs et des spectateurs, ceux qui les incitent à se méfier et à se moquer non d'eux-mêmes, mais des "autres". Il est frappant que la renommée de Bernhard se limite à l'Europe continentale, c'est-à-dire aux pays désireux d'oublier ou de racheter leurs propres compromissions avec le régime nazi et donc avides de montrer du doigt les encore-plus-coupables que soi. Dans le monde anglo-saxon, qui n'a pas vécu ces mêmes sombres imbrications, Bernhard demeure à peu près inconnu.

* Je ne sous-estime pas les dangers de la remontée de l'extrême droite en Autriche, un demi-siècle après la fin de la guerre ; en revanche, il ne me semble pas que les imprécations bernhardiennes en constituent une analyse.

Pour finir, Thomas ne se suicidera pas. Avant de mourir, il effectuera ce qu'il appelle une "émigration littéraire posthume" en refusant, par ses dispositions testamentaires, toute publication et toute mise en scène de ses œuvres en Autriche. Il sera emporté par sa maladie en 1989, à l'âge de cinquante-huit ans.

INTERLUDE :

LES VARIATIONS GOLDBERG

Dans les écrits de Thomas Bernhard, un domaine est préservé de la haine dévastatrice : la musique.

Et plus que tout dans la musique, Jean-Sébastien Bach.

Et plus que tout dans Bach, les *Variations Goldberg*.

Et parmi les nombreuses interprétations de cette œuvre : celle de Glenn Gould, peut-être le pianiste le plus immatériel de tous les temps, aussi solitaire, misanthrope, apare, asexué et insomniaque qu'un vrai professeur de désespoir.

Dans le roman de Bernhard intitulé *Le Naufragé*, deux pianistes émérites, à la carrière musicale déjà bien lancée, le narrateur (sans nom) et un certain Wertheimer, se trouvent au Mozarteum de Salzbourg pour un stage avec Vladimir Horowitz ; par hasard, ils y entendent Glenn Gould interpréter les *Variations Goldberg* et, pour l'un comme pour l'autre, cette expérience est une sorte d'apogée-catastrophe. Après ce concert, ils abandonnent définitivement le piano. Wertheimer ("le sombreur") vend son Bösendorfer aux enchères et le narrateur ("le philosophe") donne son Steinway à une jeune fille de bonne famille. (*Qui*, dans l'optique bernhardienne, pourrait mieux incarner la médiocrité qu'une jeune fille de bonne famille qui prétend jouer du piano ?) Après ce sacrifice volontairement grotesque, qui lui fait bien plus mal que s'il avait brûlé l'instrument, le narrateur consacrera le reste de sa vie à essayer d'écrire un livre sur Gould… sans jamais y parvenir. Quant à Wertheimer, "anéanti" par la perfection du jeu de Gould, il finira par se pendre.

En somme, dit le roman, "quand nous rencontrons le meilleur, nous devons renoncer".

La musique telle que la conçoit Bernhard est une chose immatérielle, sublime dans sa pureté désincarnée – préférée par Schopenhauer, aussi, aux autres formes d'expression artistique, car plus proche du pur *vouloir*. Vitalité invisible, impalpable, sans odeur, mouvement désincarné, impression insaisissable, frôlement vertigineux du silence, celui du cosmos et de la mort.

Bernhard n'est pas le seul de nos auteurs à valoriser grandement la musique. Les *mélanomanes*, c'est frappant, sont souvent *mélomanes* aussi. Kundera et Jelinek ont eu une formation musicale poussée et, un temps, ont songé à devenir eux-mêmes des interprètes professionnels. Beckett, s'il manifestait une étrange aversion pour Bach, jouait fort bien du piano et écoutait constamment les compositeurs du XIXe siècle. Quant à Cioran, sans être musicien lui-même, il vouait à la musique de Jean-Sébastien Bach le même culte que Bernhard. "Bach, écrit-il dans son cahier le 25 décembre 1968, mon compagnon le plus fidèle à travers les années." Ou encore, le 12 juillet 1970 : "*L'Art de la fugue*. Quand j'entends Bach, *je crois*." "*Variations Goldberg*, note-t-il le 24 juillet 1972. Après ça, il faut tirer l'échelle."

Tirer l'échelle, Déesse Suzy, tu entends ça ? Ecouter les *Variations Goldberg* et tirer l'échelle, vendre son piano, tirer sa révérence, sauter par la fenêtre… S'il avait su que sa musique produirait de tels effets, Jean-Sébastien Bach en eût été ahuri ! Lui-même n'entendait pas les choses de cette oreille ! Plongé dans la vie, il était – et jusqu'au cou. *Vingt enfants*, il a engendrés : sept avec sa première épouse et treize avec la seconde, enfants avec qui il a partagé son amour de la musique, et dont plusieurs sont devenus compositeurs à leur tour. Pour écrire sa musique, il ne s'est pas enfermé dans une cave, une tour d'ivoire, une mansarde ou un domaine ; il ne s'est pas retranché du monde, dans la haine du monde… Au contraire, il a pris le monde à bras-le-corps et l'a exploré sous toutes ses coutures. Lors de la composition de ce morceau-là, il avait cinquante-sept ans et se trouvait au faîte de sa maturité. Voici ce que dit des *Variations Goldberg* une claveciniste d'aujourd'hui, Blandine Verlet : "Avec elles, Bach radicalise sa recherche. Il ouvre la voie à une série d'œuvres spéculatives. Elles jalonneront la dernière décennie de sa vie. Ce Bach vieillissant travaille comme un forçat. Obsédé par les nombres, les sciences, l'ésotérisme, il nous émeut par l'ampleur de sa gravité, de sa solitude, la complexité accusée de ses spéculations. Grave il est, et furieusement acharné."

Blandine travaille les *Variations Goldberg*, "l'une de ses œuvres fétiches", pour les donner en concert. Ce faisant, elle est consciente de n'être pas seule mais entourée, bien entourée. Parlant d'elle-même à la troisième personne, elle dit devoir beaucoup à "des hommes de tempérament qu'ont grandis les années de recherche et de savoir accumulés. Divers mais égaux. Collègues. Ses interlocuteurs privilégiés. Les partenaires de sa recherche langagière. Ses amis. Ils lui témoignent, par la beauté de leur travail, l'affection qu'ils lui portent, à elle qui les a tant aimés. Morts ou vifs (...). Ils savent qu'elle joue pour eux. Et avec eux. Qu'ils le veuillent ou non, elle les considère comme des caisses de résonance. Les inspirateurs de ses inspirations."

Ah mais c'est une bouffée d'air pur ! s'exclame Déesse Suzy. Le son de la gratitude, la reconnaissance joyeuse d'une dette. Comme ça me fait plaisir de l'entendre – c'est magnifique !

Ce que l'on est, ce que l'on sait faire, ce que contiennent vos doigts sur le clavier, votre cœur dans votre poitrine, votre cerveau dans votre crâne, existe en grande partie grâce aux autres, la généreuse attention que vous ont portée vos professeurs, parents, amants et amis... ceux qui ont fabriqué votre clavecin, ceux qui vont l'accorder avant le concert. Tout cela participe, aussi, des *Variations Goldberg*. Ni ce morceau-là, ni aucun autre morceau de musique ne peut exister dans le vide, sans la collaboration de corps et d'âmes nombreux.

La musique de Bach n'est pas Dieu. "Sois pas calviniste, mon amour, écrit encore Verlet. De la chair, que diable ! *Carne ! Carne !* Incarnation. Incantation. Et *tutti quanti*." *Carne !* La viande, carrément ! Mais oui, les doigts qui courent sur les touches du clavecin ("boudins blancs", les appelais-je, naguère, dans mes *Variations Goldberg* à moi...) sont faits de chair, d'os, de sang, de nerfs, toutes choses "pourrissables", et précieuses pour cette raison même. Pas question, pour Blandine, d'être "anéantie" par la musique de Bach : il s'agit de relever le défi qu'elle pose, en travaillant, modestement, pour la mettre au monde. Blandine va même – n'est-ce pas un blasphème ? – jusqu'à comparer ce processus à la gestation d'un enfant. "Tout se nourrit, écrit-elle. On lit la partition dans son fauteuil, en elle on flâne, on flotte, on rêve. On est plein du désir de l'incarner." Avant même de se mettre à son clavier, la musicienne doit "écouter froidement le texte. Intérieurement l'écouter, l'écouter encore... comme une femme enceinte vit à l'écoute des mouvements à venir de son bébé."

Certes, Bach est un géant. Certes, par ses splendeurs proliférantes, son œuvre intimide ; à l'aborder, on se sent tout petit. Mais se sentir petit, ce n'est pas forcément une *humiliation*, cela peut être simplement une *frustration*. "Avec Bach, dit Blandine Verlet, il y a tellement de possibles qu'on ne peut que se contenter d'être parcellaire. Il y a de quoi pleurer, nous sommes des microbes (...). On peut tenter d'en cerner un aspect, quelqu'un d'autre en cernera un autre."

Il y a de quoi pleurer, d'accord – mais non de quoi se suicider, ni de quoi tirer l'échelle. L'humble et géniale travailleuse du clavecin n'est pas pétrifiée par la grandeur de Bach ; au contraire, elle se sent honorée, privilégiée de se dire que cette grandeur va se servir d'elle, passer par son corps – avec tout ce qu'il contient d'âme, d'intelligence, d'expérience de la vie, de connaissances musicales, d'entraînement technique, de douleurs et de joies – et sortir par le bout de ses doigts pour enfoncer des touches qui feront jaillir des sautereaux qui pinceront des cordes – *matière*, là aussi, matière savamment agencée grâce à des siècles de tâtonnements et d'apprentissages, ambiances d'atelier, soin, attention, écoute, regard, toucher, choix des bois et des métaux, essayons cette courbe de l'éclisse et cette colle… et les rires des maîtres et des apprentis pendant qu'ils travaillent, et les sons qui sortent de l'instrument, testés, éprouvés, améliorés, aimés, deux claviers ou un seul, accord, accord, et les sons qui, bientôt, le soir du concert de Blandine Verlet, seront convoqués du néant, apparaîtront et se fondront les uns dans les autres sur la ligne du temps, voyageront jusqu'aux oreilles des auditeurs, *matière*, elles aussi, oreilles plus ou moins propres, poilues, bouchées par le cérumen, plus ou moins préparées, surtout, à recevoir cette combinatoire de sons, éduquées, une fois de plus, par d'autres, tous ceux qui nous ont précédés, formés, aidés à comprendre la musique.

Cela ne tombe pas du ciel, non ! Nous ne sommes pas au ciel dans cette affaire, mais bel et bien sur la terre dans ce qu'elle a de divin, à savoir : amour, échange, respect du savoir, partage du beau.

Pour être "anéanti" par les *Variations Goldberg* de Bach, comme le sont les personnages du *Naufragé* – ou pour dire avec Cioran qu'après avoir entendu ce morceau-là "il n'y a plus qu'à tirer l'échelle" –, il faut se mettre soi-même au centre de l'univers, se mesurer à la perfection divine, et s'avouer vaincu.

Verlet, elle, sait que même la musique la plus "immortelle" a besoin de nous, mortels, tant pour la créer que pour la recevoir.

"*Que rien ne s'anéantisse*, dit-elle, écartant d'une main ferme l'orgueil des mélanomanes. Si on ne sait pas faire, laisser faire. Sans s'aveugler ni s'assourdir (…). Laisser faire, Bach fera le reste. S'en laisser conter (…). S'introduire dans la vie. Dans les vies. Sur le qui-vive. Dans la mémoire de millions d'années."

Oui, dit Déesse Suzy avec un soupir de contentement, c'est tout à fait ça. Il a fallu des millions d'années pour en arriver à cet instant précis : l'instant où, dans l'expectative du fabuleux tourbillon de sons dotés de sens, la main de la musicienne se tient immobile, suspendue au-dessus du clavier, prête à tomber sur le *sol*.

Humaine, la musique. Jamais trop humaine.

IX

L'IDENTITÉ REFUSÉE : MILAN KUNDERA

Sartre refuse d'admettre qu'il a une identité quelconque avec son passé.

SIMONE DE BEAUVOIR

Attention, me dit Déesse Suzy. A partir d'ici – et déjà avec Kertész – ta tâche devient plus délicate, car tu commences à parler d'écrivains vivants. Tu ne voudrais tout de même pas les blesser…

C'est vrai, acquiescé-je. Mon intention n'est pas de les blesser… encore que… je n'aie pas vu qu'ils faisaient le moins du monde attention pour ne pas me blesser, moi. C'est bien parce qu'ils m'ont blessée – et ce, depuis de longues années – que j'ai pris la plume pour commencer. De toute façon, s'agissant de Kundera, il y a peu de risques pour qu'il se blesse ; à une exception près (la poétesse tchèque en exil Věra Linhartová), je n'ai vu dans son œuvre nul indice qu'il ait jamais ouvert un livre de femme*. Mais bon, d'accord, je ferai de mon mieux pour demeurer courtoise.

* Non, je me trompe : il a dû lire *Parole de femme*, puisqu'il consacre plusieurs pages du *Livre du rire et de l'oubli* à tourner en dérision son auteur, qu'il appelle "sainte Annie Leclerc". L'unique femme écrivain dans ses romans – une certaine Bibi – se propose d'écrire un livre "«sur le monde tel que je le vois. – Tu saurais écrire un livre ?

Comme Cioran, Kundera souhaite donner "aussi peu matière à une biographie que Dieu". De façon générale, il n'aime pas que l'on parle de sa vie ; et si, davantage que d'autres mélanomanes, il aime raconter des histoires, il déteste *en avoir une*. Rien dans la littérature contemporaine ne l'horripile autant que la mode de l'"auto-fiction", où de soi-disant romanciers déballent en public le contenu de leur vie intime. Nous ne savons donc du passé de Kundera que ce qu'il a bien voulu nous en révéler… mais ses silences sont parlants aussi.

Milan est né en 1929 (comme Imre). Joliment, il est né le 1er avril, jour de toutes les plaisanteries. Sa ville natale de Brno, en Moravie, se situe près des frontières autrichienne et slovaque. C'est le fils unique d'une famille cultivée de la classe moyenne : son père Kudvik, ancien élève du grand compositeur Leoš Janáček, est musicologue et pianiste de renom ; entre 1948 et 1961 il dirige l'Académie musicale de Brno. Il initie son fils à la musique, lui donne des leçons de piano et de solfège, lui apprend à écouter et à comprendre les compositeurs modernes : Bartók, Schönberg et Stravinski, entre autres…

Et sa mère ? demande, presque par réflexe, Déesse Suzy.

Non, sa mère, rien.

Comment ça, rien ?

Sa mère, rien, je te dis. A ma connaissance, il n'en a jamais dit un mot. *Des* mères, ses livres parlent abondamment ; de *son* père aussi ; mais au sujet de *sa* mère : *motus*.

demande Tamina. – Pourquoi pas ? fait Bibi (…). Il faut évidemment que je me renseigne un peu pour savoir comment on s'y prend pour écrire un bouquin…»"

Très jeune, Milan est amené à comprendre l'importance de la politique. En 1938, quand il n'a que neuf ans, les accords de Munich scellent le sacrifice de son pays sur l'autel du Troisième Reich ; c'est ainsi qu'avant même le début de la guerre, la Tchécoslovaquie commence à glisser vers "le pire". Kundera écrira plus tard que des membres de sa famille (peut-être en raison de leurs sympathies communistes ?) ont été déportés et sont morts dans les camps de concentration.

L'adolescence de Milan, comme celles de Thomas et d'Imre, coïncide très exactement avec la guerre ; on n'y peut rien, *il y a des dates*, *il y a le déroulement d'une vie* ; quinze ans après sa naissance on est forcément adolescent. Qu'a vu, qu'a vécu alors le jeune Milan ? Silence, là aussi. En 1948, lors du "coup de Prague", les communistes (qui, plus encore qu'en France, bénéficient d'une grande popularité dans le pays) s'emparent du pouvoir et la Tchécoslovaquie s'aligne sur l'Union soviétique. Milan a dix-neuf ans. Il adhère au Parti et y milite, comme tous ceux qu'il respecte et admire ; les Russes sont les grands vainqueurs des nazis, leur rhétorique révolutionnaire est exaltante, Milan "marche" dans cette utopie, comme ont marché des millions de jeunes Européens.

Il commence à écrire. Au début, comme Bernhard, il est poète. Son premier recueil de poésie, dit-on (je ne lis pas le tchèque et ce recueil n'est pas traduit), est "bien-pensant" et suscite une réaction positive. Mais ensuite Milan découvre *L'Etre et le Néant*, et Sartre devient l'un de ses maîtres à penser. Son deuxième recueil de poèmes porte le titre *Promenade mélancolique* : cette fois, l'auteur est violemment critiqué par la presse officielle (la seule) pour "existentialisme".

En 1950, âgé de vingt et un ans, il est exclu du Parti.

Inadmissible, dans un pays communiste, d'être mélancolique !

N'oublions pas que se réclamer de l'esprit du Parti était alors, dans tous les pays d'Europe centrale sous hégémonie soviétique, la condition *sine qua non* de l'existence d'un écrivain ; s'y opposer, c'était se condamner à la marginalité, accepter que vos livres ne soient ni imprimés ni diffusés. En 1955, âgé de vingt-six ans, Kundera écrit sur commande un grand poème, *Le Dernier Mai*, consacré à la légende et la vérité de Fučík, écrivain résistant qui avait été emprisonné et exécuté pendant la guerre. Son poème (disent ses amis) n'a rien de déshonorant ; il s'inscrit dans la meilleure tradition de la poésie lyrique et romantique tchèque. Il vaut pour Milan réhabilitation : l'année suivante on le réintègre au Parti.

Au long des années 1960, tout en enseignant le cinéma à l'université et en poursuivant son propre travail d'écriture (pièces de théâtre, essais, nouvelles), il collabore à une *Gazette littéraire* tirée chaque semaine à cent cinquante mille exemplaires et lue par un million de personnes. Il est membre du directoire de l'Union des écrivains. Il publie *La Plaisanterie*, immense roman d'amour en temps d'instabilité idéologique. Le livre est traduit en français, préfacé par Aragon, et édité chez Gallimard… en août 1968, au moment même où les Russes décident d'écraser avec leurs tanks les belles idées du "printemps de Prague".

Milan ne prend pas alors, comme tant d'autres intellectuels tchèques, le chemin de l'exil. Il veut encore croire au socialisme, croire qu'il est possible de le transformer de l'intérieur. En même temps, viscéralement attaché à la liberté d'expression, il refuse de mimer la servilité et de marcher dans l'étroit chemin du politiquement correct. Un jour il se laisse aller à une plaisanterie de trop, un mot de travers, une réflexion ironique – et cette fois, c'est grave. Le Parti ne tolère pas davantage l'ironie que la mélancolie : en 1970, Kundera est de nouveau exclu et n'a aucune chance, à partir de là, de revenir dans les bonnes grâces des décidants. Il a quarante et un ans.

Ses livres sont interdits. On les enlève des rayonnages des bibliothèques, on les enferme dans les caves de l'Etat. Démis de son poste à l'université, il joue du piano et de la trompette dans des bistrots de province et gagne sa vie en écrivant des horoscopes sous un faux nom. "Mais ne pas exister publiquement, ça a aussi ses avantages", dira-t-il plus tard au cours d'une émission de télévision. Savoir que ses livres ne seront pas publiés (du moins pas chez lui, pas dans l'immédiat) lui confère une liberté sans précédent. Dans une grande concentration, il écrit deux romans coup sur coup : *La vie est ailleurs* et *La Valse aux adieux*. Peu à peu, sa notoriété s'étend à l'Ouest, et singulièrement en France : en 1975, avec son épouse Věra (l'une des présentatrices les plus en vue de la télévision tchèque pendant la période déstalinisée des années 1960), il s'installe à Rennes. En 1979 il est déchu de sa nationalité tchèque et, deux ans plus tard, naturalisé français : la France représente alors pour lui, il le dira à maintes reprises, un "deuxième pays natal".

Mais ce n'est pas la même chose de renaître à quarante-six ans qu'à vingt-cinq (Beckett) ou à trente (Cioran). Quand Kundera commence enfin à écrire ses romans en français (presque vingt ans plus tard, à soixante-cinq ans !), ce sera essentiellement pour des raisons pratiques : c'est surtout à l'Ouest qu'il est lu et apprécié ; il y a plus de bons traducteurs à partir du français qu'à partir du tchèque. Ni l'expatriation ni le changement de langue ne provoquent dans l'œuvre kundérienne une rupture stylistique ; tout au plus remarque-t-on que ses romans assument de plus en plus les traits de "l'écriture blanche" : dépouillement, sécheresse, économie de moyens, objectivité, évitement de la sentimentalité et des métaphores. A lire les romans français de Kundera, on ne peut qu'être frappé par leur peu de ressemblance avec les grands modèles du passé dont il se réclame : Rabelais, Cervantès, Diderot… Les déclarations ardentes, sincères, idéalistes (au sujet de l'amour, par exemple, ou de la communication), rares mais présentes dans les livres écrits en tchèque, sont entièrement absentes des livres écrits en français.

En fait, ce qui permet à Kundera cette deuxième naissance, c'est une réécriture de son passé. Ce n'est pas sans rappeler Cioran – même si l'exilé tchèque n'a pas, comme l'exilé roumain, d'épisode honteux à dissimuler. Kundera interdit toute réédition et toute traduction de ses œuvres anciennes, toute mise en scène (même à Prague, même après la chute du Mur) de ses pièces de théâtre des années 1950 et 1960. Il les juge ratées ou immatures, pas dignes d'être transmises. "Le premier texte qui vaille la peine d'être mentionné, dit-il, c'est une nouvelle écrite à l'âge de trente ans, la première nouvelle du recueil *Risibles amours*. C'est là qu'a commencé ma vie d'écrivain."

C'est la seule "vie" qu'il veut avoir. "Nous réécrivons constamment notre propre biographie et attribuons de nouvelles significations aux choses", affirme-t-il dans une conversation avec le romancier anglais Ian McEwan. Mais assumer l'imperfection de la mémoire, ce n'est pas la même chose que d'effacer sciemment ce qui est déjà écrit... Force nous est donc de faire comme si ses écrits de jeunesse n'existaient pas (même si, au long de cette période, il était déjà considéré dans son pays comme un écrivain majeur) – comme s'il n'avait eu ni mère, ni enfance, ni adolescence ; en un mot, comme s'il avait surgi d'un clonage miraculeux : adulte, mûr, âgé de trente-cinq ans, les idées bien en place.

En fait il se comporte en romancier avec l'histoire de sa propre vie. Les personnages de roman, nous signale-t-il à plusieurs reprises dans *L'Insoutenable Légèreté de l'être*, "ne naissent pas d'un corps maternel mais de quelques mots évocateurs, d'une métaphore, d'une situation-clef". Naître d'une situation, c'est très sartrien, et très commode. *J'ai été cela, j'ai changé, je suis ceci...* Non. Oubli de l'enfance. Silence sur les choses reçues, apprises, mal comprises. Omerta sur les bafouillements, vacillements, faux départs, élans et échecs de la jeunesse. Refus de l'identité.

Kundera est l'un des écrivains vivants les plus estimés du monde entier, un des très rares autour desquels se fait un consensus d'excellence : malgré le mépris dans lequel il tient les foules, il séduit, plaît, stimule et convainc ces mêmes foules et emporte massivement leur adhésion. Lui qui se lamente de ce que si peu de gens lisent – et de ce que, parmi les lecteurs, il y en ait si peu qui comprennent – doit être affligé par ses faramineux chiffres de vente : tant de millions de malentendus ! Quelles sont les raisons de cette immense approbation, frôlant l'adulation, d'un auteur par ses lecteurs ?

Livre après livre, Kundera explore – avec une intelligence étincelante, une limpidité admirable, un humour grinçant, une misanthropie réjouissante – les paradoxes de l'existence humaine. Personne n'est plus doué que lui pour pointer nos aveuglements, nos oublis, nos jeux de rôle, nos mensonges, nos parades érotiques, nos mille subterfuges pour faire échec à l'"insoutenable légèreté de l'être". Personne ne mêle plus savamment, plus musicalement que lui la fiction à l'essai. Son idéc maîtresse est la suivante : *l'identité n'existe pas*, parce que notre apparence physique est arbitraire (l'effet d'un coup de dés génétiques) et en constante transformation/dégradation ; notre mémoire est peu fiable ; même nos opinions, idées, goûts, gestes et manières d'être sont élaborés au petit bonheur la chance ; en d'autres termes, rien en nous n'est vraiment *nous* de manière irréfutable et permanente. Ce flottement identitaire, comme il le montre dans *L'Ignorance* (2003), est exacerbé par l'exil.

Dans les romans de Kundera, positifs sont ceux qui ont compris le caractère tragicomique de l'existence humaine ; négatifs, ceux qui adhèrent au domaine honni du "kitsch" et cherchent à vous convaincre d'*appartenir* à quelque chose : un pays, une idéologie, une religion, une famille.

Ça, c'est l'une des raisons de son succès : il nous apprend des choses passionnantes sur nos propres faiblesses. Mais il en est une deuxième, moins évidente et peut-être d'autant plus puissante ; on la voit déjà se profiler dans cette liste pays-idéologie-religion-famille : *sa critique des régimes totalitaires est liée*, de façon aussi subtile qu'inextricable, *à sa génophobie*.

Sous prétexte que tant de ses héros positifs sont des "coureurs de jupons", l'on a souvent traité Milan Kundera de misogyne, mais là n'est pas la question ; en fait il a créé des personnages féminins de toutes sortes, y compris des femmes artistes, des femmes endolories et émouvantes, des héroïnes qu'il charge, au même titre que ses héros, de nous dire le fond de sa pensée. Non, c'est bien de génophobie qu'il s'agit : d'un bout à l'autre de son œuvre, Kundera dirige contre les mères, l'engendrement et les enfants une haine rageuse, au moins aussi virulente que celle de Bernhard. C'est ainsi qu'en approuvant ses prises de position politiques, ses lecteurs peuvent, *dans le même mouvement*, régler leurs comptes avec leur mère – seule coupable, dans la meilleure tradition néantiste, de l'incarnation physique et de tant d'autres appartenances débilitantes. (Et ses lectrices ? Nombre d'entre elles n'y verront que du feu, ressentiront tout au plus un vague malaise. Les autres, dont je suis, liront contre elles-mêmes, comme d'habitude.)

L'assimilation des familles aux totalitarismes remonte loin dans l'œuvre de Kundera – au moins jusqu'à 1968 quand, à la suite de l'invasion soviétique, il a dû se rendre à l'évidence qu'il s'était laissé abuser pendant sa jeunesse. Il évoque cette époque dans *La Plaisanterie* : "Il y avait là-dedans (surtout chez les jeunots que nous étions) une part d'idéal indéniable, l'illusion d'inaugurer, nous, cette époque de l'humanité où l'homme (chacun des hommes) ne serait plus *en dehors* de l'histoire ni *sous le talon* de l'histoire, puisqu'il allait la conduire et la faire." L'idéalisme de ces jeunes avait été bafoué. Kundera avait cru, comme Sartre, à l'engagement ; il avait mis sa plume (sans jamais la compromettre) au service d'une cause. Or il avait été brûlé, repoussé, rejeté par ceux-là mêmes qu'il avait voulu aider.

Toujours en 1968, dans un entretien avec son compatriote et ami Antonin Liehm, Kundera parle du "sérieux" et du "bonheur obligatoire" qui caractérisaient les années de l'après-guerre en Tchécoslovaquie. Un passage permet de bien observer le glissement du politique au personnel : "L'époque était impitoyable, mais dans les films d'alors on ne voyait évoluer que des amants aussi timides que pudiques. Seule la joie était proclamée, mais nous ne pouvions nous permettre aucune facétie. Nous sommes passés par l'école du paradoxe. Quand aujourd'hui j'entends parler, disons, de l'innocence des enfants, de l'absence d'égoïsme de la maternité, du devoir moral de se multiplier, de la beauté d'un premier amour, je sais ce que tout cela veut dire. J'ai fait mes classes."

Je précise tout de suite – je cours, je me précipite, je me bouscule pour préciser : *loin de moi l'idée que les enfants soient innocents, ou les mères, altruistes*. Simplement, je constate que, parti d'un régime politique, le sentiment kundérien du "on ne me le fera plus" vient se plaquer aussitôt sur le domaine de la vie intime.

Les intellectuels français ont tout fait pour que Kundera se sente chez lui dans son pays d'adoption. Dans un premier temps, ils croyaient peut-être avoir affaire à un dissident, mais ils se sont vite aperçus que c'était mieux encore que cela : un cynique ! Ils se réjouissaient d'entendre dire – par un homme si fin, si beau, si farouche, si éloquent et désabusé – que le vrai problème dans ce bas monde n'était pas l'oppression politique mais *le masque lyrique* sous lequel elle avançait, souriant et grimaçant. Le masque du kitsch. Le masque des mères. Quand, lors de la parution de *L'Insoutenable Légèreté de l'être*, Kundera accepte une invitation à *Apostrophes*, l'un des invités de l'émission le félicite avec une chaleur particulière ; c'est Maurice Nadeau, toujours réceptif aux messages néantistes : "Je crois qu'il faut nous le garder, Milan Kundera ! s'exclame-t-il. Nous on vit sur des clichés ; lui il a *connu* tout ça : c'est la terreur, c'est le Goulag, c'est l'empêchement de penser, etc. Il montre que ce n'est pas ça le plus terrible. Le plus terrible c'est que derrière tout ça, ou plutôt devant tout ça, il y a ce paravent qui est «la joie», qui est «la bonne conscience», qui est «vive la vie !», comme il dit, qui est «les baisers aux enfants», tout ce côté qu'il appelle le kitsch. Et ça, c'est très neuf !"

Dire que les baisers aux enfants c'est pire que le Goulag, c'est vrai que c'est très neuf. Oh, Déesse, pardonne-moi, je fais de mon mieux pour ne pas être sarcastique à mon tour, crois-moi, je me retiens ! Si les baisers aux enfants que vomit Kundera n'étaient que ceux que délivrent, devant des caméras, les politiciens d'Adolf Hitler à Bill Clinton, pour prouver qu'ils sont du côté de la vie et des bonnes choses, j'abonderais volontiers dans son sens. Mais il vomit tout autant les *autres* baisers aux enfants : ceux que j'ai posés sur la joue de ma fille chaque soir après la lecture et avant de la quitter pour la nuit, ceux que mon père a posés sur mon front quand j'ai pris le chemin de l'école pour la première fois, ceux que mon fils posera un jour sur le doigt de son fils à lui, blessé dans la fermeture d'une fenêtre. *Tous* les baisers aux enfants, il rejette. Tous.

Il est facile de comprendre que le communisme et les situations absurdes et mensongères où il plongeait les artistes et les intellectuels aient pu conduire cet auteur à une position de dérision radicale, le rendant incapable de respecter, de remercier ou d'entrer en interaction avec qui que ce soit. "Venu le reflux de cette période, poursuit-il dans le même entretien avec Liehm, je me suis posé un jour la question : au fait, pourquoi cela, pourquoi, en somme, faudrait-il aimer les hommes ?" Ce qui est moins évident, mais très intéressant, c'est la manière dont cette position "anti-humaniste", apparemment si originale, finit par rejoindre la bonne vieille métaphysique du nihilisme. C'est ce que je vais tenter de montrer dans les pages qui suivent.

Haine des mères

Deux figures de mère dans l'œuvre de Kundera sont particulièrement atroces : pas même dignes d'un prénom, elles sont désignées par le simple mot de "maman" ; il s'agit de la mère du jeune poète Jaromil dans *La vie est ailleurs* (1973) ; et de celle de Tereza dans *L'Insoutenable Légèreté de l'être* (1984). Envahissantes et toutes-puissantes, ces mères empêchent leurs enfants de vivre et cherchent à en faire leur "chose".

En 1980, Kundera passe dans une émission télévisée, *La Rage de lire* ; également présent sur le plateau est Alain Finkielkraut, alors comme aujourd'hui l'un de ses plus fervents admirateurs. "Vous vous attaquez, dit Alain à Milan, à un consensus pleureur, notamment à propos de la maternité, à propos de l'enfance : voyez ce personnage de la mère, par exemple, dans *La vie est ailleurs*, c'est un personnage terrible." "Chaque romancier, répond Kundera, écrit ses livres plutôt comme une grande hypothèse, comme une grande question jetée à la face du monde. Naturellement, on va me demander : Qui va répondre à cette question ? Il y a toujours assez d'idiots qui vont répondre, parce que les idiots savent tout ! La sagesse du roman est exactement dans son ignorance." De même, dans *L'Art du roman*, Kundera affirme que "le roman, c'est le paradis imaginaire des individus. C'est le territoire où personne n'est possesseur de la vérité (...), mais où tous ont le droit d'être compris."

Si la sagesse du roman est dans son ignorance et si tous y ont le droit d'être compris, on se demande comment Kundera a pu produire un personnage aussi grotesque et simplifié que la "maman" de Jaromil. Cette femme ne comporte pas la moindre trace d'une contradiction ; c'est une pure charge. Elle a fait l'enfant "dans le dos" de son mari, qui n'en voulait pas et assume ses responsabilités paternelles à contrecœur. Le corps de la femme, en raison de la grossesse, sort de l'érotisme (culture, regard, intelligence) pour entrer dans la maternité (nature aveugle et obscure) ; après l'accouchement, la mère veille avec passion sur "les rots, pipis et cacas (...), toutes les activités du petit corps de son fils".

Kundera suit ici, à travers la surveillance quasi policière de la mère, le développement d'un petit humain, son entrée dans le langage ; "maman" achète un cahier et y inscrit chaque parole qui sort de la bouche de Jaromil. Cette attention maternelle est gravement handicapante : dès son entrée à l'école, le garçon s'aperçoit que "l'amour de sa maman (...) laissait des traces sur tout ; il était inscrit sur sa chemise, sur sa coiffure, sur les mots dont il se servait" ; il imprime sur son front "une marque qui repousse la sympathie des camarades".

Pour se défendre, le jeune Jaromil invente un alter ego du nom de Xavier qui, au lieu de vivre "une seule vie qui s'étendait de la naissance à la mort comme un long fil sale", vit dans les songes, passant "d'un songe à un autre songe comme s'il passait d'une vie à une autre vie". En somme, Xavier est une sorte de romancier, qui dispose d'autant de vies qu'il le désire. Et l'on ne s'étonnera pas d'apprendre, plus loin, que cette liberté merveilleuse résulte du fait qu'il n'a "pas de mère, et pas de père non plus", puisque "ne pas avoir de parents est la condition première de la liberté (...). La liberté ne commence pas là où les parents sont rejetés ou enterrés, mais là où *ils ne sont pas* : là où l'homme vient au monde sans savoir de qui. Là où l'homme vient au monde à partir d'un œuf jeté dans une forêt. Là où l'homme est craché sur la terre par le ciel et pose le pied sur le monde sans le moindre sentiment de gratitude."

Pas de gratitude, voilà la clef. Qu'a-t-on besoin de clonage ? Puisqu'il suffit de balancer des œufs dans des forêts !

Il est drôle, ce monsieur, dit Déesse Suzy, songeuse. Il rêve encore à l'enfant sauvage. Comme si l'enfant sauvage pouvait devenir romancier, ou connaître quelque forme de liberté que ce fût ! L'enfant sauvage ne parle pas, ne rêve pas, n'écrit surtout pas de livres. Sans liens, on n'est pas humain, mais fou... ou, au mieux, animal.

Jaromil, jeune, beau et brillant comme Milan dans les années 1950, devient comme lui poète. "Il écrivait des poèmes sur l'enfance artificielle de la tendresse (...), sur une mort irréelle (...), sur une vieillesse irréelle. C'étaient trois drapeaux bleus sous lesquels il s'avançait craintivement vers le corps immensément réel de la femme adulte." Mais l'image de sa mère le poursuit jusque dans ses ébats érotiques et le culpabilise : "Même quand tu passeras ton temps avec des femmes, même quand tu seras avec elles dans leur lit, il y aura une longue laisse à ton cou et quelque part au loin ta mère en tiendra l'extrémité et sentira au mouvement saccadé de la corde les mouvements obscènes auxquels tu t'abandonnes !"

Il faut dire qu'à vingt ans passés, pour une raison que l'auteur ne nous révèle pas, Jaromil accepte encore que sa mère choisisse pour lui chaque jour les habits qu'il va porter. On ne s'étonnera pas de le voir, ensuite, en train de posséder, de ligoter et d'immobiliser son amante "la petite rousse". Kundera s'est-il aperçu de la ressemblance entre les deux situations ? Ce n'est pas sûr… "Le fond du problème, explique-t-il, c'était qu'elle lui échappait, qu'il ne la possédait pas tout entière" ; toute velléité d'indépendance de la jeune fille déplaît à son amant ; il voudrait "qu'elle ne soit jamais ailleurs que dans cette baignoire d'amour, qu'elle ne tente jamais, même par une seule pensée, de sortir de cette baignoire, qu'elle soit entièrement immergée au-dessous de la surface des pensées et des paroles de Jaromil" – tout comme Jaromil a été immergé dans les pensées et les paroles de sa mère.

Pour finir, il dénoncera "la jeune rousse" aux autorités ; elle sera arrêtée et jetée en prison, et de cette manière il en deviendra le maître absolu. Homme enfin, puissant et viril enfin, il aura pris sa revanche sur sa mère puisque "la rousse est à lui, maintenant, elle lui appartient plus que jamais : son destin est sa création" ; c'est lui, désormais, qui surveille le pipi-caca de l'autre : "C'est son œil qui l'observe pendant qu'elle urine dans le seau (…) ; elle est sa victime, elle est son œuvre, elle est à lui, à lui, à lui."

Le jeune poète tombe malade à en mourir ; vers la fin du livre figure un passage d'un sarcasme appuyé dans lequel, tenant encore "la main de maman dans sa paume brûlante", il lui dit : "Tu es la plus belle de toutes" ; "c'est toi que j'ai le plus aimée".

Avec Jaromil meurt le poète lyrique que fut Milan Kundera dans sa jeunesse. Par ce roman, il tourne définitivement le dos au monde du "kitsch" et à celui des mères. On ne l'y prendra plus. Terminés, la poésie, la révolution socialiste, l'accord avec l'être, l'amour maternel. Tout ça : même poubelle.

L'autre personnage nommé "maman" dans son œuvre, la mère de Tereza dans *L'Insoutenable Légèreté de l'être*, est envahissant d'une autre manière. C'est une ancienne beauté, coquette et hystérique ; quand la maternité et l'âge abîment son corps, elle décide que l'apparence n'a aucune importance, que le corps n'est là "que pour digérer et pour évacuer". Sous prétexte que "tout ce qui est normal est beau", elle se balade nue dans la maison, laisse traîner ses serviettes hygiéniques ensanglantées (!), et lit tout haut à table, en s'esclaffant, le journal intime de sa fille. C'est à cause d'elle que Tereza dira avoir grandi dans un "camp de concentration", c'est-à-dire "un monde où l'on vit perpétuellement les uns sur les autres, jour et nuit", et où s'effectue "la liquidation totale de la vie privée". Adulte, chaque fois que Tereza se regardera dans la glace et verra sa ressemblance physique avec sa mère, elle éprouvera du dégoût. Son âme invisible, bien sûr, est tout ce qui, en elle, ne ressemble *pas* à sa mère. La mère et l'âme, ça fait deux. On avait compris.

C'est des pères, et non des mères, que l'on reçoit quelque chose d'ordre spirituel, culturel, intellectuel. Le père de Kundera, on l'a vu, lui a donné la musique ; le romancier consacre à l'agonie et à la mort de ce père les pages les plus émouvantes du *Livre du rire et de l'oubli*. De même, Agnès, dans *L'Immortalité*, se souvient de son père mathématicien qui lui récitait des vers de Goethe en allemand, lui parlait de "l'ordinateur divin, et d'une foule d'autres choses" ; elle aspire à quitter mari et enfant pour aller en Suisse respirer "l'air pur" et vivre dans "la profondeur des forêts" – car elle sait que dans ces forêts il y a des chemins, et que "sur l'un d'eux se [tient] son père".

Soyons juste : les mères dans les romans de Kundera ne sont pas *toutes* des charges. Plusieurs héros positifs, hommes et femmes, sont parents… mais ils ont abandonné leur enfant sans état d'âme (Thomas) ou alors ils aspirent à l'abandonner (Agnès). Même quand il est dit qu'ils ont vécu de longues années avec un enfant, ils semblent n'avoir gardé aucun souvenir d'un *échange* avec lui – conversation, instant de joie, de jeu ou même de conflit. En d'autres termes, ils n'ont rien *reçu*, rien *appris* de leur enfant. Si Kundera a tant de mal à imaginer un enrichissement des géniteurs par leurs rejetons, c'est qu'il n'a pas dû avoir souvent l'occasion d'observer ce phénomène. Un peu comme Schopenhauer, il postule chez les adultes une âme fixe et inamovible – susceptible, tout au plus, d'être distraite ou dérangée par la présence encombrante des autres.

Haine de l'engendrement

Si, contrairement aux personnages de Thomas Bernhard, les héros kundériens sont désireux et même avides de coucher avec les femmes, ils n'ignorent pas que "derrière l'amour physique grimace le spectre menaçant de la grossesse". *La Valse aux adieux* tournera entièrement autour de ce grave problème.

A bien des égards, il s'agit d'un remake de *L'Age de raison* de Sartre. Même situation de départ : une femme (Marcelle/Ruzena) annonce à son amant (Mathieu/Klima) une "épouvantable nouvelle" : elle attend un enfant de lui. Même enjeu dramatique : le héros arrivera-t-il à convaincre la femme d'éliminer l'horrible tumeur qui lui pousse dans l'utérus ? Mêmes conversations glauques, au cours desquelles l'homme voit le corps naguère désirable de la femme se transformer en ennemi. L'érotisme, cette merveilleuse machine à illusions, essentialise et spiritualise le corps ; la maternité, au contraire, le replonge dans le monde lourd et répugnant de la matière. Avant, la bouche de Ruzena était "une bouche fraîche, une bouche jeune (...) ; la langue ressemblait à une flamme et la salive était une liqueur enivrante" ; maintenant qu'elle est enceinte, "cette bouche était soudain la bouche telle quelle (...), c'est-à-dire cet orifice assidu par lequel la jeune femme avait déjà absorbé des mètres cubes de knödels*." Etant donné que l'auteur nous enferme dans le point de vue de Klima, du côté des flammes et des élixirs, nous ne saurons pas comment Ruzena perçoit,

* A vrai dire, ce n'est pas seulement la bouche d'une femme enceinte qui fait penser à ce mets lourd et fade mais tout son être, y compris sa conscience : plus loin dans le roman on lira que Ruzena "sentait naître en elle la conscience offensée de l'amante et de la mère incomprises, et cette conscience fermentait dans son âme comme une pâte à knödels".

elle, la bouche de son amant ; n'étant pas susceptible de porter un enfant, le corps de Klima n'est pas condamné à devenir brusquement, obscènement, "réel".

Paniqué, l'homme s'efforce de convaincre la femme. Quand naît un enfant, lui dit-il, "l'amour cède la place à la famille. A l'ennui. Aux soucis. A la grisaille." (Synonymes de "famille" chez tous les néantistes : ennui, soucis, grisaille.) "Et l'amante cède la place à la mère. Pour moi, tu n'es pas une mère mais une amante et je ne veux te partager avec personne. Même pas avec un enfant." (Klima est hypocrite, bien sûr ; il n'a jamais été amoureux de Ruzena. Mais l'auteur précise que depuis des années, il disait ces mêmes phrases "sincèrement et sans artifice"... à son épouse.)

Ruzena travaille justement dans un établissement de bains où viennent des femmes stériles désireuses de devenir mères ; cela fournit à l'auteur l'occasion de nous brosser un de ses tableaux de prédilection (le même type de scène reviendra presque à l'identique dans *L'Insoutenable Légèreté de l'être* et dans *L'Immortalité*) : le spectacle affligeant des femmes nues entre elles, dans les vapeurs des bains, entièrement livrées à leur corporalité, à leur être-là, à ce que Sartre appelait leur "immanence*".

Ruzena, comme toute femme enceinte dans l'œuvre kundérienne, n'est plus qu'une parcelle anonyme de "la glorieuse universalité du destin féminin (...). Entre une femme qui est convaincue

* Coïncidence plaisante : c'est dans des bains turcs – seul lieu à l'abri des "écoutes" – que Kundera et ses collègues, à Prague au début des années 1970, discutaient chaque semaine du contenu de leur *Gazette littéraire*.

d'être unique et les femmes qui ont revêtu le linceul de l'universelle destinée féminine, il n'y a pas de conciliation possible."

Qu'on se le tienne pour dit : *pas de conciliation possible.* Devenir mère, c'est renoncer une fois pour toutes à son individualité. *Ou* ceci, *ou* cela. Pas de chemin tiers. La maternité, dit Jakub plus loin dans le roman (on croirait presque entendre Thomas Bernhard), est "l'ultime et le plus grand tabou, celui qui recèle la plus grave malédiction". Pourquoi ? Parce que "le lien entre une mère et son enfant mutile à jamais l'âme de l'enfant et prépare à la mère, quand son fils a grandi, les plus cruelles de toutes les douleurs de l'amour". L'éventualité que l'enfant puisse être une fille n'est pas évoquée ; l'est encore moins l'idée qu'une femme tout en étant mère puisse continuer d'être un individu pensant, doté d'intérêts, voire de passions, à l'extérieur de la famille.

Jakub connaît, dit-il, dix bonnes raisons d'être contre l'enfantement. Il les énumère les unes après les autres (par exemple : "Je ne peux penser sans dégoût que le sein de ma bien-aimée va devenir un sac à lait"). Mais voici la plus grande raison de toutes : "Avoir un enfant, c'est manifester un accord avec l'homme. Si j'ai un enfant, c'est comme si je disais : Je suis né, j'ai goûté à la vie et j'ai constaté qu'elle est si bonne qu'elle mérite d'être répétée."

Revoilà le fameux *je* qui surgit de nulle part, ignorant ce qu'il doit aux autres, se rêvant superbement indépendant de ceux qui lui ont appris le langage et le monde. Dans une envolée franchement schopenhauérienne, prônant la fin de l'espèce humaine, Jakub va jusqu'à faire l'éloge du roi Hérode (qui, on se souvient, fit assassiner tous les nouveau-nés de son royaume) : "Il avait compris que l'homme n'aurait pas dû être créé (...) et il a décidé au nom de toute l'humanité que l'homme ne se reproduirait plus jamais (...). Hérode était mû par la volonté la plus généreuse de délivrer enfin le monde des griffes de l'homme."

Le refus par Jakub de l'engendrement dont il pourrait être la cause provient d'une sainte horreur de celui dont il est le résultat : il se souvient du jour où, âgé de dix ans, il a appris les *facts of life*. "Depuis, il avait souvent imaginé sa propre naissance ; il imaginait son corps minuscule qui se glissait par l'étroit tunnel humide, il s'imaginait le nez plein et la bouche pleine de l'étrange mucus dont il était tout entier oint et marqué. Oui, le mucus féminin l'avait marqué pour exercer sur Jakub, pendant toute sa vie, son pouvoir mystérieux, pour avoir le droit de l'appeler à tout moment auprès de lui et de commander aux mécanismes singuliers de son corps. Tout cela lui avait toujours répugné, il se révoltait contre ce servage, du moins en refusant aux femmes son âme, en sauvegardant sa liberté et sa solitude, en restreignant le *pouvoir du mucus* à des heures déterminées de sa vie." Ici encore, on nage en plein gnosticisme sartrien : d'un côté le moi épris de liberté et de solitude ; de l'autre, l'horrible monde matériel dont le mucus féminin est l'emblème.

Le discours génophobe de Jakub contient une dernière image-clef, qui reviendra dans d'autres écrits de Kundera, toujours en tant que "comble" (du ridicule, du kitsch, du sentimentalisme béat et bête) : c'est l'image des adultes en train de se pencher sur le berceau d'un bébé. "Quand je pense, dit Jakub, que je pourrais, avec des millions d'autres enthousiastes, me pencher sur un berceau avec un sourire niais, ça me donne froid dans le dos." (De même, dans *L'Insoutenable Légèreté de l'être*, on peut lire que lors de la naissance de Tereza "l'innombrable famille affluait de tous les coins du pays, se penchait sur le berceau et zozotait".)

Mais que se passe-t-il quand on se penche sur le berceau d'un nouveau-né, qu'on le regarde, le caresse, lui parle, lui zozote et lui chantonne des mots d'amour ? Selon Suzanne Jacob (auteur certes moins universellement apprécié que Milan Kundera), ce qui se passe n'est ni plus ni moins que la *lecture*. Reçois ces phrases, belle Déesse, si loin des railleries puériles du grand garçon qui hait son enfance, et dis-moi s'il est possible de trouver une explication plus juste de cette manie qu'ont les adultes de se pencher sur les berceaux des bébés.

"Au début, dit Jacob et non plus Jakub, lorsque nous arrivons, nous sommes accueillis par des visages qui nous entourent de leur désir de nous lire. C'est comme ça que ça commence, notre arrivée au monde : par une histoire de lecture. Notre visage est d'abord un texte et nous traversons cette expérience d'être un texte vivant que des regards déchiffrent, que des regards, infatigablement, attirent à eux pour le lire."

Ensuite, que la mère choisisse ou non de transformer ses beaux seins d'amante en "sacs à lait", le bébé a besoin d'être nourri. Si l'on préfère que le roi Hérode vienne l'assassiner, d'accord ; mais pour rester en vie il a besoin du lait que lui donnent les adultes. "Le lait, dit Suzanne, vient toujours à travers le récit que fait de notre texte-visage et de notre cri la mère qui nous lit. Nous découvrons bientôt le pouvoir du cri de faire accourir ce visage de lectrice que nous avons entrepris de lire à notre tour."

Le bébé ne reste pas éternellement bébé. Le temps passe. Les choses évoluent. Une histoire s'écrit. Les phases et les phrases se succèdent. Les mères qui traitent leurs fils de vingt ans comme des nourrissons sont pathologiques, jugées telles par la société, et finalement assez rares. "La lecture ne commence pas avec le livre, conclut Suzanne Jacob, sauf si on dit ceci : le monde est un livre qui espère de chaque naissance qu'elle ajoute une page à son histoire."

En d'autres termes, si personne n'était venu se pencher sur notre berceau, nous ne serions pas là pour crier : "Familles, je vous hais !", nous ne serions, simplement, pas là.

Comme Cioran, Kundera souffre d'une carence grave de lectures. Il semble ignorer les travaux des cinquante dernières années sur l'apprentissage du langage – travaux qui prouvent à quel point les nouveau-nés sont sensibles à la voix de leur mère (ou de la personne qui en tient lieu), à quel point cette voix les rassure, les aide à se repérer, les maintient en vie. Loin d'*étouffer* son individualité, les zozotements, regards, câlins et caresses de la troupe d'adultes agglutinée autour du berceau *permettent* au petit être de devenir un individu. Très souvent, trop souvent, les intellectuels préfèrent oublier cette phase de leur histoire. Ils préfèrent se raconter que la vie commence avec la publication de leur premier livre, ou de celui qu'ils décident, plus tard, d'appeler "le premier".

Selon Kundera, la vraie grande raison pour laquelle il est mauvais d'avoir un enfant, c'est que cela vous oblige à aimer le monde, ou du moins à faire semblant. "Il est impossible d'avoir un enfant et de mépriser le monde tel qu'il est, écrit-il dans *L'Identité*, parce que c'est dans ce monde que nous l'avons envoyé. C'est à cause de l'enfant que nous nous attachons au monde, pensons à son avenir, participons volontiers à ses bruits, à ses agitations, prenons au sérieux son incurable bêtise."

Il s'ensuit logiquement que le plus beau cadeau qu'un enfant puisse faire à son parent est de mourir. C'est ce qu'a eu la grâce de faire, dans ce même roman *L'Identité*, le fils de l'héroïne, Chantal : elle se recueille sur sa tombe et le remercie de sa disparition. "Par ta mort, lui dit-elle, tu m'as privée du plaisir d'être avec toi, mais en même temps tu m'as rendue libre. Libre dans mon face-à-face avec le monde que je n'aime pas."

Là je me fâche, dit Déesse Suzy. Là je me fâche pour de vrai, comme quand Cioran a dit après la mort de sa mère que c'était comme si elle n'avait jamais existé. Ici et là, c'est la même absurdité, la même scandaleuse ingratitude. *Merci d'être mort, mon enfant !* C'est quoi cette phrase ? Une abstraction, une manipulation, un mensonge, voilà ce que c'est ! Montre-moi la femme qui se réjouit de la mort de son enfant parce qu'elle lui a rendu sa liberté, montre-la-moi, je veux la rencontrer ! On voit bien que Kundera n'a jamais eu d'enfant, ni perdu son enfant, ni fait le moindre effort pour imaginer l'effet que lui ferait une telle perte.

Oui, Déesse… Raymond Aron, lui, parle sur un autre ton : "Qui a assisté, impuissant, à la mort de son enfant ne sera plus tenté de souscrire à l'orgueil prométhéen." Mais ce qu'il faut comprendre, vois-tu, c'est que Chantal, comme tant d'autres personnages de Milan Kundera, est une *idée*.

En fait, pour quelqu'un qui décrit le roman comme un espace de liberté, Kundera *accorde singulièrement peu de liberté à ses personnages* ; jamais il ne se laisse déborder ni surprendre par eux ; il les force (un peu comme ses "mamans" forcent leurs enfants ?) à nous dire ce que *lui* a envie de nous dire. Chantal, Agnès, Sabina, Tamina, Irina, de même que Thomas, Jakub ou Klima, sont autant de pseudonymes de l'auteur ; ils expriment, parfois en termes très proches, les mêmes idées que celui-ci formule ailleurs, dans ses essais et interviews.

Haine des enfants

Il existe à ma connaissance un seul passage où Kundera parle de l'enfance avec respect, peut-être parce qu'il s'est brusquement souvenu de la sienne : "Les questions vraiment graves sont celles – et celles-là seulement – que peut formuler un enfant. Seules les questions les plus naïves sont vraiment de graves questions. Ce sont les interrogations auxquelles il n'est pas de réponse." Ce passage est entre parenthèses dans *L'Insoutenable Légèreté de l'être*.

En général, dans les livres de Kundera, les enfants sont des êtres dangereux, ignorants, néfastes, sadiques et terrifiants. Ils rient d'un rire idiot et meurtrier. *La Plaisanterie* évoque "les foules électrisées de marmousets dont les passions imitées et les rôles encore hésitants se transfigurent en une réalité catastrophiquement réelle".

Ainsi la belle Tamina, dans *Le Livre du rire et de l'oubli*, sera-t-elle tenue prisonnière dans une île par des enfants en proie à l'extase du rock ; elle finira par se noyer sous leurs yeux indifférents. C'est une fable, bien sûr : encore une réminiscence de l'époque de Husák, dictateur communiste de la Tchécoslovaquie, et de la joie obligatoire des jeunes Pionniers. Mais cela n'en reflète pas moins une hantise qui traverse l'œuvre : *les enfants tuent l'adulte.*

Au cours de l'été 1928, raconte Kundera dans *Testaments trahis*, le compositeur Leoš Janáček (professeur de piano de son père, on s'en souvient) se trouve dans une petite maison de campagne ; "sa bien-aimée et ses deux enfants viennent le voir". "Les enfants s'égarent dans la forêt, il va à leur recherche, court en tous sens, attrape un chaud et froid, fait une pneumonie, est emmené à l'hôpital et, quelques jours après, meurt." Tout est là. L'intelligence assassinée par la bêtise. Le père de Kundera est mort, Janáček est mort ; les valeurs d'intelligence et de raffinement qu'ils incarnaient sont bafouées chaque jour davantage ; le monde court à sa perte. Quand Husák salue les enfants tchèques en disant : "Vous êtes l'avenir de ce pays !" le vrai sens de sa phrase, dit Kundera/Cassandre, est que *nous allons tous devenir aussi bêtes que les enfants.* Le monde des pères spirituels est en passe de disparaître, annihilé par "l'infantophilie et l'infantocratie" ambiantes. La culture se perd. La vraie musique n'existe plus : "La transformation de la musique en bruit est un processus planétaire, qui fait entrer l'humanité dans la phase historique de la laideur totale."

A vrai dire, Milan Kundera se débat sans le savoir dans la même contradiction que Thomas Bernhard : puisqu'ils dénoncent la vie en bloc, ils ne devraient pas dénoncer en plus des choses spécifiques ; cela affaiblit leur argument. Pourquoi préférer Bartók aux Rolling Stones, si l'on a décidé que l'homme comme tel était une cause perdue ?

Dans *L'Immortalité* se profile le vrai paradis kundérien : un au-delà vers lequel convergent les grands esprits masculins de toutes les époques : Goethe, Hemingway, Kafka, Musil, Broch, Shakespeare, Cervantès… Réunis dans la camaraderie spirituelle, délivrés de l'engeance féminine de l'incarnation ("l'appel du mucus"), ils pourront enfin deviser tranquillement entre eux.

Chemin vers le néant

Avec le passage du temps, l'univers de Kundera s'est assombri. En fait, le "deuxième pays natal" a déçu l'écrivain qui s'y est réfugié. Si, vivant à Prague, il pouvait entretenir des illusions sur la France comme pays de l'esprit, de la littérature et de la liberté, il a vite déchanté en arrivant, affligé de voir qu'ici, plus encore que dans les pays d'Europe centrale, les intellectuels étaient politisés, enthousiastes et tonitruants, soumis à des doctrines, incapables de réfléchir de façon autonome. Les Françaises, quant à elles, étaient féministes ; elles prônaient la libération sexuelle ("c'est à mes yeux quelque chose qui ne peut pas ne pas paraître ridicule", dit-il). Passons. Il est déçu. Ses écrits de vieillesse le montrent en train de parcourir toutes les stations obligatoires de la métaphysique néantiste.

Dans son essai sur Bacon (1996), il cite le peintre anglais : "C'est sûr, nous sommes de la viande, nous sommes des carcasses en puissance" et commente : "C'est une simple évidence, mais une évidence qui, d'habitude, est voilée par notre appartenance à une collectivité qui nous aveugle avec ses rêves, ses excitations, ses projets, ses illusions, ses luttes, ses causes, ses religions, ses idéologies, ses passions. Et puis, un jour, le voile tombe et nous laisse esseulés avec le corps, à la merci du corps."

En d'autres termes, si l'on n'est en chemin ni vers l'avenir radieux des communistes ni vers le ciel des chrétiens, si l'on refuse d'embarquer dans la ronde insensée des "identités", il ne reste que de la barbaque. Nous voilà devant l'énoncé nihiliste de base : *n'est que*. Tout se réduit à ça : une âme qui se veut immortelle, coincée dans un corps mortel. C'est un scandale. Une mauvaise blague... de qui ? La faute à qui ? Mais oui : "Dieu, ou un anti-Dieu (...), un Démiurge, un Créateur, celui qui nous [a] piégés à jamais par cet «accident» du corps qu'il avait bricolé dans son atelier et dont, pour quelque temps, nous sommes obligés de devenir l'âme."

Signé Cioran ? Non, signé Kundera.

L'Identité (1997) reprend la même idée d'un Dieu "bricolant dans son atelier" et parvenu, "par hasard, à ce modèle de corps dont nous sommes tous obligés, pour un court laps de temps, de devenir l'âme. Mais quel sort lamentable que d'être l'âme d'un corps fabriqué à la légère (...) ! Comment croire que l'autre en face de nous est libre, indépendant, maître de lui-même", surtout lorsqu'on pense que *l'œil* – l'instrument du regard, symbole même de la noblesse humaine – doit être ponctuellement nettoyé par cette espèce d'"essuie-glace" qu'est la paupière ! Hommes et femmes "tirent tous les deux leur origine de cet atelier de bricolage où on a gâché leurs yeux avec le mouvement désarticulé d'une paupière et installé une petite usine puante dans leur ventre".

Gâché leurs yeux ? Usine puante ? Sacs à lait ? s'indigne Déesse Suzy. Oh, il commence à m'énerver, celui-là ! Il parle comme les Pères de l'Eglise : "Pensez que vous serrez dans vos bras un sac d'excréments !" Non, mais vous n'avez pas honte, monsieur Kundera, d'insulter ainsi le corps humain ? Ne savez-vous pas que la vie sur la planète Terre a évolué vers une complexité toujours accrue, pour aboutir enfin à *la conscience*, ce miracle d'une intelligence qui réfléchit sur elle-même ? Ce n'est pas le Seigneur Dieu bricolant dans son atelier, mais bel et bien *l'évolution* qui, au cours de plusieurs millions d'années, a mis au point cette machine extraordinaire qu'est le corps humain… et vous ne trouvez qu'à vous lamenter sur le fait d'y être "piégé" ?

Oui, Déesse. Le succès n'y change rien ; rien n'y changera plus rien. On a beau avoir donné la vie, "sans corps maternel", à des centaines de personnages, on demeure malgré tout cet individu particulier, empêtré dans ce corps particulier. C'est affreux. Ça se dégrade, ça s'enlaidit, ça perd son charme, ça ne séduit plus les jeunes femmes. Je me regarde dans la glace : *ce que je vois n'est pas moi ! et pourtant, je mourrai avec.* Oui : "La dernière confrontation brutale, dit Kundera, n'est pas celle avec une société, avec un Etat, mais avec la matérialité physiologique de l'homme."

C'est de cette "matérialité physiologique de l'homme" que vont traiter, d'abondance, les professeurs de désespoir nés dans l'Europe de l'après-guerre.

INTERLUDE :

LA FÊTE DES MORTS

Les Etangs, 31 octobre 2003.

Pénibles pour mes pauvres cervicales, les neuf heures de voiture l'autre jour. Mais, même si mon corps doit me donner du fil à retordre pour le restant de mes jours, je *vois* la beauté. Celle du Massif central, colline après colline, mauves et ombrées, flottant et ondulant tels des fantômes jusqu'aux cols enneigés presque invisibles dans le lointain, déguisés en nuages. Et ici – par la déchirure de l'horizon à l'ouest –, le sang du couchant coule dans la grisaille du ciel. Mais, ces deux derniers jours, "temps de Toussaint"… et je dois lutter contre la lourdeur et l'engourdissement qui gagnent du terrain, douleur sourde, raideur lenteur, appréhension lugubre à voir les amis tomber hors de la vie les uns après les autres. Edward S. et Jean C. cet automne, de la même maladie, puis Lion, le fils de Martine et Michel, foudroyé l'autre jour par une méningite à l'âge de vingt et un ans, et maintenant Geneviève dont les obsèques auront lieu cet après-midi. Je pense à la mise en scène de *Gilles de Ré* par Linus Tunström, où chantait tout un chœur de garçons et de filles, chacun portant une bougie. La disparition d'une voix, d'une lumière vacillante après l'autre signifiait tout doucement leur viol et leur assassinat ; à la fin ne restait plus qu'une seule voix de soprano, le dernier enfant en vie… Lettre de Michel, hier, me décrivant le corps de leur fils lors de la veillée : très beau, malgré les petites taches sombres qui lui criblaient la peau (la maladie ayant détruit ses plaquettes en l'espace de quelques heures, tous ses vaisseaux sanguins avaient éclaté). Il a été incinéré avant-hier, alors que ma fille du même âge est en vie, et mon fils de quinze ans est en chemin vers Paris en ce moment précis pour aller, déguisé en bonne sœur-vampire, à une fête de Halloween. Je pense à l'héroïne de Kundera, qui remercie son fils de l'avoir libérée en mourant, et j'ai la nausée.

Plus tard.

Les cendres d'Edward ont été éparpillées au-dessus des montagnes du Liban, nous ne savons pas pourquoi. Ses yeux ; les yeux d'Edward ; les yeux brûlants d'Edward. Sa beauté. Sa maigreur – une *essentialisation* – comme celle de Jean, quand je l'ai vu le 28 septembre pour la dernière fois. Maigreur bouleversante, disant sa proximité du bord.

Cet après-midi à Loye, les obsèques de Geneviève étaient bariolées : les roses, verts et ors des fleurs amassées près de son cercueil se retrouvaient dans les tentures suspendues au mur du fond. Le prêtre, ami de Geneviève depuis plus de cinquante ans, était si ému que sa voix était inaudible sauf pour les personnes assises dans les tout premiers rangs. Patiemment, sans rien entendre, des centaines d'autres ont attendu que vienne leur tour pour défiler devant le cercueil et dire adieu à cette femme exceptionnelle.

Les yeux de Geneviève, aussi, me sont revenus. Nous avions vu cette septuagénaire s'épanouir, ces dernières années, dans des productions de théâtre amateur. Se sachant condamnée, elle avait soigneusement préparé cette cérémonie avec l'aide du prêtre et de Bernard, son mari. Elle avait demandé qu'Edith Piaf chante *Je ne regrette rien* : j'ai senti que T. pleurait à mes côtés, et ses larmes ont fait jaillir les miennes. Le prêtre a lu la parabole du bon Samaritain : c'est une critique de la religion dominante, a-t-il dit (judaïsme alors, catholicisme aujourd'hui) ; les prêtres bien plus préoccupés des affaires de l'Eglise que des gens qui souffrent et qui ont besoin d'aide. Les amis défilaient et je les regardais (moi-même aussi) en me demandant combien de temps il nous restait à chacun, avant que ne vienne notre tour.

Geneviève avait voulu que ses petits-enfants participent à la cérémonie. Neuf d'entre eux (sur seize) étaient présents : impressionnants par leur nombre et leur beauté, jeunes hommes et jeunes femmes dans la splendeur de la vingtaine – la chair de Geneviève et de Bernard s'étant mêlée pour engendrer cinq enfants, et la chair de ceux-ci s'étant mêlée à d'autres encore –, tous ces jeunes gens gracieux se sont levés pour se diriger vers l'autel, certains ont parlé mais pas tous, certains ont pleuré mais pas tous… Est-ce un scandale que l'âme humaine soit piégée dans un corps ? N'est-ce pas un miracle, plutôt, que chaque corps humain recèle une âme ? *Tout* ce qui se passait ici échappait aux rets larges, lâches et sarcastiques des notions kundériennes : ces gens n'étaient ni anges ni diables, ni artistes ni béotiens, ni kitsch ni ironiques ; ils étaient complexes, divers, en mouvement, émouvants, émus.

Quand on sort de l'église en fin d'après-midi, la pluie s'est arrêtée, la chape de nuages s'est levée et un magnifique couchant automnal éclaire et transfigure la scène de l'enterrement. On longe le chemin jusqu'au cimetière, devant des maisons dont les murs clairs ressortent avec l'intensité d'un Vermeer sur le ciel encore pourpre et chargé. Le cortège se rassemble autour de la tombe. Impossible de ne pas pleurer quand Bernard s'avance, les bras tremblant violemment, pour lancer la première pelletée de sable sur le cercueil de son épouse. Les cinq enfants s'avancent ensuite… et, de nouveau, les petits-enfants… chaque génération plus nombreuse, plus belle et énergique que la précédente. Avec T., on s'éloigne brièvement pour errer parmi les autres tombes et se rappeler d'autres amis.

Dans les interstices de la journée, entre ces obsèques, le déchiffrage de plusieurs duos de Geminiani (flûte/basson) avec Jean-Benoît, les repas et le repassage, j'ai lu (pour la deuxième ou la troisième fois) *Le Livre du rire et de l'oubli*. Bien que dans ce roman il soit longuement question de la mort, je n'y ai trouvé aucune sagesse pour faire face à mes deuils récents. A en croire Kundera, pour comprendre les romans nous sommes censés nous être familiarisés exclusivement avec l'histoire du roman, et n'y apporter aucun élément de notre propre vie. Mais si les individus réels sont dépourvus d'intérêt, sur quoi se fonder pour juger le comportement d'un personnage ? Et si les romans ne doivent pas éclairer le réel, à quoi servent-ils ?

Les Etangs, le 30 décembre.

Deux mois ont passé et, dans le Berry à nouveau, nous croisons par hasard Bernard à la caisse de Champion. Mais oui, les supermarchés aussi font partie de notre quotidien. Bernard nous demande de l'attendre pendant qu'il règle ses achats ; visiblement, il a quelque chose à nous dire. Or ce qu'il nous dit – là, sous les lumières au néon et dans cette ambiance "fêtes de fin d'année" dans un grand supermarché – est une chose de toute beauté.

"Je m'étais préparé à la solitude, commence-t-il. Heureusement, j'ai eu le temps de m'y préparer… Mais ce avec quoi je n'avais pas compté, c'est *l'absence. Son absence.* Celle de Geneviève. *Ça*, c'est dur, je n'aurais pas pu prévoir à quel point. Ce que ça fait de ne plus pouvoir frotter mon esprit contre le sien." (Sans le savoir, il vient de paraphraser Montaigne : "frotter et limer notre cervelle contre celle d'autrui…") Pour Kundera, au contraire, prendre la parole dans une conversation est acte belliqueux, "une révolte brutale contre une violence brutale, un effort pour libérer notre propre oreille de l'esclavage et occuper de force l'oreille de l'adversaire".

"Par exemple, poursuit Bernard, l'autre soir j'ai regardé une émission sur Brassens à la télé – nous aimions beaucoup Brassens –, eh bien, à cause de l'absence de Geneviève, ce n'était qu'une moitié d'émission." Nous hochons la tête, émus. "On a *besoin* de la pensée de l'autre, insiste Bernard. Même si on n'est pas toujours du même avis, ça *change* votre façon de penser. C'est *ça* qui me manque." A nouveau, nous opinons du chef, ne trouvant pas de mots pour lui dire à quel point nous le comprenons. "Oh ! dit

Bernard, je sais que ce n'est pas très original, bien d'autres ont fait cette expérience avant moi. J'ai déjà de la chance, d'avoir eu Geneviève près de moi pendant cinquante-sept ans – c'est rare, une chance pareille ! Mais, quand même, c'est dur."

Ah, ma Déesse… Tellement plus de sagesse dans ce discours murmuré près des caisses enregistreuses d'un supermarché, par un vieillard dont le nom n'est pas célèbre, que dans les réflexions désabusées d'un Milan Kundera après la mort de son père… ou dans les éructations d'un Thomas Bernhard lors de la disparition de son "être vital" à lui. Quand Hedwige Satavianicek s'éteint à quatre-vingt-dix ans, après trente-quatre ans de vie commune, Bernhard ne trouve comme réaction, encore et toujours, que la rage et l'invective. Il a besoin d'un coupable : la mort de "la Tante" est forcément la faute des médecins qui l'ont soignée.

N'est-ce pas un peu inquiétant si les gens qui lisent et réfléchissent, plutôt que : "C'est dur, l'absence", préfèrent entendre : "Ah ! le monde va à sa perte !" ou : "Tous les médecins sont des charlatans infects" ?

X

DÉTRUIRE, DIT-ELLE : ELFRIEDE JELINEK

Je frappe avec ma hache de toutes mes forces, de sorte que, là où mes personnages ont marché, aucune herbe ne pousse plus.

ELFRIEDE JELINEK

L'auteur que je me propose d'évoquer maintenant, Déesse Suzy, est la gagnante absolue.

Gagnante… en quoi ?

En noirceur. S'il y a un palmarès des professeurs de désespoir, parmi ceux que je connais Elfriede Jelinek caracole en tête ; personne ne la dépasse. Autant le "non" génialement proféré par un Cioran, un Beckett, un Bernhard ou un Kundera – par son énergie électrique, son humour décapant, sa lucidité impitoyable, son exagération même – peut être galvanisant pour le lecteur, autant le "non" de Jelinek bat tous les records d'anticonvivialité.

"Quand vous lisez Nabokov, dit l'auteur britannique Martin Amis, il vous accueille dans sa maison, vous donne sa meilleure chaise, s'assure que vous êtes à l'aise, vous verse un verre de son vin et essaie de faire que tout soit aussi agréable que possible. Si vous allez voir Joyce, il vous criera d'entrer du fond de la cuisine, il vous dira «prenez une chaise», il sera en train de préparer un punch immonde – «essayez ça» –, et si vous vomissez, ça lui sera égal. Ce n'est pas une question de courtoisie, mais d'amour du lecteur, et les écrivains que j'aime ont cet amour."

Pour entrer dans la "maison" d'Elfriede Jelinek, il faut avoir le cœur bien accroché. C'est sale et bruyant, on ne comprend pas comment les pièces s'agencent les unes aux autres et, loin de s'assurer que vous êtes à l'aise, l'hôtesse passe son temps à vous agresser, à vous bousculer. Tout est éparpillement, chaos syntaxique, et le lecteur ne peut qu'être atteint par cette violence que l'auteur exerce tous azimuts : contre lui, contre ses personnages, et contre la langue elle-même.

Retour en Autriche. Elfriede est née à Mürzzuschlag, dans la province de Styrie, en 1946.

Le milieu familial est-il pathogène ? demande Déesse Suzy.

Pathogène, Suzy, tu me demandes s'il est pathogène, son milieu familial, tu connais donc des mots pareils ? Eh bien, pour ne pas te décevoir : dans le genre pathogène, sa famille n'a rien à envier à celle de Thomas Bernhard (dont Elfriede se perçoit comme la sœur en austrophobie) ou à celle d'Ingeborg Bachmann (sa grande référence, dont elle adaptera pour le cinéma le roman *Malina*). Elle est enfant unique ; lors de sa naissance, son père a quarante-six ans et sa mère, quarante-deux.

C'est un peu vieux, pour fonder une famille ! observe tout de suite la déesse.

Oui, mais il y a à cela une explication : c'est que, dit Elfriede dans une interview par Adolf-Ernest Meyer, "le père n'a osé faire un enfant qu'à partir du moment où il savait la guerre perdue".

Et pourquoi ça ? demande Suzy, qui ne perd jamais le nord.

Eh bien, c'est que ce père était juif, et que le régime nazi lui avait épargné la déportation parce que, chimiste de son état, il avait fait des recherches scientifiques au profit de la guerre. Quelles recherches, je ne sais pas ; il n'a pas nécessairement mis au point la formule du Zyklon B, mais "au profit de la guerre", ça veut bien dire ce que ça veut dire. Cette collaboration objective avec ceux qui se sont acharnés contre son peuple pour l'exterminer laisse sur Friedrich Jelinek des traces indélébiles. Au début des années 1950 se déclare chez lui une maladie psychique : il s'enferme dans le silence et passe son temps à se laver obsessionnellement. Interrogée sur la maladie de son père, Elfriede la décrira plus tard, avec détachement, comme un "dérangement névrotique fort, une crétinisation progressive". "Le père était ressenti, dit-elle, comme une ombre pesante au-dessus de la famille. Il n'a pas pu jouer le rôle conventionnel de père, mais son silence aura déterminé la vie de la famille de façon importante." Quand Elfriede arrive à l'adolescence, ce n'est plus tenable : la mère et la jeune fille conduisent le père à la clinique psychiatrique de Steinhof, où il restera jusqu'à sa mort.

Et la mère ? demande Déesse Suzy. J'espère qu'elle était un peu mieux ?

Pour cette mère, comme toujours, nous ne disposons que du témoignage de son enfant-devenue-auteur. A en croire Elfriede, en tout cas, la mère était au moins aussi perturbée que le père ; elle était même monstrueuse. Pour s'en faire une idée, il suffit de lire le septième roman de Jelinek, devenu mondialement célèbre plus d'un quart de siècle après sa publication grâce au film qu'en a tiré Michael Heineke : *La Pianiste.*

Elfriede a beaucoup de choses en commun avec Erika, l'héroïne de ce livre. Comme celle-ci, elle manifeste dès la prime enfance un don pour la musique, et se voit imposer par sa mère un régime strict de leçons de piano et de composition. A vrai dire, la mère d'Elfriede estime que sa fille est exceptionnelle en tout, et organise ses journées en conséquence : interdiction absolue de sortir, d'avoir des amis, de jouer, de circuler, de participer à la vie. Le travail, le travail, rien que le travail. (Les filles sont moins souvent envoyées en pension que les garçons, mais on peut néanmoins attendre d'elles de grandes choses.) "Tout ce qui pouvait me procurer un tant soit peu de plaisir physique, même anodin, m'était dénié", dira-t-elle plus tard. Constatant qu'Elfriede est grande et redoutant les mouvements disgracieux qui pourraient en résulter, sa mère l'oblige, entre trois et seize ans, à suivre des cours de ballet classique. Or, "au ballet, on n'est jamais détendu. Même les mouvements les plus détendus sont le résultat d'une discipline féroce." Par bonheur, la jeune fille fait aussi de la musique de chambre et d'orchestre : là, et là seulement, elle entre en interaction avec d'autres personnes. "Cela m'a émotionnellement sauvée", dira-t-elle. On frémit de songer à ce qu'elle serait devenue sans cela !

Malgré les leçons de ballet (ou à cause d'elles ?), Elfriede développe dans son enfance une motricité très particulière : "Je courais tout le temps, dit-elle, et ça rendait les gens fous. C'est un type de motricité qu'on trouve souvent chez les autistes. Je courais pendant des heures d'une pièce à l'autre ; ça faisait peur à ma mère, et même au pédiatre." Cette hyperactivité de type autistique caractérisera très exactement, plus tard, son écriture. Ses textes sont un déversement ininterrompu de paroles qui, tout comme sa vie quotidienne pendant l'enfance, ne laissent jamais la moindre place à la respiration ni à la détente. "Ce qui m'intéresse, dira-t-elle plus tard, c'est le fait de ne-pas-avoir-appris-à-vivre. Car tout ce qu'on a appris, ce sont des stratégies pour éviter, pour contourner la vie." C'est cet empêchement de vivre qu'elle imposera, dans ses romans et ses pièces de théâtre, à ses personnages.

Mais n'allons pas trop vite…

A l'adolescence, quand apparaissent d'ordinaire les premiers élans de cœur, la mère d'Elfriede resserre les vis : pas question que sa fille ait une vie sexuelle. Par conséquent, toutes ses expérimentations dans ce domaine seront vécues comme des transgressions, et le plaisir se trouvera, chez elle, inextricablement lié à la culpabilité. Là encore comme Erika, l'héroïne de *La Pianiste*, Elfriede est une masochiste qui s'assume. "La transgression de l'interdit maternel de la sexualité a certainement nourri mon masochisme, si elle ne l'a pas créé, dira-t-elle. Grâce à cet interdit, je suis masochiste et j'en tire satisfaction."

L'indice le plus irréfutable de ce masochisme est que, hormis une brève parenthèse conjugale, Elfriede continuera de vivre en tête-à-tête avec sa mère perverse et cruelle jusqu'à la mort de celle-ci.

En 1964, elle publie ses premiers poèmes et entreprend des études de théâtre et d'histoire de l'art à Vienne, mais doit s'interrompre au bout de quelques semestres car son état psychique est inquiétant. En 1968, elle s'enferme dans la maison maternelle et y vit en recluse pendant un an. Mais, l'année d'après – "libérée", peut-être, par la mort de son père –, elle se lance dans le militantisme. Pour elle comme pour bien d'autres jeunes gens déboussolés à la même époque, les dogmes théoriques viennent colmater les brèches d'une identité menacée. Sa formation intellectuelle n'est pas philosophique (elle dit n'aimer aucun philosophe, "même pas le fameux Schopenhauer"), mais politique, psychanalytique et structuraliste. Une de ses grandes références est Sigmund Freud ; elle témoigne même, parfois, d'une surprenante servilité à l'égard des théories freudiennes.

En 1971, elle passe son diplôme d'organiste au Conservatoire de Vienne, avec mention "très bien". Au cours des deux années qui suivent, elle écrit ses premières dramatiques radio, séjourne à Berlin puis à Rome.

1974 est une grande année dans la vie d'Elfriede. A vingt-huit ans, elle épouse Gottfried Hüngsberg (un proche collaborateur du cinéaste Rainer Werner Fassbinder), adhère au parti communiste (qu'elle ne quittera qu'en 1991, après la chute du Mur) et publie *Les Amantes*. Ça y est, sa carrière est lancée.

Aura-t-elle des enfants ? demande timidement Déesse Suzy.

Tu plaisantes ? Non. Le mariage d'Elfriede est de courte durée ; elle est passée à l'homosexualité et déclare, péremptoire, indifférente aux contre-exemples qui de nos jours pullulent : "Aucune vie artistique sérieuse ne peut être compatible (…), pour une femme, avec des enfants."

Or, plus que tout au monde, elle tient à mener une vie artistique sérieuse. Elle écrit avec acharnement, avec rage, enchaînant romans, scénarii, traductions et pièces de théâtre, et rencontre le succès dans tous ces domaines. On lui décernera peu ou prou (là encore comme à Thomas Bernhard) tous les prix littéraires en langue allemande qu'il est possible de recevoir : le prix Heinrich-Böll en 1986, le prix Büchner en 1998, le prix Heine en 2002...

Que récompense-t-on ainsi ?

Impossible de caractériser l'œuvre d'Elfriede Jelinek autrement que comme une œuvre de haine. Même la mise en pages de ses livres est agressive, avec des alinéas variables dont le lecteur s'efforce en vain de deviner la logique. Le ton omniprésent, invariable, est celui de l'ironie dévastatrice. Et le sujet central : la guerre des sexes.

En effet, autant la sexualité est absente chez certains hommes néantistes (Beckett, Cioran, Bernhard), dérisoire et dysfonctionnelle chez d'autres (Kundera, Houellebecq), autant les femmes qui embrassent cette philosophie ont tendance à mettre en scène une sexualité violente, destructrice et autodestructrice. En outre, le vocabulaire de Jelinek est fortement influencé par les théories marxistes, psychanalytiques et linguistiques absorbées dans sa jeunesse : cela fournit à sa destructivité un alibi en béton : "Mes textes sont très proches de Barthes, dit-elle, en ce qu'ils ne font rien d'autre que détruire des mythes, c'est-à-dire rendre aux choses leur histoire, leur vérité."

En fait c'est à tout autre chose que s'appliquent les textes d'Elfriede Jelinek : non pas "rendre aux choses leur histoire, leur vérité", mais démontrer l'impuissance des femmes. Encore et encore, ils enfoncent le même clou : l'homme est la norme, la femme est l'Autre, l'homme occupe toute la place, il dirige, crée et transforme le monde, et la femme ne peut que regarder ce monde de l'extérieur, tel un extraterrestre ou un enfant. Jelinek prive les femmes (sauf elle-même) de toute individualité, toute forme de puissance, toute initiative et toute liberté. Ecrire, d'après elle, c'est tenter de devenir sujet : mais, là où "l'homme disparaît dans son œuvre, la femme, malgré tous ses efforts pour y disparaître, y réapparaît". On est consterné de lire, sous la plume d'un auteur prestigieux, une théorie de la création féminine aussi gravement en régression par rapport à celle d'une Virginia Woolf près d'un siècle plus tôt. Jelinek seule, apparemment, fait exception à la règle – et, dit-elle, "on m'en veut pour ma seule revendication phallique de vouloir faire de l'art et de faire ainsi de moi-même un sujet".

Etudions la manière dont cela se passe dans *La Pianiste*, le livre de Jelinek qui s'est le mieux vendu et a été le plus largement traduit à travers le monde. Dès les premiers chapitres est mise en place la logique par laquelle, agressée par une mère envahissante, la fille n'a d'autre choix que de s'agresser elle-même. Une des caractéristiques des textes de Jelinek est de passer sans transition du réel au fantasmatique (les deux étant du reste aussi sinistres l'un que l'autre). "Sans crier gare la mère dévisse le couvercle de SON crâne, y plonge une main sûre, et fouille, farfouille. Elle chamboule tout et ne remet rien à sa place habituelle. Elle fait un tri rapide, en sort certaines choses, les examine à la loupe et les jette à la poubelle. Elle en prend d'autres, les astique à coups de brosse, d'éponge ou de torchon, et après un séchage vigoureux les revisse à leur place. Comme les couteaux d'un hachoir."

Erika, la petite fille ainsi maltraitée par sa mère, réagit en conduisant sur elle-même des expériences avec une lame de rasoir. Dans un premier temps, elle se contente de se l'enfoncer dans le dos de la main : "Un instant la fente d'une tirelire s'ouvre dans le tissu jusqu'ici intact, puis le sang péniblement contenu rompt la digue." Adolescente, c'est à son sexe qu'elle s'attaquera – et là, de façon significative, il est précisé que la lame de rasoir appartient à son père malade : "Elle est habile dans le maniement des lames, n'a-t-elle pas à raser son père, à raser la douce joue du père, sous un front totalement vide qu'aucune pensée ne ride ? Cette lame est destinée à sa chair à ELLE (...). Comme la cavité buccale, cette entrée et sortie ne saurait être qualifiée de vraiment jolie, mais elle est nécessaire (...). Elle a les choses en main, et la main est sensible. Sait exactement combien de fois opérer et à quelle profondeur..." J'interromps ici la citation d'une page dont la lecture est, pour moi, insoutenable.

Erika grandit pour devenir pianiste, comme l'avait voulu sa mère, ou plus exactement professeur de piano. Sa vie est scindée entre le très-haut et le très-bas, entre la musique la plus raffinée et la sexualité la plus sordide. Tout en nous entretenant sur un ton savant du contrepoint chez Bach, Erika rôde autour des peep-shows et dans les terrains vagues où s'étreignent des couples anonymes.

Jelinek nous fait parcourir dans ce livre, à travers quelques semaines dans la vie de son personnage pianiste, toutes les attitudes obligatoires des néantistes. Elle déblatère (comme Thomas Bernhard) contre la santé – “Au diable la santé (…). La santé se range du côté des vainqueurs ; ce qui est faible fait long feu” – et décrit les Autrichiens comme alcooliques, mesquins, auto-satisfaits et sûrs de leur bon droit. Elle conspue les familles, qui ne transmettent bien évidemment que la répression : “Derrière les grilles du Burggarten de jeunes mères attaquent leur marche journalière. Les premiers interdits pleuvent sur le gravillon des allées. Du haut de leur taille les mères distillent leur fiel.” Elle a une sainte horreur des “foules”, et est candidement convaincue que pour atteindre au statut d'individu, il faut être grand artiste (comme elle). “Seuls les humains sont à peine capables de marcher et de tenir debout, ils se déplacent en hordes (…), pensa Erika, l'individualiste. Ce sont d'informes limaces, des invertébrés inconscients, sans caractère ! (…) Ils collent l'un à l'autre de toute leur couenne qu'aucun souffle n'anime jamais.”

Dans ce passage, Erika s'adresse mentalement à son élève Walter Klemmer, qu'elle suppliera, plus tard, de la ligoter, la bâillonner et la violer. Etant donné ce projet, il est intéressant de la voir, elle, transformer en victime le “public de troisième classe” de ce concert de piano : “Il faut les tyranniser, il faut les bâillonner, les subjuguer (…). Il leur faudrait la matraque ! (…) Ils veulent que ça crie, sinon ils seraient eux-mêmes obligés de crier à longueur de journée. D'ennui.”

Mais le signe le plus sûr du nihilisme, dans *La Pianiste* et dans toute l'œuvre de Jelinek, c'est la perception du passage du temps comme un désastre. Dès la naissance, la mort commence son écœurant travail de sape. La vie est synonyme de décomposition. N'est préservée, sublime et sacrée, en dehors et au-dessus de ce processus de pourriture, que l'œuvre d'art. "Erika voit partout de façon quasi obsessionnelle le dépérissement des êtres humains et des victuailles (…). Tout la confirme dans ces pensées. Seul l'art a, selon elle, une durée de conservation." Rien n'incarne la chair putrescible mieux que les organes génitaux de la femme (ce que Jakub, le personnage de Kundera, appelait le *mucus*). Il est nouveau, et passablement effrayant, de lire sous la plume d'une femme une telle horreur de la féminité : "Entre ses jambes, décomposition, masse molle insensible. Pourriture, caillots de matière organique faisandée (…). En marchant Erika éprouve de la haine pour ce fruit poreux et rance qui marque l'extrémité du bas-ventre." Ici encore, "seul l'art est promesse de douceur infinie".

Loin d'être l'origine de la vie, le sexe féminin est l'image même de la mort : "Bientôt la pourriture progressera et s'étendra à d'autres parties du corps. C'est une mort certaine dans d'horribles souffrances. Epouvantée Erika s'imagine trou insensible d'un mètre soixante-quinze couché dans un cercueil et se décomposant dans la terre ; le trou qu'elle méprisait, négligeait, a pris entièrement possession d'elle. Elle n'est rien. Et pour elle il n'y a plus rien."

On sera peut-être étonné d'apprendre l'âge de la protagoniste qui se livre à ces sombres pronostics : trente-six ans. C'est la vieillesse ! nous répète de façon lancinante Elfriede (qui, lors de la rédaction de ce roman, était au milieu de la vingtaine) : "Le visage d'Erika est déjà marqué par sa décomposition future (…). Pour Erika la décrépitude frappe à la porte d'un doigt furtif (…). Peut-être est-ce le dernier qui me désire, pense Erika avec rage, bientôt je serai morte, plus que trente-cinq ans, pense Erika en colère." Quant à Walter Klemmer, l'élève dont elle veut faire son amant et bourreau, il "songe aux nombreux rivages où il a abordé, mais pareille femme, c'est du jamais vu ! Qui s'embarquerait avec elle vers de nouveaux rivages ? Qui s'embarquerait avec cette ondine putréfiée ?" Il dira à Erika qu'il émane d'elle une "odeur de pourriture antique", de "charogne".

Etant donné que, selon Jelinek, le rapport homme/femme est toujours calqué sur le rapport maître/esclave, la seule manière pour une femme d'être maître est de *vouloir* sa position d'esclave. C'est pourquoi Erika demande à Klemmer de la torturer : "Il faut qu'il se dise : Cette femme s'est entièrement abandonnée entre mes mains, alors que c'est *lui* qui passe dans les siennes." La sexualité n'étant rien d'autre qu'un jeu de pouvoir, il faut agir par ruse, s'évertuant à prendre le dessus tout en ayant l'air d'être martyrisée. "S'étouffer sur la queue dure comme pierre de Klemmer tout en étant coincée à ne plus pouvoir bouger, voilà ce que souhaite la femme."

Klemmer finit par "disjoncter". Il vient chez Erika et la roue de coups, lui casse le nez et une côte, la viole et la laisse en loques, sanglante, pantelante. C'est encore sa mère qui, après le départ de l'amant furibard, pansera et consolera sa fille. Vers la fin du livre, dans un élan d'amour maladif, Erika "se jette sur sa mère et la couvre entièrement de baisers", tout en se rendant compte, mi-émue mi-écœurée : "C'est de cette chair qu'elle est née ! de ce placenta blet." (On se souvient que les dernières pensées de Jaromil, le jeune poète kundérien dans *La vie est ailleurs*, étaient également des pensées d'amour pour sa mère dominatrice.)

Une fois remise de ses blessures, Erika sort dans la ville avec un couteau à la recherche de Walter, mais pour finir c'est dans sa propre épaule qu'elle enfoncera la lame.

Voilà, en résumé, le livre le plus universellement admiré d'Elfriede Jelinek.

Les autres ne sont pas en reste. L'auteur trouve parfois son inspiration dans des faits divers réels. C'est le cas notamment des *Exclus* (1980), roman qui raconte l'assassinat de toute une famille par le fils. La famille en question est parfaite pour les besoins de l'auteur, car typiquement petite-bourgeoise. Le père est un ancien nazi reconverti à la photographie, qui passe son temps à faire des photos pornos de la mère en la traitant de "conne" et de "pauvre pute". Il fait des gros plans de son sexe en se plaignant bruyamment de ce qu'elle n'ait pas lavé sa "toison" comme il le lui avait ordonné.

Attardons-nous quelques instants sur ce père car, dans un entretien à la fin du livre, Jelinek parle longuement des nazis en Autriche et fait allusion à Ingeborg Bachmann. "Nous les enfants de l'après-guerre, dit-elle, nous sommes obligés de reconstituer le fait que les crimes des nazis (...) n'ont pas surgi du néant et ne se sont pas perdus dans le néant, ces crimes n'ont pas pu simplement disparaître après 1945. Et Bachmann donne une réponse : la famille, où les femmes et les enfants sont des parias, des nègres. Et l'homme (le père), le criminel."

Il est vrai qu'Ingeborg Bachmann avait dénoncé la structure oppressive de la famille autrichienne et écrit, dans son roman *Malina* : "Le «fascisme» est le premier élément dans les relations entre un homme et une femme." Mais par ailleurs les romans et nouvelles de Bachmann mettent en scène des relations complexes – et, par moments, magnifiques – entre hommes et femmes (y compris entre père et fille) ; ils sont à mille lieues du manichéisme qui caractérise les livres d'Elfriede Jelinek.

Jelinek réduit la pensée nuancée de son aînée aux termes simplistes de la sienne. Déjà, sa description de la famille autrichienne type – femmes et enfants parias et nègres ; homme (père) criminel – correspond moins à la réalité d'aujourd'hui qu'à celle de l'après-guerre dont parlait Bachmann. De plus, elle est en contradiction flagrante avec ce que nous savons de la propre famille de Jelinek où, comme elle le dit elle-même, "le père était toujours l'opprimé : c'est la mère qui était dominatrice". Il est pour le moins étrange qu'Elfriede, elle-même la victime d'une femme forte, éprouve le besoin de répéter inlassablement que les femmes sont partout et toujours victimisées par les hommes.

En campant ainsi, d'emblée, un personnage intégralement haïssable (un ex-SS pornographe, que pourrait-on souhaiter de mieux ?), Jelinek se délivre un blanc-seing moral qui l'autorise auprès de nous, lecteurs, à faire ensuite n'importe quoi, y compris à se complaire dans des mises en scène aussi perverses que le monsieur en question. Elle nous transforme en voyeurs et nous oblige à participer au mal qu'elle prétend dénoncer.

Les enfants adolescents de ce couple, Rainer et Anna, sont des jumeaux vaguement imbus d'existentialisme français (ce qu'ils ont retenu de Sartre, c'est surtout l'idée de la nausée). Anna partage plusieurs traits avec l'héroïne de *La*

Pianiste. Comme Erika, elle “est toujours à deux doigts d’exploser de rage” ; comme Erika, c’est une musicienne accomplie avec une préférence marquée pour Bach ; et comme Erika, à quatorze ans, elle est passée maître de l’automutilation : “Assise par terre jambes écartées elle essaie, au moyen d’un vieux miroir à raser et d’une lame de rasoir, de se déflorer elle-même (...). Mais, faute de connaissances en anatomie, elle taille par erreur dans le périnée, d’où le flot de sang.”

Entends-tu, Déesse, dans ces formules glaciales – “faute de connaissances”, “d’où le flot de sang” – l’indifférence hargneuse et orgueilleuse de l’auteur vis-à-vis de ce personnage qui très probablement lui ressemble... indifférence à laquelle elle accule aussi le lecteur ? Aucun moyen, pour nous, de nous approcher de cette fillette, de la prendre dans notre cœur, ni même de tenter de la comprendre, car l’auteur, par son sarcasme, nous maintient à distance d’elle comme de tout le reste.

Ces jeunes gens haïssent leurs parents. Anna exècre plus que tout le corps de sa mère (il est vrai qu’elle lit et relit, obsessionnellement, Georges Bataille) : “Un jour, elle était encore enfant, elle a observé maman dans sa baignoire (...). Répugnant. Un tel corps n’est qu’un appendice légèrement périssable et non l’essentiel de l’être humain.” On se croirait dans *L’Enfance d’un chef* de Sartre ou dans *La Valse aux adieux* de Kundera.

A mesure qu’avance le livre, la jeune fille devient de plus en plus mutique et anorexique. C’est l’un des effets secondaires presque inévitables du néantisme chez les femmes : on hait la mère, on hait la personne à laquelle on ressemble, on ne peut donc faire autrement que de vouloir inexister : "Tantôt elle cesse de parler et tantôt de manger, rien ne franchit ses lèvres, même pas de la soupe, et si ça se produit, elle se met les doigts dans la gorge et restitue en un jet puissant cette soupe qui ne lui a pourtant rien fait."

L'entends-tu, Déesse, ce ton moqueur devant le malheur ? Entends-tu comme Jelinek s'applique à tout détruire jusque dans le moindre détail ? "Cette soupe qui ne lui a pourtant rien fait" est une phrase qu'aurait pu prononcer un SS en ricanant, avant de cogner violemment un juif ayant vomi sa pitance.

Tout est à l'avenant. Rainer finira par assassiner les trois membres de sa famille (y compris sa jumelle adorée) en s'acharnant dessus, d'abord avec un pistolet, ensuite avec une hache, et enfin avec une baïonnette. Les détails nous sont joyeusement, avidement fournis par l'auteur – y compris, bien sûr (on s'y attendait, n'est-ce pas ? elle ne pouvait guère nous décevoir) le fait qu'il plante violemment la baïonnette "dans le basventre du cadavre maternel".

Dans un entretien publié à la fin des *Exclus*, Jelinek affirme : "Ce Rainer m'a beaucoup fait penser à ma propre structure familiale démoniaque, à l'atmosphère sombre qui régnait dans notre appartement et je me suis beaucoup identifiée à lui, sauf que moi j'ai été sauvée par l'écriture."

Alors voici la question que je suis obligée de poser, Déesse Suzy : admettons que l'écriture ait sauvé Elfriede Jelinek ; sommes-nous obligés de dire que ce qu'elle écrit est formidable ? *Où allons-nous, si c'est cela la littérature que nous consommons et récompensons ? Jusqu'où sommes-nous prêts à nous faire violence, au nom sacro-saint de l'art ? Que se passe-t-il, Déesse, si le fait de piétiner ainsi méticuleusement l'humanité suscite notre approbation esthétique ?*

C'est bien de piétinement qu'il s'agit.

Pendant des siècles, le romancier et le dramaturge avaient la possibilité extraordinaire de donner naissance à des êtres humains sous forme de personnages, de les faire vivre, et d'inviter leurs lecteurs à ce geste intrinsèquement *moral* qu'est l'identification avec eux (on a vu, chez Charlotte Delbo, de quel précieux secours pouvaient être les personnages dans des situations extrêmes). Ringard, tout ça. Eculé, kitsch, terminé. Liquidez-moi cette vermine. (Je pense à la phrase terrible de Romain Gary : "On commence par exclure le personnage dans le roman, et on finit par massacrer six millions de juifs.")

"Je refuse de créer la vie sur scène, déclare Jelinek, lapidaire. Je veux pour ma part exactement le contraire : *créer ce qui n'est pas vivant*. Je voudrais faire disparaître à jamais toute vie de la scène du théâtre. Je ne veux pas de théâtre. Je frappe avec ma hache de toutes mes forces, de sorte que, là où mes personnages ont marché, aucune herbe ne pousse plus."

Quand on a décidé de maltraiter ainsi les gens, de les empêcher de vivre, on trouve toujours des justifications théoriques. Les livres de Jelinek sont truffés de références et de citations détournées. Au début de *Maladie ou les Femmes modernes*, par exemple, elle remercie Baudrillard, Barthes, Goebbels, Bram Stoker, Joseph Sheridan, etc. Ah ! se dit-on. Ce doit donc être une femme très savante ! Mais en fait ce recours à la technique du *ready-made* a chez elle une justification théorique inattendue : c'est qu'"il ne peut plus y avoir aujourd'hui d'originalité, tout a été dit, nous ne pouvons que répéter, citer". De même que, selon elle, les différences individuelles s'estompent de nos jours et deviennent insignifiantes, de même les idées, les phrases, les émotions et les histoires sont toutes stéréotypées. La littérature en a déjà fait mille fois le tour, et nous ne pouvons plus que jongler avec des clichés pour leur faire avouer leur nature de clichés.

Il me semble, dit Déesse Suzy, que seul peut raisonner ainsi quelqu'un qui n'a jamais assisté de près à l'arrivée du *nouveau* dans le monde sous la forme d'un enfant. Engendrée par des postulats aussi stériles, la littérature ne peut être que stérile en effet !

Oui, et Jelinek ne se doute même pas à quel point ses observations désabusées sur la modernité rejoignent de vieilles rengaines. Romain Gary, encore lui, déplorait déjà dans *Pour Sganarelle* "la piteuse plaisanterie du «on a déjà tout fait», comme on disait il y a deux mille ans, sous Salomon. Excuse proprement pathétique (...). Que l'homme change peu ou prou (...), ce sont les rapports entre les identités individuelles et leurs milieux en changement constant, l'ensemble des rapports se modifiant de jour en jour, qui fournissent au romancier une base de départ, un matériau romanesque inépuisable, d'une richesse inouïe, que Dieu seul pourrait embrasser, sans aucune limite concevable puisqu'en mouvement kaléidoscopique constant, le kaléidoscope lui-même changeant avec chaque romancier."

Voilà le beau et grand défi qui s'offre à un romancier digne de ce nom. Mais il est tellement plus facile de décréter en soupirant : *Rien de nouveau sous le soleil !*

"Le théâtre de Jelinek n'est pas psychologique", nous prévient, dans sa présentation de *Maladie ou les Femmes modernes*, l'éditeur de cette pièce. "Sa langue est (...) traversée par une sous-langue faite d'expressions idiomatiques ou proverbiales, d'allitérations, de textes classiques cités comme des formules publicitaires. Les personnages sont plus «parlés par leur langue» qu'ils ne la parlent. Elle les prend au piège."

C'est bien l'impression qu'on a en lisant ces pièces. Mais n'est-il pas un peu puéril de prendre au piège des gens qu'on a soi-même créés, et de les accabler en leur attribuant des idées et des phrases ridicules ? Puisque le théâtre de Jelinek n'est "pas psychologique", il lui est loisible de fabriquer des êtres humains grotesques, des pantins qui illustrent à la perfection ses convictions personnelles.

Les femmes sont frustrées d'être des femmes ? Mais oui : Emily, l'héroïne de *Maladie*, nous le démontre. "Je ne serai jamais totalement immortelle, dit-elle. Dommage ! Seulement à moitié, comme tout ce que fait notre sexe fâcheux." (Thomas Bernhard aurait applaudi des deux mains.)

Les hommes sont des monstres de brutalité et d'égoïsme ? Mais oui : "Puis-je saquer la tête de madame votre épouse ? demande Heidkliff. Puis-je la piquer ? Voici ce que nous allons faire immédiatement (...) : leur cogner dessus avec un poids. Elles ne méritent pas la maternité. Elles sont indignes du paradis de la naissance. Ratiboiser la tête, fourrer bouche et chatte avec de l'ail. Un pieu au cœur, un coup dessus..."

Cela vous paraît insuffisant comme preuve ? Pas de problème ; en voici une autre : "Ce sont de froides surveillantes, dit Benno. Des espèces de gardes-chiourme ! Elles ne remettent rien en ordre, après. Leurs ventres prolifèrent ! Après, elles nous le sortent de la maison, et hop ! Le monde, c'est ce qui tombe, et c'est valable pour tous !"

On peut savoir ou non que *le monde, c'est ce qui tombe* est une phrase de Ludwig Wittgenstein. Les citations représentent pour Jelinek, outre le rejet principiel de l'originalité, une occasion de dominer et d'inférioriser ses lecteurs : convaincus de "rater" la majorité des allusions, incapables de suivre, ils se sentent bêtes et inquiets.

Pour finir, Emily réussit à se dérober, avec son amie Camilla, "aux perquisitions des hommes, à sa famille, bref, nous explique encore l'éditeur, au statut de la femme que lui accorde volontiers notre société". Et que font les femmes authentiquement libérées ? Là aussi, je pense qu'on le devinera, de même qu'on a deviné la baïonnette enfoncée par le fils dans le vagin de sa mère : elles assassinent leurs enfants.

"Lumière tamisée, mystérieuse. Emily et Camilla, silencieuses dans la pièce (...). Puis les deux femmes se jettent comme des louves chacune sur un des deux enfants, et les font tomber. Il s'ensuit une lutte terrible, car les enfants se débattent. Les femmes, de leurs crocs, tranchent la gorge aux enfants. Le nourrisson pleure : «Maman ! Maman !» Les femmes boivent tout le sang des enfants, les hommes observent la scène, indifférents (...). Les enfants agonisent, secoués de tremblements. Les femmes relèvent simplement la tête de temps en temps, brièvement, avant de se remettre à sucer."

Et c'est là, je suppose, dit Déesse Suzy en hochant tristement la tête, l'idée que se fait Mme Jelinek d'une victoire féministe ?

Même pas, car à la fin de *Maladie ou les Femmes modernes*, Emily et Camilla, devenues une gigantesque "DOUBLE CRÉATURE", des "sœurs siamoises" cousues dans un vêtement commun, seront à leur tour assassinées par les messieurs : guillerets, nonchalants, ceux-ci les abattront en les décrivant de façon horrible (je dis horrible, Déesse, et je te prie de me croire : je refuse de recopier ces phrases, près desquelles paraissent aimables les pires diatribes misogynes des hommes).

Jelinek justifie l'extrême violence de ses textes en décrivant sa démarche comme critique, subversive, éminemment *politique*. Voici, par exemple, sa façon de caractériser le roman *Lust*, paru en 1989 (rappelons qu'à cette époque elle a encore sa carte au parti communiste) : "Disons que je pars de l'hypothèse suivante : l'individualisme est devenu impossible dans un système capitaliste (...). Partant de cette impossibilité, on se retrouve donc avec des personnages qui n'agissent plus en leur nom propre, mais qui agissent simplement comme des révélateurs d'un langage. Evidemment cela ne fait plaisir à personne d'apprendre que son comportement peut en réalité se réduire à quelques structures, mais c'est la vérité. Ainsi la sexualité dans *Lust* se réduit-elle à des rapports de force dans une économie de marché tels qu'ils s'exercent partout dans la société : l'appropriation des corps et l'impuissance des «possédés», de ceux qui ne possèdent rien."

Jelinek elle-même, on se l'imagine, n'est pas susceptible d'être "réduite à quelques structures". Nous non plus, n'est-ce pas ? Seulement "les autres", c'est-à-dire les personnages qui figurent "les autres". Mais, prenant appui sur cette consternante déclaration de principe, Jelinek se sent pleinement justifiée à nous infliger, une fois de plus, les rencontres sexuelles les plus aliénantes et les plus abjectes, dehors, dans des terrains vagues, sans parole autre qu'intérieure.

Ah là là, mais c'est grave ce que tu me racontes ! dit Déesse Suzy.

Oui, c'est grave. Jelinek fait appel à ce qu'il y a de plus bas en nous, à savoir *la grégarité élitiste*. On se dit : "Je comprends qu'ils sont cons, donc je ne le suis pas." Et ce qui nous fait plaisir, c'est le fait de nous trouver "du bon côté" – c'est-à-dire du côté de l'auteur, de l'autorité, de la puissance écrivante. Coincés à cette place, nous n'avons d'autre choix que de mépriser les hommes et les femmes que massacre Jelinek avec sa plume ("je suis une meurtrière de bureau", déclare-t-elle). Rien n'en sort indemne, hormis notre propre regard hautain.

Jelinek dit que c'est dans *Lust* qu'elle a enfin trouvé le style auquel elle aspirait depuis toujours : un style "pressé, compressé", d'une densité inouïe : "Il me faut cette compression, poussée jusqu'au bout." Parfois, avoue-t-elle, "pour le lecteur, c'est trop", car il n'a jamais le moindre répit. "Certes, c'est de la folie car, même dans les fugues de Bach, il y a des interludes où l'organiste peut se reposer, jouer plus librement, avant que les thèmes et les contrepoints et la succession des voix ne reprennent. Mais c'est cela qui ne m'est pas possible. Ce serait une solution, en quelque sorte une détente après l'orgasme – moi c'est un orgasme perpétuel."

Alors voici, chère Déesse, l'humble hypothèse que je voudrais formuler au sujet de cet auteur : les femmes insultées, frappées, violées, avilies, opprimées, spoliées, ridiculisées et humiliées dans les livres d'Elfriede Jelinek le sont *non par les hommes mais par Jelinek elle-même*, pour des raisons qui tiennent à son histoire personnelle. Ayant pris la place de sa mère, elle dirige, contrôle et manipule tout ce qui se passe dans ses écrits, forçant les mots et les personnages à devenir "sa chose".

Il est éclairant de l'entendre parler de la manière dont elle se sert du langage. "On ne s'installe pas confortablement dans la langue. Il faut forcer la langue, même quand elle ne le veut pas, à livrer ses mensonges. Je force la langue à faire apparaître la dimension idéologique des mots. Je ne la laisse jamais se reposer – je l'arrache de son lit. D'où ça vient, je ne le sais pas."

Mais en fait elle sait très bien "d'où ça vient", et nous aussi : si elle arrache la langue de son lit, c'est que sa mère l'a arrachée du sien, tous les matins de son enfance. Elle n'a pas oublié la petite fille qu'elle fut, qui courait d'une pièce à l'autre, infatigablement, pendant des heures. Aucune détente autorisée. Leçons de piano, leçons de ballet, études, apprentissages, travail, surveillance maniaque des gestes, habits et mots, activisme frénétique, insupportable. C'est à *nous*, maintenant, qu'elle impose ce rythme infernal – et cela lui procure du plaisir, "un orgasme perpétuel".

Elle sait "d'où ça vient" ; elle le dit même, avec lucidité et sans trémolos dans la voix. "Ça a certainement à voir, chez moi, avec ma précarité enfantine. Quand on grandit dans la catastrophe, entre les parents et les autres, et ne trouve aucune sécurité nulle part – et quand la seule autorité puissante, celle de la mère, ne donne aucune sécurité non plus mais devient menace –, alors, l'enfant a le sentiment de ne pas être né."

Si l'on n'est pas né(e), on n'a d'autre choix que de se mettre au monde soi-même, à travers les mots. On est amené, dit encore Jelinek, "à forcer les mots à naître, à les presser pour faire sortir tout ce qu'ils contiennent. Mon écriture, ce serait la transposition de ma pulsion maternelle." Il faut rapprocher cette phrase d'une autre, où Jelinek évoque son activité littéraire par une métaphore diamétralement opposée : "En écrivant, je donne libre cours à mes pulsions meurtrières."

Voilà, la boucle est bouclée. Détruire, dit-elle. La mère tue ses enfants. Donner la vie, c'est donner la mort. La petite fille meurtrie est devenue une assassine ; l'enfant qui avait reçu la mort en héritage a grandi pour devenir une "mère" littéraire, accouchant, encore et encore, de mots qui tuent. Et qui tuent, de préférence, les femmes. Fortiche, la Jelinek : sous le prétexte fallacieux de dénoncer la société patriarcale et capitaliste, elle donne libre cours à sa rage morbide, assouvit sa haine (y compris sa haine de soi) et… s'enrichit.

Parce que nous, on achète !

INTERLUDE :
LE COMIQUE INTERLOQUÉ

Voici deux ans, je suis allée au Festival d'Edimbourg avec E., ma grande amie new-yorkaise. En survolant la Manche, nous avons avidement parcouru les comptes rendus des nombreux spectacles que proposait le festival pendant notre présence. *The Guardian* recommandait avec une chaleur particulière (cinq étoiles !) un comique américain : anti-Bush et anti-Bible à souhait, disait l'article, il en avait choqué plus d'un par son franc-parler. "Chouette ! fit E., qui est juive athée et démocrate convaincue. Ça me tente… On essaie d'y aller dès ce soir ?" A l'arrivée, après plusieurs coups de fil infructueux, je réussis à nous réserver deux places.

Le spectacle débute à vingt-trois heures. Il se déroule dans le deuxième sous-sol d'un pub dont les murs vibrent aux rythmes d'une musique rock tonitruante. La petite salle est comble, enfumée et surchauffée. Au moins, arrivées à l'avance, avons-nous d'excellentes places tout près de l'estrade. Quand le comique arrive enfin, c'est en titubant ostensiblement, cannette de bière dans une main et cigarette dans l'autre. Tout au long de son show (qui, nous informe le programme, doit durer une heure), ces accessoires seront régulièrement renouvelés. Il démarre comme prévu par des blagues anti-Bush et des anecdotes blasphématoires ; un mot sur deux est l'équivalent anglais d'*enculé ("fuckin'")*. Les spectateurs rient, mais j'ai l'impression que c'est plus pour l'encourager que parce qu'ils le trouvent drôle. Au bout de quinze minutes (et deux bières), il commence à s'égarer dans des digressions et des parenthèses, à ne plus bien savoir où il en est. Plusieurs fois il a un "trou" et l'avoue sans ambages, nous mettant au défi de le mépriser plus qu'il ne se méprise lui-même. Il est fin saoul maintenant et joue sciemment avec le désastre, toujours au bord de la chute, de la dégringolade dans le non-sens. Son spectacle est la mise en scène agressive de sa haine du monde et de ses propres élans autodestructeurs.

Au bout d'une demi-heure (et quatre bières), ayant totalement épuisé sa veine politico-religieuse, ne se souvenant plus de rien, il se lance dans un interminable récit pornographique. Si cette histoire est d'une obscénité hallucinante, elle est aussi confuse et répétitive. Le principal ressort est un masque en caoutchouc "réaliste" acheté par le comique dans un moment de solitude ; destiné en principe aux fellations, il s'accompagne d'une "balle vibrante" dont notre héros ignore l'usage mais qu'il décide de se glisser dans l'anus…

Arrivé à ce point de son histoire, il jette un coup d'œil vers le public pour vérifier son effet. Son regard tombe sur E. et… il stoppe net.

Il stoppe net.

Ce que j'ai omis de vous dire, c'est qu'E. est nonagénaire. C'est une petite femme à la chevelure très blanche – subitement éclairée, peut-être, par le spot du comédien ; elle porte des lunettes, elle a la peau du visage fripée, il n'y a aucun moyen de la prendre pour une femme de vingt, de quarante ou même de soixante ans. Indiscutablement, dans cette assistance composée de jeunes, elle fait tache. A l'entrée du pub, personne n'a osé lui murmurer : "Interdit aux plus de quatre-vingts ans", mais la fille au guichet lui a jeté un drôle de regard en me tendant nos billets et le serveur a posé nos chopes de bière sur la table avec une courtoisie légèrement appuyée. Là, le comique est interloqué. Sans doute repasse-t-il dans sa tête, en accéléré, toutes les insanités qu'il a débitées depuis le commencement de son spectacle. Il pâlit, verdit, ne sait plus que dire.

Le silence s'éternise.

"Merde, fait-il enfin. Excusez-moi, c'est que... merde. Je viens de m'apercevoir qu'il y a une nana dans la salle qui date de la guerre de quatorze !" (Il sous-estime, en fait, l'âge de mon amie ; elle "date" *d'avant* la guerre de quatorze.)

E. le regarde sans broncher. Elle attend tranquillement de voir ce qui va se passer. Elle a des enfants, des petits-enfants, des arrière-petits-enfants. Elle a écrit des livres, voyagé aux quatre coins du globe, vécu une multitude de vies. Elle est géniale.

"Merde, fait-il encore. Fais pas chier, mémé ! Même à la guerre de quatorze les nénettes se faisaient enculer, c'est pas ma génération qu'a inventé ça, on me la fait pas, à moi !" Il enchaîne avec quelques blagues maladroites sur l'activité sexuelle des soldats dans les tranchées, puis abandonne abruptement cette piste.

Nouveau silence.

"Vous savez, dit-il alors lentement, j'ai la nette impression que maintenant serait le moment idéal pour me brûler la cervelle... Tiens, le 31 décembre 1999 j'étais dans une immense boum pour fêter l'arrivée du millénaire, je jouais devant une foule géante et ma tentation, ma grande, mon exquise tentation était de me suicider à la fin du compte à rebours, vous imaginez la scène : *quatre... trois... deux... un...* BLAM ! – mais je l'ai pas fait parce que j'étais sûr et certain que *même là*, même avec des bouts de ma cervelle leur dégoulinant sur le visage, les gens ne pourraient pas s'empêcher de s'embrasser en se disant : Bonne année ! Bonne année !"

Il s'arrête de nouveau.

Personne ne rit. E. le regarde, imperturbable.

Il quitte la scène.

De retour dans notre chambre d'hôtel un peu plus tard, E. me lance : "La seule chose que je n'ai pas comprise, c'est cette histoire de balle vibrante...

— Ah oui ? dis-je. Sinon, tu as tout compris, c'est ça ?

— Oui, grâce à la nouvelle pile que tu as achetée pour mon appareil acoustique. Mais tout de même... quelle pauvreté de vocabulaire !"

XI

L'EXTASE DU DÉGOÛT : MICHEL HOUELLEBECQ

N'ayez pas peur du bonheur ; il n'existe pas.

MICHEL HOUELLEBECQ

De plus en plus délicat, Déesse : d'ici à la fin du livre, je vais parler d'auteurs qui sont non seulement vivants mais nés après moi ! A l'exception de Sarah Kane (qui s'est donné la mort à l'âge de vingt-huit ans), ils ont aujourd'hui la quarantaine. Cela veut dire que leur œuvre est encore en pleine évolution et qu'on ne peut émettre à leur sujet des jugements définitifs.

Michel Houellebecq est-il un écrivain important ? Mérite-t-il de figurer aux côtés de Beckett et de Cioran, de Bernhard et de Kundera ? Je ne sais pas. Mais, vu l'attention médiatique qu'il a suscitée depuis une dizaine d'années et le fait qu'en 2002 il a reçu pour *Atomized (Les Particules élémentaires)* le très prestigieux prix Impac (décerné chaque année au "meilleur roman publié en anglais dans le monde"), il me semble digne d'intérêt… d'autant plus que c'est l'un des champions les plus ardents de la philosophie du désespoir à l'époque contemporaine. "Dans ce «monde confus, homogène», peut-on lire sur la quatrième de couverture de ses *Poésies*, Michel

Houellebecq entame un «dialogue de haine» (...). Il narre l'humanité compromise, la communication atrophiée, la vanité ravageuse des échanges libéraux – et témoigne d'une abjecte impossibilité à vivre (...). Sa poésie, implacable, consigne méticuleusement les stigmates de la souffrance humaine. Avec une amère violence, elle condamne, sans recours possible, tout espoir."

Ah ! se dit-on, debout dans une librairie en train de feuilleter différents livres et de se demander lequel choisir. Il faut absolument que je lise ça ! La chose ferait rire, si elle n'était si profondément perturbante : la phrase que Dante avait imaginée inscrite au-dessus des portes de l'Enfer – "Abandonnez tout espoir, vous qui pénétrez ici" – est devenue, de nos jours, un *argument de vente.*

Que savons-nous de l'enfance de Michel ? Sur son site Internet (créé par lui-même), on apprend qu'il est né en 1958 dans l'île de la Réunion, soit un minuscule morceau de France situé à des milliers de kilomètres de la métropole. Voici ce qu'il dit de sa famille : "Son père, guide de haute montagne, et sa mère, médecin anesthésiste, se désintéressent très vite de son existence. Une demi-sœur naît quatre ans après lui. A six ans, il est confié à sa grand-mère paternelle, qui est communiste et dont il a adopté le nom comme pseudonyme (...). Interne au lycée de Meaux pendant sept ans, il suit les classes préparatoires aux grandes écoles. En 1975, il s'inscrit à l'Ecole supérieure d'agronomie. Sa grand-mère meurt en 1978. En 1980, il obtient son diplôme d'ingénieur agronome ; il épouse la même année la sœur d'un camarade. Commence alors pour lui une période de chômage. Son fils Etienne naît en 1981. A la suite de son divorce, une dépression le conduit à faire plusieurs séjours en milieu psychiatrique."

Dans cette esquisse rapide, on peut relever plusieurs traits dont on a vu qu'ils faisaient admirablement le lit du néantisme : indifférence des parents (on pense une fois de plus aux enfants du *Refus global*) ; rupture d'avec le lieu natal ; années d'internat. (Signalons que Michel et Bruno, les deux héros des *Particules élémentaires*, ont été comme leur auteur internes au lycée de Meaux, et que Bruno n'oubliera jamais les atroces brimades et humiliations qu'il y a subies aux mains des autres garçons.) On remarque aussi que Houellebecq est le tout premier écrivain de notre corpus à avoir un enfant ! Je ne sais rien de la relation de Michel avec son fils Etienne ; je n'en dirai donc rien. Enfin : évocation de la dépression et des séjours en hôpital psychiatrique. On peut supposer que l'écriture a donné à Houellebecq, comme à tant d'autres mélanomanes, la possibilité de dire et de combattre en même temps un mal de vivre intense.

Dans le domaine de la création, avant d'en venir au roman, Michel Houellebecq s'est adonné à d'autres formes d'expression : la réalisation cinématographique (deux courts métrages aux titres éloquents : *Cristal de souffrance* et *Déséquilibres*) ; la poésie (*Le Sens du combat* et *La Poursuite du bonheur*) ; un essai (*H. P. Lovecraft : contre le monde, contre la vie*).

Aïe, aïe, aïe, gémit Déesse Suzy, plus ça change, plus c'est la même chose ! Ils commencent à m'empoisonner l'existence, tes auteurs. Je ne sais si je pourrai continuer encore longtemps comme ça, la vie est trop courte !

Allez, Déesse, encore quelques petits auteurs et je te libère. Ce sera passionnant, je t'assure, ce n'est pas le moment de jeter l'éponge !

En 1994, à l'âge de trente-six ans, Houellebecq publie un premier roman : *Extension du domaine de la lutte.* (Un demi-siècle après Cioran, c'est encore et toujours Maurice Nadeau qui révélera au monde le talent de ce nouveau négativiste.) Deux autres romans suivront et lui vaudront une consécration populaire impressionnante : *Les Particules élémentaires* (1998, prix Novembre, traduction en vingt-cinq langues, adaptation pour le cinéma, prix Impac) et *Plateforme* (2001). De plus, en 2000, il enregistre un disque, *Présence humaine*, sur lequel, accompagné par des musiciens, il lit ses poèmes, et publie *Lanzarote*, récit dont l'action se déroule dans cette île de l'archipel des Canaries, accompagné de ses propres photographies du site. Comme tant d'autres auteurs de notre sélection, il a choisi de s'exiler et vit, depuis plusieurs années, en Irlande.

Approchons maintenant d'un peu plus près l'œuvre houellebecquienne : quelle en est l'unité, la ligne directrice ? "Avant tout, dit-il quand on lui pose la question, l'intuition que l'univers est basé sur la séparation, la souffrance et le mal (...). L'acte initial, c'est le refus radical du monde tel quel."

En l'écrivain fantastique américain H. P. Lovecraft (1890-1937), il a visiblement reconnu un frère. Il approuve avec ardeur la philosophie lovecraftienne et la paraphrase avec verve. "Peu d'êtres, nous dit-il, auront été à ce point imprégnés, transpercés jusqu'aux os par le néant absolu de toute aspiration humaine. L'univers n'est qu'un furtif arrangement de particules élémentaires (ceci date de sept ans avant le roman qui portera ce titre). Une figure de transition vers le chaos. Qui finira par l'emporter (...). Tout disparaîtra. Et les actions humaines sont aussi libres et dénuées de sens que les libres mouvements des particules élémentaires. Le bien, le mal, la morale, les sentiments ? Pures «fictions victoriennes». Seul l'égoïsme existe. Froid, inentamé et rayonnant."

Au cas où aurait subsisté un peu de confusion sur qui parle, de Lovecraft ou de Houellebecq, celui-ci enfonce le clou en actualisant le message : "Humains du XXe siècle finissant, nous interpelle-t-il, ce cosmos désespéré est absolument le nôtre (...). Aujourd'hui plus que jamais, nous pouvons faire nôtre cette déclaration de principe qui ouvre *Arthur Jermyn* (un des romans les plus populaires de Lovecraft) : «La vie est une chose hideuse ; et à l'arrière-plan, derrière ce que nous en savons, apparaissent les lueurs d'une vérité démoniaque qui nous la rendent mille fois plus hideuse.»"

A quoi est due cette hideur de la vie ? La réponse est prévisible : elle vient de *l'existence physique*. Ah ! si seulement nous n'étions pas vivants, c'est-à-dire mortels et pourrissants ! Lovecraft est un auteur puritain dont l'œuvre ne comporte pas la moindre allusion à la sexualité, alors que dans les romans de Houellebecq il n'est pratiquement question *que* de cela ; mais ce *rien* et ce *tout* surgissent d'une même horreur devant tout ce qui est mortel. Dans le résumé de la vision lovecraftienne du monde que fait Houellebecq, on entend l'écho de maints autres textes, tant anciens (les Pères de l'Eglise, les gnostiques) que modernes (*Le Parfum* de Süsskind, par exemple) : "Le monde pue. Odeur de cadavres et de poissons mêlés. Sensation d'échec, hideuse dégénérescence. Le monde pue. Il n'y a pas de fantômes sous la lune tumescente ; il n'y a que des cadavres gonflés ballonnés et noirs, sur le point d'éclater dans un vomissement pestilentiel. Ne parlons pas du toucher. Toucher les êtres, les entités vivantes, est une expérience impie et répugnante. Leur peau boursouflée de hideux bourgeonnements suppure des humeurs putréfiées. Leurs tentacules suceurs, leurs organes de préhension et de mastication constituent une menace constante. Les êtres, et leur hideuse vigueur corporelle. Un bouillonnement amorphe et nauséabond, une puante Némésis de chimères demi-avortées ; un blasphème. [Nos] sens convergent pour confirmer que l'univers est une chose franchement dégoûtante."

C'est la vision de l'adolescent horripilé par les *facts of life*, que nous commençons à connaître par cœur. De façon surprenante, H. P. Lovecraft a fini par se marier et par fonder une famille… Cela n'a-t-il en rien atténué sa répugnance pour la chair ? Houellebecq nous rassure là-dessus : "L'œuvre de sa maturité est restée fidèle à la prostration physique de sa jeunesse, en la transfigurant. Là est le profond secret du génie de Lovecraft, et la source pure de sa poésie : il a réussi à transformer son dégoût de la vie en une hostilité *agissante*."

Eh bien bravo, dit Déesse Suzy. Il est passé du dégoût à l'hostilité, voilà ce que j'appelle un progrès éthique, une vraie preuve de noblesse, c'est formidable, allez, on lui fait une ovation debout ? Ah là là, mais je *m'ennuie* ! C'est toujours la même rengaine !

Attends, Déesse, il faut patienter encore un peu. Je sais bien que tu es mortelle, toi aussi, mais tu n'es quand même pas si pressée que tu refuseras d'écouter les misères des néantistes new-look ! Cet auteur nous dira quand même des choses inattendues, je te le promets…

Dans la préface à son double recueil de poèmes *Rester vivant : méthode* et *La Poursuite du bonheur* (1997), Houellebecq exhorte à l'écriture tous ceux qui lui ressemblent, c'est-à-dire ceux qui, premièrement, connaissent le même mal de vivre que lui, et, deuxièmement, sont des hommes. Il fournit plusieurs exemples de la manière dont la souffrance (de "Henri", de "Marc" ou de "Michel") peut déboucher sur la création. "Si vous ne fréquentez pas les femmes (par timidité, laideur ou quelque autre raison), lisez des magazines féminins (…). Allez jusqu'au fond du gouffre de l'absence d'amour. Cultiver la haine de soi. Haine de soi, mépris des autres. Haine des autres, mépris de soi."

Ce n'est pas sans rappeler la sentence cioranienne selon laquelle *plus nous avons le sentiment de notre insignifiance, plus nous méprisons les autres*. Cela donne de la force, c'est sûr. Lorsqu'on méprise les autres et qu'on se déteste soi-même, on est à l'abri de tout risque d'affaiblissement qu'entraînerait l'interaction avec autrui. Comme Thomas, apparemment, Michel est un enfant qui a intériorisé et fait sien le non-amour de ses parents, transformant son amour-propre en "haine-propre". L'autodétestation le protège efficacement, car personne ne peut le haïr autant que lui ; c'est un provocateur que les insultes font jubiler.

"Développez en vous un profond ressentiment à l'égard de la vie, poursuit-il. Ce ressentiment est nécessaire à toute création artistique véritable (…). Et revenez toujours à la source, qui est souffrance."

Ce garçon n'aurait-il pas lu Schopenhauer, par hasard ? soupire Déesse Suzy en levant les yeux au ciel.

Si, si, bien sûr. Il l'a lu et il l'aime. Voici une strophe du poème "Les Immatériaux" publié dans ce même volume :

Je veux penser à toi, Arthur Schopenhauer,
Je t'aime et je vois dans le reflet des vitres
Le monde est sans issue et je suis un vieux pitre,
Il fait froid. Il fait très froid. Adieu la Terre.

Schopenhauer/la Terre, ce n'est pas fameux comme rime, observe Suzy.

Allez, Déesse, on n'est pas là pour donner des notes, on essaie de comprendre le fond de la pensée de ce garçon. Il dit que le monde est sans issue, tu l'entends ? et que la souffrance est la source de tout. Il dit aussi, dans cette même adresse aux écrivains en herbe, que la seule chose qui compte est de remporter, grâce à l'art, une victoire sur la mort. "Quand même, il faut publier un petit peu ; c'est la condition nécessaire pour que la *reconnaissance posthume* puisse avoir lieu."

Oui, l'art est une tâche élevée – sublime, même – mais atrocement solitaire. "Je vous invite à garder courage. Non que vous ayez quoi que ce soit à espérer. Au contraire, sachez que vous serez très seuls. La plupart des gens s'arrangent avec la vie, ou bien ils meurent. Vous êtes des suicidés vivants (…). Fondamentalement, vous êtes déjà mort. Vous êtes maintenant en tête-à-tête avec l'éternité."

Solitude, éternité, ils n'ont que ces mots à la bouche ! fait Déesse Suzy en se grattant furieusement le mollet. *Et la vie ? La vie avec ses mille vicissitudes, avec les autres, ici et maintenant, sur la courte ou la longue durée…* Tout cela n'est pas digne du moindre intérêt, je suppose, aux yeux de ce monsieur ?

Oh, Houellebecq reconnaît tout de même que, çà et là, de telles réalités existent – "une vie sexuelle harmonieuse, le mariage, le fait d'avoir des enfants" – et peuvent être "à la fois bénéfiques et fécondes". Mais, ajoute-t-il aussitôt, "elles sont presque impossibles à atteindre. Ce sont là, sur le plan artistique, des terres pratiquement inconnues." C'est pourquoi il conseille aux apprentis écrivains de creuser, au contraire, "les sujets dont personne ne veut entendre parler. L'envers du décor. Insistez sur la maladie, l'agonie, la laideur. Parlez de la mort, de l'oubli (...). Soyez abjects, vous serez vrais."

Nous savons maintenant que, loin d'être les "sujets dont personne ne veut entendre parler", il s'agit là des sujets de prédilection du courant le plus puissant de la littérature contemporaine en Europe. Cela étant dit, il faut reconnaître à Houellebecq un don exceptionnel pour parler de cet "envers du décor". Dans tous ses livres il scrute de près, sans flancher, ce dont on détourne habituellement les yeux : tout ce qui, dans la vie quotidienne de nos grandes villes, peut nous plonger dans l'angoisse ou la nausée. Saleté, misère, produits médiocres, lieux dégradés et dégradants, foules pressées, agressions publicitaires... Pour lui (comme pour Cioran), être dans *la vérité*, c'est fixer résolument le pire. Le contraire de la vérité, qu'il nomme *la connerie*, c'est se leurrer avec des balivernes telles que "la libération des femmes" ou "la force du désir" (on n'est pas très loin du "kitsch" kundérien). Nous revoilà devant une de ces oppositions binaires *(ou bien... ou bien...)* chères au néantisme.

Les poèmes de Houellebecq forment un chapelet où sont égrenées l'une après l'autre toutes les "perles" conceptuelles de cette philosophie :

– dégoût de la chair :

Cela fait des années que je hais cette viande
Qui recouvre mes os. La couche est adipeuse,

Sensible à la douleur, légèrement spongieuse ;
Un peu plus bas il y a un organe qui bande.

Je te hais, Jésus-Christ, qui m'as donné un corps.
Les amitiés s'effacent, tout s'enfuit, tout va vite,
Les années glissent et passent et rien ne ressuscite,
Je n'ai pas envie de vivre et j'ai peur de la mort.

– inexistence de l'amour :

Je m'adresse à tous ceux qu'on n'a jamais aimés,
Qui n'ont jamais su plaire ;
Je m'adresse aux absents du sexe libéré,
Du plaisir ordinaire.

Ne craignez rien, amis, votre perte est minimale
Nulle part l'amour n'existe.
C'est juste un jeu cruel dont vous êtes les victimes ;
Un jeu de spécialistes.

– rejet de la nature :

Je ne jalouse pas ces pompeux imbéciles
Qui s'extasient devant le terrier d'un lapin
Car la nature est laide, ennuyeuse et hostile ;
Elle n'a aucun message à transmettre aux humains.

– omniprésence de la mort :

Bouche entrouverte, comme des carpes, nous laissons échapper des renvois de mort (...). Pour dissimuler l'odeur de mort qui sort de nos gueules, qui sort invinciblement de nos gueules, nous émettons des paroles.

Mais le dégoût houellebecquien est impur. On avait déjà relevé une impureté analogue chez Bernhard (pourquoi attaquer l'Autriche si le monde entier est abominable ?) et chez Kundera (pourquoi défendre la musique classique si l'on ne croit pas en l'homme ?). Dans le cas de Houellebecq aussi, il y a des degrés dans le nuancier néantiste : outre l'humanité *en général*, est déplorable *en particulier* la "société libérale". L'emblème honni de cette société est Mai 68 – qui, dit-il, n'a été rien d'autre que le "triomphe de l'industrie du divertissement" : on a prôné la libération des désirs et, de ce fait, plongé des millions de gens dans le malheur. Le désir, dit Houellebecq, "n'est pas une force naturelle, mais un produit de la société. Sans le désir, la société libérale ne pourrait pas fonctionner. La société alimente continuellement le désir, tout en le laissant inassouvi ; ainsi, plus on désire, plus on est frustré. D'où l'augmentation de la cruauté (...). Je suis très critique à l'égard de la société libérale et de la libération des désirs, parce qu'en fin de compte, cela produit d'innombrables souffrances." Voilà le vrai coupable : *le désir* (là encore, on a du mal à ne pas entendre l'écho des vieux prédicateurs).

Que cherche donc à faire Houellebecq dans ses romans ?

"Il est des auteurs qui font servir leur talent à la description délicate de différents états d'âme, traits de caractère, etc. On ne me comptera pas parmi ceux-là (...). Pour atteindre le but, autrement philosophique, que je me propose, il me faudra au contraire élaguer. Simplifier. Détruire un par un une foule de détails."

Le projet littéraire (en réalité, comme il le signale, un projet philosophique) est annoncé d'entrée de jeu : détruire, dit-il. Eliminer les détails. Rejeter la complexité. Mettre en scène des personnages lambda, mous et passifs, fades, neutres et écœurés. La grande originalité de Houellebecq consiste à braquer ses projecteurs romanesques sur le monde du *banal*. Au lieu d'être artistes, délinquants, fous dangereux ou autres marginaux romantiques, ses personnages sont secrétaires, techniciens, employés de bureau, cadres… en un mot, des gens "moyens" qui évoluent dans un "univers banal, rarement décrit" – l'objectif étant, dit-il, de "décrire certains mensonges usuels, pathétiques, que les gens se font à eux-mêmes pour supporter le malheur de leurs vies". Il est vrai qu'ayant été employé plusieurs années comme secrétaire administratif à l'Assemblée nationale, Michel a eu l'occasion d'observer ce monde de près. Mais, ayant moi-même travaillé neuf ans comme professeur d'anglais au ministère des Finances, je dois dire qu'il ne m'est pas arrivé d'y croiser un seul non-individu, une seule personne "moyenne", un seul être dépourvu de qualités particulières.

En fait Houellebecq écrit des romans à thèse, dont l'un des buts (pas le seul) est de nous convaincre de la justesse de ses convictions politiques, philosophiques, sociologiques et anthropologiques. Il se reconnaît une parenté à cet égard avec Thomas Mann et se targue d'être le seul écrivain en France à savoir réunir, dans son œuvre romanesque, les *idées* et les *aventures*. On n'ose pas lui demander s'il a lu Kundera, mais le fait est qu'il partage avec celui-ci (et avec Jelinek) une conviction inébranlable : de nos jours, les gens se différencient à peine les uns des autres ; ils sont pour ainsi dire interchangeables. "Il est faux de prétendre que les êtres humains sont uniques, dit encore le narrateur d'*Extension du domaine de la lutte*. C'est en vain, le plus souvent, qu'on s'épuise à distinguer des destins individuels, des caractères. En somme, l'idée d'unicité de la personne humaine n'est qu'une pompeuse absurdité."

N'est-il pas difficile de construire un roman avec des personnages qui sont tous pareils ?

"Cet effacement progressif des relations humaines n'est pas sans poser certains problèmes au roman, reconnaît Houellebecq. Comment en effet entreprendrait-on la narration de ces passions fougueuses, s'étalant sur plusieurs années, faisant parfois sentir leurs effets sur plusieurs générations ? Nous sommes loin des *Hauts de Hurlevent,* c'est le moins qu'on puisse dire. La forme romanesque n'est pas conçue pour peindre l'indifférence, ni le néant ; il faudrait inventer une articulation plus plate, plus concise et plus morne."

Point de vue plat et morne, c'est réussi comme Waterloo ; pour la concision, on repassera.

Les thèmes sont peu nombreux : vacances au bord de la mer, clubs échangistes, colonies naturistes, attaques contre *Le Guide du routard* et les musulmans figurent dans tous les livres*, de même que la dénonciation de la fameuse idéologie de la "libération", responsable d'atrocités que l'auteur nous dépeint avec délices et dans le détail (cf. la longue digression sur la secte satanique californienne dans *Les Particules élémentaires*). Les intrigues servent à montrer la désintégration des liens, l'échec de la communication, le non-amour entre parents et enfants. "L'être houellebecquien, nous dit Philippe Murray, apparaît au milieu d'un paysage dévasté, perdu dans un décor qui n'est plus qu'un fracas de liens rompus, un amoncellement de bouts de ficelle brisés." Il

* Sans que cela puisse suffire pour expliquer la virulence antimusulmane de l'auteur, il est peut-être pertinent de rappeler que sa mère a épousé en secondes noces un musulman.

arrive pourtant que les héros de Houellebecq trouvent la jouissance – et même le bonheur ! – dans les bras d'une femme ; cela donne lieu à d'innombrables scènes de pornographie *soft* et à des dialogues d'une tendresse surprenante. Mais si la femme en question s'avère réellement aimable – Annick, Annabelle et Christiane dans *Les Particules élémentaires,* Valérie dans *Plateforme* –, on peut être certain que la suite de l'histoire réservera à son corps une destruction horrible : Annick se défenestre, Annabelle atteinte d'un cancer généralisé se suicide aux médicaments, Christiane qui souffre d'une nécrose des vertèbres se laisse dégringoler du haut d'un escalier dans sa chaise roulante ; Valérie est déchiquetée dans un attentat islamiste. Les liens sont établis puis fracassés, établis puis fracassés : on dirait que Houellebecq rejoue, encore et encore, la catastrophe de son enfance.

Les seules rescapées du massacre sont quelques… grands-mères : comme leur auteur, Bruno et Michel ont été élevés par leur grand-mère paternelle respective, et ces femmes-là – hors sexualité, hors désir – sont dignes d'un éloge sincère : "De tels êtres humains, historiquement, ont existé. Des êtres (…) qui n'envisageaient en réalité d'autre manière de vivre que de donner leur vie aux autres dans un esprit de dévouement et d'amour." (C'est sans doute une chance pour Houellebecq que sa grand-mère chérie soit morte avant qu'il ne commence à publier des livres : sans cela, à l'instar du "comique interloqué" d'Edimbourg, il aurait pu être déstabilisé par son regard.)

Les héros houellebecquiens vieillissent avec leur auteur et ils vieillissent mal. Le passage du temps est chez eux une véritable hantise, car il fait baisser leur cote de séduction, seule chose au monde qui les intéresse. Déjà angoissés à trente ans dans *Extension du domaine de la lutte*, ils sont déliquescents à quarante dans *Les Particules élémentaires* ; toute personne au-delà de cinquante ans (à l'exception notoire des grands-mères) est une "croulure", une "crevure" ou une "vieille pute". Ceux qui ont passé plus de sept décennies sur terre n'ont simplement plus lieu d'être ; on ne leur parle pas et ils n'ont rien à dire ; s'ils ne sont déjà morts et enterrés, ils devraient l'être.

Michel Houellebecq représente l'union la plus étroite qu'on puisse imaginer entre les deux attitudes que j'ai distinguées au début de cette analyse : le *n'est que* (nihiliste) et le *y a qu'à* (utopiste). A le lire, on a l'impression déroutante d'assister à une lutte entre Jésus et Satan enfermés dans une seule et même personne. Cette division se retrouve dans les romans, qui suivent souvent le destin de deux héros complémentaires (Tisserand et le narrateur dans *Extension du domaine de la lutte* ; Bruno et Michel dans *Les Particules élémentaires*), et elle est thématisée par l'auteur lui-même : "Je ressens vivement, dit-il, la nécessité de deux approches complémentaires : le pathétique et le clinique. D'un côté la dissection, l'analyse à froid, l'humour ; de l'autre la participation émotive et lyrique, d'un lyrisme immédiat."

Dans *Les Particules élémentaires*, les deux demi-frères sont contrastés à souhait : Bruno s'abîme dans une quête désespérée du plaisir sexuel ; Michel, en dépit (ou en raison) d'une totale absence d'intérêt pour les autres, fait des recherches pointues en biologie. Même à l'égard de leur mère, une "femme libérée" que tous deux détestent cordialement, leur attitude est différenciée : quand ils viennent lui rendre visite sur son lit de mort, Bruno lui dit : "Tu n'es qu'une vieille pute (...). Tu mérites de crever", alors que Michel, plus détaché, "s'assit en face de lui, à la tête du lit, et alluma une cigarette".

Côté *n'est que*, ce roman comme les autres explore les thèmes néantistes sempiternels : misère sexuelle, absence d'amour, aspiration au suicide, horreur du passage du temps et de la mortalité. L'existence humaine est une chose dérisoire – car, dit l'un des personnages, "quelles que soient les qualités de courage, de sang-froid et d'humour qu'on a pu développer tout au long de sa vie, on finit toujours par avoir le cœur brisé. Au bout du compte il n'y a plus que la solitude, le froid et le silence. Au bout du compte, il n'y a plus que la mort."

Mais à la fin du livre, comme par miracle, surgit le *y a qu'à* : grâce à ses recherches scientifiques patiemment menées en Irlande, Michel le biologiste fait une découverte scientifique susceptible d'engendrer une humanité nouvelle : une espèce asexuée – ou plutôt polysexuée, ayant des zones érogènes réparties sur tout le corps –, non soumise à la déchéance du vieillissement et de la mort. Nous voilà en plein paradis, entourés d'anges androgynes éternellement jeunes. (A vrai dire, on ne comprend pas à quoi serviront les zones érogènes – puisque aussi bien, dans ce *brave new world*, on devrait être enfin libéré de la source de tous nos maux : le désir.) Ce qui est certain, en revanche, c'est que l'érotisme sera totalement scindé de la reproduction : ces mutants se reproduiront quand et comme ils le voudront, par clonage. (Mais pourquoi se reproduire, si l'on est immortel... ?) A la différence de notre humanité actuelle, nous dit Houellebecq, l'espèce nouvelle sera enfin *capable d'amour*. (On se demande comment l'amour pourrait surgir soudain – plein, idéal, universel – de l'indifférence sexuelle et de la non-pertinence du temps.)

Certes, *Les Particules élémentaires* se présentent comme un roman, non comme un essai ; sans doute ne faut-il pas attribuer naïvement à l'auteur nommé Michel le fantasme utopiste de son personnage homonyme. Mais le même fantasme revient dans d'autres travaux de l'auteur : dans son court métrage *Rivière*, il imagine une planète sur laquelle le principe viril se sera éteint et où la féminité aura réussi à le remplacer ; dans *Lanzarote*, la secte azraélienne prépare la régénération de l'humanité par des extraterrestres ; et dans "L'humanité, second stade", sa postface au *Manifeste du SCUM* de Valerie Solanas, Houellebecq fait l'éloge de cette féministe américaine qui prônait purement et simplement l'élimination de la gent masculine. Elle a eu, dit-il, "pratiquement seule de sa génération, le courage de maintenir une attitude progressiste et raisonnée, conforme aux plus nobles aspirations du projet occidental : établir un contrôle technologique absolu de l'homme sur la nature, y compris sur la nature biologique, et son évolution. Cela dans le but à long terme de reconstruire une nouvelle nature sur des bases conformes à la loi morale, c'est-à-dire d'établir le règne universel de l'amour, point final."

Voilà l'inattendu que je t'avais promis, Déesse, et qui rejoint de façon intéressante le constat qu'on avait fait au tout début de ce livre : *ils ont du mal, les hommes modernes*. C'est ce qui explique, je crois, l'énorme succès populaire des livres de Michel Houellebecq : beaucoup d'hommes doivent se reconnaître dans le malaise dont souffrent ses héros ; beaucoup doivent partager leur ressentiment (et leur désarroi) face à l'émancipation des femmes.

Paradoxalement, la misogynie houellebecquienne prend la forme d'un éloge des valeurs féminines. Houellebecq est d'accord avec Solanas pour dire que les hommes sont responsables de tous les maux de l'humanité. Il s'en est expliqué plusieurs fois dans des interviews : les hommes, dit-il, ont toujours évolué dans un monde dur, compétitif, égoïste et violent, alors que, "classiquement, les valeurs féminines étaient empreintes d'altruisme, d'amour, de compassion, de fidélité et de douceur. Même si ces valeurs ont été tournées en dérision, il faut le dire nettement : ce sont des valeurs de civilisation supérieure, dont la disparition totale serait une tragédie."

Ou encore : "Les femmes savent vivre leurs sentiments de manière plus spontanée, parce qu'elles ont développé une culture des sentiments amoureux à laquelle les hommes restent encore en grande partie étrangers. Les hommes sont encore dans l'insécurité, ils sont en crise, et personnellement je trouve que la crise de la masculinité est une bonne nouvelle."

La même conviction se retrouve chez le héros des *Particules élémentaires* : "Décidément, les femmes étaient meilleures que les hommes. Elles étaient plus caressantes, plus aimantes, plus compatissantes et plus douces (...). Elles étaient en outre plus raisonnables, plus intelligentes et plus travailleuses (...). Depuis quelques siècles les hommes ne servaient visiblement à peu près à rien. Ils trompaient parfois leur ennui en faisant des parties de tennis, ce qui était un moindre mal ; mais parfois aussi ils estimaient utiles de *faire avancer l'histoire*, c'est-à-dire essentiellement de provoquer des révolutions et des guerres. Outre les souffrances absurdes qu'elles provoquaient, les révolutions et les guerres détruisaient le meilleur du passé, obligeant à chaque fois à faire table rase pour rebâtir."

Si, malgré cette préférence marquée pour les valeurs féminines, Houellebecq s'érige avec violence contre le féminisme ("J'ai toujours considéré les féministes comme d'aimables connes"), c'est qu'en insistant pour accéder à la contraception et à l'avortement, les femmes n'ont fait qu'exacerber l'individualisme qui ravage déjà nos sociétés. "Le couple et la famille représentaient, écrit Houellebecq, le dernier îlot de communisme primitif au sein de la société libérale. La libération sexuelle eut pour effet la destruction de ces communautés intermédiaires, les dernières à séparer l'individu du marché."

C'est donc qu'il est *pour* ces précieuses "dernières communautés" que sont le couple et la famille ? Non, pourtant : comme tous les négativistes, il se méfie de la vie conjugale comme de la peste. Quand Birgit Sonna lui dit : "Vous êtes marié et heureux depuis quelques années. Est-ce que ceci a contribué à modifier votre vision des choses, à la faire bouger ?" il se rebiffe : "En fait non. Les gens mariés divorcent en général après un certain temps. Kurt Tucholsky a tiré un jour une conclusion amère : «Le mariage n'est en majeure partie rien que du lait brûlé et de l'ennui.»"

Quant à la famille, tous ses romans en illustrent abondamment l'échec. Dans *Les Particules élémentaires*, Bruno se promet de pisser sur les cendres de sa mère après son incinération. *Plateforme* démarre (comme, on l'a dit, bien d'autres romans nihilistes) avec une déclaration d'indifférence devant la mort d'un parent : "Mon père est mort (...). T'as eu des gosses, mon con (...), t'as fourré ta grosse bite dans la chatte de ma mère."

Le fait d'en vouloir à mort aux parents qui vous ont abandonné ne suffit pas pour garantir qu'on deviendra bon parent soi-même : au contraire ! "Il est faux de prétendre, dit Bruno, que les hommes ont eux aussi besoin de pouponner, de jouer avec leurs enfants, de leur faire des câlins. On a beau le répéter depuis des années, ça reste faux. Une fois qu'on a divorcé, que le cadre familial a été brisé, les relations avec ses enfants perdent tout sens. L'enfant c'est le piège qui s'est refermé, c'est l'ennemi qu'on va devoir continuer à entretenir, et qui va vous survivre."

Mais *avant* le divorce, *avant* que le cadre familial ne se brise, les relations entre parents et enfants avaient-elles un sens ? Pas du tout. Même quand son fils est tout bébé, Bruno met des somnifères dans ses biberons pour pouvoir se masturber tranquillement avec le Minitel rose. Alors que sa femme se transforme en mère pouponnante – perdant pour lui, du coup, tout attrait érotique –, Bruno refuse de délaisser sa position d'adolescent. Il désire douloureusement les très jeunes filles ("salopes" dès qu'elles mettent une minijupe). Son fils ne représente à ses yeux qu'un futur rival sexuel, une menace pour sa virilité, la preuve angoissante de son vieillissement. Dans l'œuvre de Houellebecq, *aucun parent ne parle à son enfant, ni ne cherche à établir le moindre lien avec lui.* Même Christiane, la merveilleuse amante de Bruno, n'a aucune tendresse pour son fils adolescent : "Il me méprise, dit-elle, mais je vais encore être obligée de le supporter quelques années." A l'instar de

Chantal, l'héroïne de Kundera dans *L'Identité*, elle serait plutôt soulagée par sa disparition : "S'il se tuait à moto j'aurais de la peine, mais je crois que je me sentirais plus libre."

C'est bizarre, tout de même, dit Déesse Suzy en fronçant les sourcils. Pour un chantre de l'amour universel…

A vrai dire, toutes les théories de Houellebecq sont mises en échec par son mode de vie, ses comportements, ses écrits mêmes. Il se dit "partisan d'une société communiste", tout en reconnaissant qu'il serait incapable d'y vivre. Il est "douloureusement conscient de la nécessité d'une dimension religieuse", mais "à titre personnel foncièrement a-religieux". Il prône l'amour, souhaite même en établir le "règne" (c'est son côté Jésus) et prétend que les femmes seraient plus aptes que les hommes à le faire advenir. Mais ensuite (c'est son côté Satan), il déploie dans sa fiction une haine spectaculaire, bruyante, provocante et détaillée, traitant allègrement les femmes de "conne", "salope", "pouffiasse", "radasse", "vachasse", "vieille garce étale", "pétasse nazie", "pocharde", "pouffiasse karmique", etc., sans parler du traitement qu'il réserve aux Arabes, aux musulmans, aux Thaïlandais, aux Brésiliens, aux "Nègres", aux mères, aux pères, et ainsi de suite.

On commence à le voir, peut-être : Houellebecq a bien des points en commun avec Elfriede Jelinek, sa consœur autrichienne. Comme Elfriede, Michel est longtemps resté sous l'emprise de l'idéologie communiste (héritée, dans son cas, de la grand-mère qui l'a élevé). Comme Elfriede, il est convaincu – il "constate" – que l'époque des individus est révolue, et que, de nos jours, les gens errent à travers l'existence dans une sorte d'atonie généralisée. Comme Elfriede, toujours, il encourage chez ses lecteurs une grégarité élitiste qui autorise le mépris d'à peu près tout le monde. Comme Elfriede, enfin et surtout, sous prétexte de dénoncer des structures politiques et économiques oppressives, il donne libre cours à ses rages personnelles.

C'est un tour de passe-passe extraordinaire : le lecteur, cautionné par les grandes envolées théoriques et pseudo-scientifiques de Michel Houellebecq, se sent intelligent, supérieur, voire révolutionnaire, moyennant quoi il peut se laisser choquer et exciter par les passages violents de provocation pure, comme un enfant de quatre ans par l'usage des gros mots : au fond, le but de tout cela était de lui permettre de montrer-son-derrière-à-la-maîtresse, cracher-dans-la-soupe, chier-sur-le-sol-de-la-cuisine, se-masturber-sur-sa-mère, se-laver-les-mains-dans-le-saladier.

On peut aussi choisir, dit Déesse Suzy en se croisant les bras d'un air sévère, de ne plus lire certains auteurs. La vie est trop courte, je te dis.

Tu as raison.

INTERLUDE :

LA FILLETTE AUX TARTINES

Voici une petite histoire vraie, celle d'une personne que je vais appeler Miriam. (Ce n'est pas le nom sous lequel je l'ai connue, c'est le nom qu'elle s'est choisi plus tard, pour écrire.) L'histoire commence il y a un quart de siècle, quand Miriam n'avait que trois ans, elle est venue en vacances chez nous à la campagne avec son frère et sa sœur, avec sa mère aussi (une amie à moi), il y avait du soleil et de la gaieté, je suis un peu embarrassée par tous ces mots, *vacances*, *familles*, *été*, *gaieté*, je sais bien que ce ne sont pas des mots littéraires mais je n'y peux rien, ils font partie de ma vie et partie, aussi, de cette histoire que j'ai envie de raconter. Je n'ai pas beaucoup de souvenirs du séjour de Miriam chez nous mais je me rappelle que mon mari (aïe ! *mon mari*, encore un mot antilittéraire, c'est affreux) a tartiné des baguettes pour le goûter des enfants. Ce sont des choses qui arrivent. On ne se lève pas le matin en se disant : *Tiens, aujourd'hui je vais faire des tartines pour le goûter des enfants, me voilà doté d'un but dans l'existence* – non, mais les heures s'écoulent, les estomacs crient famine, les enfants réclament, alors on sort le pain, le beurre, le miel, et voilà mon mari en train de faire des tartines à la chaîne pour une demi-douzaine de petiots : les nôtres, ceux de mon amie, ceux des voisins aussi peut-être, il me semble qu'il y avait beaucoup de marmaille dans la cuisine ce jour-là, les enfants avalaient les tartines aussi vite que mon mari pouvait les préparer, il n'en avait pas plus tôt posé une sur l'assiette du dernier que le premier, ayant terminé la sienne, en réclamait une autre, c'est devenu un gag, un jeu, et la minuscule Miriam a épaté tout le monde en engloutissant une-deux-trois-quatre-*cinq* tartines l'une après l'autre. Ça nous a fait rire, nous les adultes, je sais que ça ne fait pas très "vie littéraire" mais c'est ainsi, c'est un fait, on ne pouvait s'empêcher de rire, le fragment de souvenir d'été lointain s'arrête là, tout illuminé de rires et de soleil.

Comme mon amie habite loin de chez nous, je n'ai pas revu Miriam pendant longtemps. La fois suivante, c'était une jeune femme déjà, elle avait dix-huit ans et n'était plus lumineuse mais sombre, assombrie à un point inquiétant m'a-t-il semblé, elle me faisait penser à moi-même à son âge. Du reste (m'a dit sa mère quand Miriam s'est éloignée du jardin où nous prenions le thé ensemble), elle avait envie de devenir écrivain et avait déjà publié de petits textes. Ils étaient étranges, ces textes, un peu inquiétants… Mais c'est normal à son âge, nous sommes-nous dit, ça lui passera.

Au lieu de lui passer, la noirceur s'est emparée de l'âme et du corps de Miriam, elle s'est éloignée de plus en plus du monde des mères, des tasses de thé et des bavardages, tout cela était devenu trop bas pour elle, elle n'aspirait plus qu'à vivre avec Cioran *sur les cimes du désespoir*, dans cet univers de pureté et de froidure à l'air raréfié, dénué de sentiments et autres formes de microbes. Du reste, ses écrits étaient pour l'essentiel, comme ceux de Cioran, des aphorismes : "Etre me gratte. Mais j'arracherai la croûte", écrivait-elle par exemple. "Mes battements de cœur me donnent des coups de couteau." "Vue imprenable sur la mort. On ne verra, de l'extérieur, que la chambre vide." "La vie est le dernier espoir de la mort." "Il n'y a que la vérité qui nous sauverait, et la vérité tue" "Pauvre ombre qui voulut un jour aimer !" "Le monde est une question que Dieu se pose", et ainsi de suite.

Miriam a trouvé des mentors pour l'encourager dans cette voie ténébreuse, pour approuver, louer et publier ses écrits… Et puis, un jour de printemps – oh, je ne prétends pas savoir ce qui s'est passé dans sa tête ce jour-là, personne ne peut le savoir car elle n'a laissé aucune trace d'explication, et il semblerait au contraire qu'elle essayait de s'en sortir, les derniers mots griffonnés dans son cahier étaient : "Je n'arrive pas à danser la danse de la mort" –, n'empêche qu'un jour, elle s'est approchée du balcon d'une fenêtre, à un étage élevé d'un immeuble parisien, et ce balcon elle l'a enjambé, elle l'a fait, elle l'a vraiment fait : non seulement Miriam n'est plus une fillette aux tartines, non seulement elle n'est plus une jeune femme troublée et troublante, *elle n'est plus*, tout court.

Chez les femmes, le néantisme est une position suicidaire.

XII

FEMMES TENTÉES DE NOIR : SARAH KANE, CHRISTINE ANGOT, LINDA LÊ

Que périsse le jour où je suis né
Que l'emplisse de terreur l'obscurité de la nuit
Que soient sombres en son aube les étoiles
Puisse-t-il ne pas voir les paupières du matin
Puisqu'il n'a pu verrouiller le sein de ma mère

SARAH KANE

Je suis née le démon dans la tête. (...) Le sang, au cœur de tout. Le sexe, aussi. (...) Je suis une sale fille, une sale sale sale fille.

CHRISTINE ANGOT

Ma mère, mon saboteur. Elle me donna naissance. Puis, elle n'eut plus qu'un but : faire avorter ma vie.

LINDA LÊ

Il est, je crois, impossible d'être nihiliste et femme sans exercer une violence contre son propre corps. Je me rappelle Colette Peignot, la "Laure" de Georges Bataille et de Michel Leiris, dans cet échange fameux avec sa mère : elle, *la mère* dans toute sa splendeur bourgeoise catholique dégoulinante et culpabilisante, disant à sa fille sur un ton de reproche : Comment peux-tu me parler ainsi, à moi, *ta mère*, qui t'ai donné le jour ? – et elle, Colette, de lui lancer à la tête : *Je n'ai pas demandé à naître !!*

Même si elle ne déteste pas forcément sa mère comme individu, une femme nihiliste déteste ce qui, dans le corps de la femme, est maternel, fécond, changeant, “responsable” de manière flagrante de l'existence des êtres humains sur terre. Souvent, elle aura tendance à être anorexique, à martyriser son corps pour l'empêcher d'être trop “féminin”, trop “naturel”, pour qu'il n'ait pas de règles, pour qu'il ne puisse pas avoir d'enfants, pour le forcer à devenir “chose”, objet, dur, osseux, prévisible, toujours-pareil, pour qu'il ne cède à aucune de ces modifications marécageuses qui caractérisent Déesse Suzy. Elle aspirera à la *pureté* et se sentira toujours, en tant que femme, “impure”, “sale” et “dégoûtante”.

Alors que le suicide est thématisé dans l'œuvre de tous les néantistes, chez les “fillettes aux tartines” c'est un *risque réel*, et ça se comprend. L'ennemi est intérieur, l'ennemi vous ressemble, l'ennemi est soi. Point n'est besoin d'être psychanalyste pour deviner qu'une telle structure schizoïde conduit facilement à la folie. Je vais évoquer dans ce dernier chapitre trois exemples de néantisme au féminin : Sarah Kane, Christine Angot et Linda Lê, et tenter de dégager les ressemblances et les différences – entre elles, d'une part ; entre elles et les hommes, de l'autre.

Premier point commun : toutes les femmes tentées de noir ont connu une grave anomalie dans leur relation au père : celui-ci était soit absent/fou (Jelinek, Lê), soit envahissant-violeur (Angot, Kane).

Deuxième point commun : les femmes mélanomanes ne citent pas Schopenhauer, Nietzsche et Kant ; elles ne trouvent chez les philosophes ni réconfort, ni justification, ni explication de leur détresse. Loin d'être empreints de transcendance, leurs livres nous plongent dans le corps souffrant, ses déjections, ses perversions, ses turpitudes. *Soft* chez Michel Houellebecq, la pornographie devient nettement plus *hard* sous ces plumes féminines. Ce qui les obsède peut se résumer en trois mots : sexualité, folie, art. Trois domaines qui baignent dans, et se nourrissent de, la violence.

Ici je vais faire une entorse à ma règle chronologique et me pencher sur les trois auteurs en ordre non chronologique.

*

Sarah Kane est née en Angleterre en 1971 : avant sa mort à l'âge de vingt-huit ans, elle n'a eu le temps d'écrire en tout et pour tout que cinq pièces de théâtre, mais celles-ci sont traduites et jouées dans de nombreux pays – dont, tout récemment, la France (par la troupe de Peter Brook aux Bouffes du Nord). Kane est un vrai écrivain au style brutal, au désespoir authentique, à l'imagination morbide extravagante. Ses livres s'appellent *Les Anéantis (Blasted)*, *L'Amour de Phèdre (Phaedra's Love)*, *Purifiés (Cleansed)*, *Manque (Crave)* et *4.48 Psychose*. Ses thèmes sont l'inceste, l'androgynie, le travestisme, la mutilation et les greffes d'organes sexuels, le viol, le meurtre, le suicide. On arrache les yeux des gens et on les bouffe. On leur coupe les mains, la langue, les membres. On leur tranche la gorge. On mange des bébés. On se sodomise avec des bâtons et des revolvers. On blasphème à tour de bras.

Voici un dialogue entre Hippolyte et le prêtre dans *L'Amour de Phèdre* :

> HIPPOLYTE. – Dieu est peut-être tout-puissant, mais il est une chose dont il est incapable.
> LE PRÊTRE. – Il y a une forme de pureté en toi.
> HIPPOLYTE. – Il est incapable de me rendre bon.
> LE PRÊTRE. – Non.
> HIPPOLYTE. – Ultime ligne de défense pour l'honnête homme, le libre arbitre est ce qui nous distingue des animaux. *(Il défait son pantalon.)* Et je n'ai aucunement l'intention de me comporter comme un putain d'animal. *(Le Prêtre fait une fellation à Hippolyte.)* A vous l'honneur. *(Il jouit.)*

Doit-on se féliciter de ce qu'une très jeune femme réussisse à écrire avec la même "liberté" que Georges Bataille ? Sarah Kane est un diamant noir, la plus pure illustration qu'on puisse imaginer du caractère autodestructeur du nihilisme chez la femme. Comme Elfriede Jelinek, elle est mue essentiellement par la haine et le besoin de destruction, mais à la différence de Jelinek, elle n'est pas protégée par de grandes justifications politiques et théoriques. Sa haine se retourne donc contre elle-même ("Je suis mauvaise, je suis abîmée et personne ne peut me sauver", dit le personnage nommé "C" dans *Manque*) ; dès lors, la seule issue logique est le suicide.

Les citations bibliques pullulent dans son œuvre (un site Internet en recense plusieurs dizaines), tirées notamment des Psaumes, des Evangiles et du Livre de Job. D'après Claude Régy, qui a consacré à Kane un chapitre de *L'Etat d'incertitude*, "elle a perdu la foi chrétienne assez tard dans sa courte vie (à dix-sept ans) (...). Lui est restée la culpabilité, et la nostalgie de l'unité." Cette nostalgie de l'unité se traduit chez elle, entre autres, par le refus de la différence sexuelle : elle a une forte identification à son frère – présent sous une forme ou une autre dans toutes ses pièces – et, désirant *être* à la fois elle-même et son frère, elle se qualifie d'"hermaphrodite cassé". Le pronom qu'elle choisit en anglais pour se désigner est *hermself*, un mélange de *herself* (elle-même) et de *himself* (lui-même). Adolescente, elle fait une fixation sur l'icône rock Ian Curtis, fondateur et chanteur du groupe Joy Division. Curtis se pend quand Sarah a treize ans ; quinze ans plus tard, à l'hôpital psychiatrique où elle est internée, après une première tentative de suicide aux médicaments, elle choisira la même méthode pour mourir.

L'inceste a marqué Kane de façon indélébile et est un des leitmotiv de son écriture. Dans *L'Amour de Phèdre* il se pratique tous azimuts : non seulement Phèdre fait d'amoureuses fellations à Hippolyte (qui "jouit dans sa bouche sans quitter la télévision des yeux"), mais Thésée viole Strophe, la fille de Phèdre, et lui tranche la gorge parce qu'elle a voulu sauver Hippolyte. La protagoniste de *4.48 Psychose* dit : "Que mon père aille se faire foutre puisqu'il a foutu ma vie en l'air pour de bon et que ma mère aille se faire foutre puisqu'elle ne l'a pas quitté." Et le personnage nommé "C" dans *Manque* : "Encore au lit avec Papa... Personne ne peut me haïr plus que je ne me hais… Mes boyaux n'ont pas tenu. Il me hurle dessus pour voir où j'en suis." Même la rage contre son père finit dans la confusion identitaire et se retourne contre elle : "A quoi je ressemble ? / mais à mon père / oh non oh non oh non / Ouverture de la trappe / Lumière crue / la rupture commence."

Il y a chez Kane, comme chez les hommes mélanomanes, "profond, involontaire, un refus de tout". Son désespoir provient, de façon classique, d'un constat du non-sens de la vie en l'absence de Dieu. Dans *Les Anéantis*, huis clos dans une chambre d'hôtel entre Cate, une jeune femme (vingt et un ans) et Ian, l'ancien mari de sa mère (quarante-cinq ans), alors qu'une guerre civile fait rage au-dehors, Ian finit par demander à Cate de l'aider à mourir.

> CATE. – C'est nul de se tuer.
> IAN. – Non, c'est pas mal.
> CATE. – Dieu n'aimerait pas.
> IAN. – Il n'y en a pas.
> CATE. – Comment tu sais ?
> IAN. – Pas de Dieu. Pas de père Noël. Pas de fées. Pas de forêt enchantée. Rien, putain de rien.
> CATE. – Il faut qu'il y ait quelque chose.
> IAN. – Pourquoi ?
> CATE. – Sinon ça n'a pas de sens.
> IAN. – Putain sois pas idiote, de toute façon ça n'a pas de sens. Aucune raison qu'il y ait un Dieu, uniquement parce que ce serait mieux s'il y en avait un.

Ou encore, ce dernier monologue de Grace dans *Purifiés* :

> Le son d'une voix ou un sourire qu'on saisit au détour d'un miroir
> Salopard comment oses-tu m'abandonner comme ça.
> Je le sentais.

> Là. Dedans. Là.
> Et si je ne le sens pas, alors à quoi bon. Se dire qu'on va se lever, à quoi bon. Se dire qu'on va manger, à quoi bon. Se dire qu'on va s'habiller, à quoi bon. Se dire qu'on va parler, à quoi bon. Se dire qu'on va mourir, putain, à quoi bon.

Le problème de base, comme toujours, c'est le *dualisme*, la tragique séparation de l'âme et du corps : "Je suis acculée par la douce voix psychiatrique de la raison qui me dit qu'il y a une réalité objective où mon corps et mon esprit ne font qu'un. Mais je n'y suis pas et n'y ai jamais été." "Le corps et l'âme ne peuvent jamais être mariés." Telle expression de ce dilemme aurait pu se trouver sous la plume d'un Thomas Bernhard. "Je suis arrivée à la fin de cette répugnante histoire d'une conscience internée dans une carcasse étrangère et crétinisée par l'esprit malveillant de la majorité morale." Mais ce qui répugne particulièrement à Sarah Kane, ce sont les mutations de cette "carcasse étrangère". En effet, Kane souffre d'anorexie-boulimie, les médicaments neuroleptiques la font grossir, elle prend jusqu'à dix-sept kilos, en perd douze, grossit encore, perçoit son corps comme un ennemi : "Je suis grosse… mes hanches sont trop fortes… mes organes génitaux me font horreur."

Revient aussi, lancinant, le thème de la solitude, et le mépris affiché pour "les autres", "les masses", "les gens". Dans *Manque*, par exemple : "Les culs gros, les bras mous, les poils châtains : les gens. On ne peut pas leur parler, il y en a trop. Mais à part eux, qu'y a-t-il ?"

Mais chez Kane figure un autre thème aussi : celui du *dédoublement*. Robin, dans *Purifiés*, nous dit : "Il y avait une voix qui disait de me tuer" – voix qu'on va retrouver chez Linda Lê, et c'est significatif, car aucun homme n'en a fait état. C'est que l'homme néantiste coïncide avec son discours : il rejette sur la femme la faute de l'incarnation et se rêve pure instance intellectuelle. La femme néantiste a beau tenir le même discours, elle reste un corps ; c'est incontournable. On la traite comme tel, elle se perçoit donc comme tel, se laisse violer et violenter – et si elle ne choisit pas (comme Jelinek) de s'affirmer en tant que sujet par le masochisme, elle ne peut que se scinder violemment en deux. D'un côté le corps honni, de l'autre, la voix désincarnée qui s'acharne contre ce corps et veut sa mort.

Enfermée, obsédée, complètement recroquevillée sur sa douleur personnelle, son histoire personnelle, incapable de faire vivre des personnages sans les tailler aussitôt en pièces, sans les martyriser comme elle-même a été martyrisée, Kane se trouve dans une impasse absolue. Loin de percevoir l'écriture comme une planche de salut, la seule valeur possible dans un monde qui va à sa perte, elle la décrit comme un obstacle à la réalisation de son désir de néant. “Je hais ces mots qui me gardent en vie. Je hais ces mots qui m'empêchent de mourir.” Elle n'échafaudera donc pas sur son désespoir, comme les hommes mélanomanes, une œuvre monumentale et rassurante, mais atteindra vite au silence.

Certes, elle était malade. Elle a été reconnue comme cliniquement malade, et traitée dans un hôpital psychiatrique. Mais traitée aussi, au-dehors, comme un grand écrivain. Un des plus grands écrivains de notre temps, encore malheureusement méconnue, dira d'elle Peter Brook. Ses pièces de théâtre, comme celles de Thomas Bernhard, choquent, scandalisent, déclenchent des controverses. L'élite intellectuelle, comme d'habitude, est sous le charme : *puisqu'elle dit le pire*, sans ambages, sans fioritures, en allant droit au but, *ce doit être la vérité*.

*

Pour parler de l'auteur suivant, il vaut mieux mettre une fois pour toutes des guillemets autour de son nom. La personne qui signe Christine Angot un nombre impressionnant de livres fait vivre dans ces ouvrages un personnage nommé "Christine Angot". Si je veux en dire quelque chose, or je veux en dire quelque chose, je ne peux parler que de "Christine Angot" le personnage, sans savoir à quel point il coïncide avec Christine Angot la personne. Les guillemets seront désormais invisibles ; je fais confiance aux lecteurs pour les restituer à chaque occurrence du nom.

Lors de sa naissance à Châteauroux en 1959 et tout au long de son enfance, Christine a porté le nom de sa mère, Schwarz. Angot est le nom de son père – qui, comme le père de Thomas Bernhard, s'est volatilisé en apprenant que son amie était enceinte de ses œuvres. Ce père a ensuite épousé une autre femme et eu avec elle deux enfants "légitimes". Christine n'a pris le nom d'Angot qu'à l'âge de quatorze ans, lorsque (obligé par un arrêté récent qu'a fait valoir la mère) le père l'a reconnue enfin. C'était, d'après Christine, un homme érudit et séduisant ; il travaillait au Conseil de l'Europe et avait un don pour les langues étrangères. Peu de temps après avoir rencontré sa fille adolescente, il s'est mis à la sodomiser et l'a incitée à se livrer avec lui à divers jeux sexuels (jeux qu'elle racontera dans ses livres plus tard, inlassablement, par le menu). Il lui dit et lui répète, tout en lui faisant l'amour, qu'elle lui fait penser à sa mère à lui, une femme belle et passionnée qui a sombré dans la folie et a fini par se suicider en se jetant par la fenêtre, sous les yeux de son mari et de son autre fils.

Perturbée – mais flattée, aussi – par les attentions de son père, Christine le laisse faire pendant deux ans. Elle s'évertue même à inventer de nouveaux jeux pour le surprendre… et puis, à l'âge de seize ans, elle décide de mettre fin à l'inceste. Elle entreprend des études de droit, à Reims puis à Nice. Le sujet de son DEA ? "L'imputabilité des crimes contre l'humanité en droit international public." Pourquoi ce choix ? La réponse à cette question peut surprendre. "Hitler, comme moi à l'époque, était un artiste raté, sans style. Mon frère. Voilà pourquoi. Bien sûr c'était une catastrophe cet homme. Ça n'empêche pas. Son incapacité à s'intégrer et sa rancune l'ont rendu inapte au travail, paresseux, artiste autrement dit." Etourdissant raccourci : la preuve d'un caractère artiste, c'est maintenant la paresse, l'inaptitude au travail ! "Et surtout : hautain, le refus des activités normales. A cause d'un pressentiment. D'être réservé à autre chose. D'indéfinissable. Mais quoi ? Et la fureur contre le monde, le besoin de leur prouver, le désir de subjuguer." Ainsi, ce que j'avais suggéré avec trépidation dans l'interlude sur l'enfance de Hitler est tranquillement revendiqué par Christine Angot. Hitler est son "frère", dit-elle. Il lui ressemble. L'un comme l'autre étaient dans un premier temps des "artistes ratés"… Puis ils ont trouvé leur voie, chacun la sienne. Et accompli de grandes choses.

En 1984, âgée de vingt-cinq ans, Christine épouse un Anglais du nom de Claude. L'inceste reprend un peu, à *son* initiative cette fois (alors que son mari dort à un autre étage de la maison, elle oblige son père à la prendre enfin "comme une femme"), puis s'arrête définitivement. Angot fait une psychanalyse et, comme d'autres néantistes, acculée à un choix entre l'écriture et la folie, choisit l'écriture.

Ses premières publications sont des romans et des pièces de théâtre. Elle y parle déjà copieusement de son inceste mais de façon indirecte, c'est-à-dire à travers des personnages de fiction. Dans *Vu du ciel*, par exemple, la mère, Rachel, s'appelle non pas Schwarz mais Lévy, le mari non pas Claude mais John, et celui qui a abusé de Christine, enfant, est non son père mais l'ami de sa mère. La narratrice, c'est l'ange de Séverine, une petite fille sodomisée, étranglée et tuée à Amiens ; du ciel, elle suit l'existence de Christine, que ce fait divers a bouleversée.

De façon frappante, alors qu'Angot dit n'avoir envers sa mère que des sentiments positifs, la matrophobie surgit régulièrement dans ses livres. Dans *Not to be*, l'inceste, au lieu d'être entre père et fille, est entre mère et fils. Le narrateur est un homme hospitalisé, prostré, incapable de dormir et de parler. Son amie Muriel voudrait un enfant de lui mais il refuse : "J'aurais eu trop peur d'un baiser de ma mère sur lui (…). La vieille putasse aurait voulu s'y chauffer. J'avais peur pour lui des poils aux joues de ma mère." Il se masturbe après chaque visite de sa mère et décrit ses éjaculations comme la même chose que du crachat, du vomi, un pet, un rot. "Je me dégoûte tellement d'être né que ça me fait bander, j'inonde son visage poilu, et meurs dans une pollution. Une belle mort, dans le pourri." Nous ne sommes pas loin de Michel Houellebecq et son extase du dégoût.

Dans la pièce de théâtre *Corps plongés dans un liquide* (1992), le Chœur dit : "Le père a abandonné Catherine quand elle est née. Il s'occupe d'elle plus tard. Il s'en occupe mais dans le mauvais sens. Dans le sens «occupe-toi de moi chérie»." On retrouve ici, dans la bouche du "père", les images de mutilation qui hantaient Sarah Kane : "Elle a mordu mon cou au sang. A déchiré mon cou. Coupé ma main qui se tendait pour implorer. Coupé l'autre main. Et pris mon sexe dans sa bouche (...). Puis, clac, un coup de dents, elle a coupé le bout de mon sexe. En sang (...). Elle a ouvert mon ventre au couteau (...). Mon ventre béant plein de tripes."

En 1993 (elle a trente-quatre ans), Christine Angot met au monde une fille nommée Léonore : c'est le deuxième et dernier exemple de néantiste parent dans notre échantillon. Elle décrira l'accouchement comme une "horreur" et n'hésitera pas, pour nous aider à en mesurer l'atrocité, à la comparer à d'autres horreurs : "Auschwitz en mille fois pire", dira-t-elle à de nombreuses reprises. Ainsi, si mes calculs sont corrects, la naissance de Léonore fut l'équivalent de 3 000 000 x 1000 = *trois milliards de morts*. L'Holocauste et ses résultats modestes vont se nicher jusque dans l'inconscient de l'écrivain : elle raconte un rêve dans lequel un juif nommé Novar viole froidement Angst, un Allemand : "Le sphincter se resserrait sur le bélier de glace. Novar a poussé son engin jusqu'à ce que ses couilles s'incrustent dans la peau des fesses d'Angst. A cet instant, Angst comprend qu'il est antisémite. Là-dessus [ajoute Angot, nom qu'une seule lettre distingue d'*Angst*, l'angoisse], je me suis réveillée et j'ai pensé à Léonore, ma création. Et que l'accouchement d'une femme, c'était mille fois pire que ça, l'antisémitisme."

La maternité marque un tournant décisif dans l'existence d'Angot, à deux points de vue. Elle décide, premièrement, qu'elle n'a plus envie de mourir et, deuxièmement, que *la fiction ne l'intéresse plus.* "J'ai arrêté d'écrire à cause d'elle, des romans je veux dire. Oh ! je ne regrette pas. C'est une activité pour des gens sans enfants, prêts au suicide (...). Depuis qu'elle est là, j'ai envie de rester."

Dorénavant, tous les livres d'Angot porteront la même dédicace : "A ma belle Léonore." Ils se caractérisent, exactement comme l'inceste dont elle a été victime, par l'effacement des limites symboliques. Angot ne se contente pas, comme son père, d'abolir la précieuse frontière entre les générations, elle détruit aussi celle qui sépare le privé du public. Tout ce qui est vécu ou pensé doit être écrit et publié : à l'écrivain (qui, dans un monde sans Dieu, occupe la place de Dieu), tout est permis. Elle ressasse son statut d'écrivain comme un mantra, se met constamment en scène dans son geste de création, nous fait part du moindre coup de téléphone ou fax échangé avec son éditeur. Pire, elle note scrupuleusement tout ce qui lui passe par la tête au sujet de sa fille, y compris ses propres désirs d'inceste. Elle s'étonne, même, que son père n'ait pas eu envie de la violer dès l'âge de huit mois. "Léonore, je me la ferais bien dès maintenant. Je ne dis pas ça par provocation (...). Je dis seulement : Je comprends l'attirance sexuelle pour son enfant, sa fille, puisque je l'éprouve. Je le dis. J'ai le droit de le dire puisque je l'éprouve."

Elle invente, avec sa fille bébé en héroïne future, des scénarios sexuels hallucinants. Puis elle imagine Léonore, plus tard, en train de punir son vieux grand-père pour l'inceste (les punitions sont bien sûr de la même nature que son crime). Elle est consciente de la ressemblance entre les deux formes d'inceste, les deux destructions de l'enfant : "Ces pages la détruisent mais qu'est-ce que j'y peux ? Mon père il bandait, qu'est-ce qu'il y pouvait ?" "Je suis en train de la détruire… Que jamais elle ne lise ça, c'est une illusion. Bien sûr elle le lira. Même tard, ça la détruira, c'est comme ça."

Angot qualifie elle-même son stylo de "pénis sadique". La pulsion littéraire, tient-elle à nous faire comprendre, est de la même nature, souveraine et impérieuse, que la pulsion sexuelle ; "c'est comme ça" : on est prié de ne pas porter de jugement moral ; on est prié d'admirer et c'est tout.

En 1997, peut-être après s'être entendu dire qu'elle racontait toujours la même histoire et que ça commençait à devenir lassant, Angot avoue : "Je n'avais plus d'idées. J'ai demandé aux autres de me parler. Ils ont des vies qu'on doit pouvoir raconter. Je me disais. Les autres." Le livre qui en résulte s'appelle… *Les Autres*, et c'est consternant. L'auteur nous jette à la figure, en vrac, une série de petits bouts d'histoires différentes qui tournent presque toutes autour de rencontres sexuelles (Minitel, premières fois, etc.). Elle essaie, elle essaie de s'intéresser à ces autres mais cela ne marche pas car elle ne les respecte pas et ne sait pas les écouter (du coup c'est ennuyeux pour nous aussi). De toute façon, c'est plus fort qu'elle, elle finit par revenir à elle-même : son père, son inceste, sa fille, son mari, son cul. A la page 82, ne sachant vraiment plus quoi écrire (mais *il faut écrire* n'est-ce pas, il faut écrire parce qu'on est un écrivain et que les écrivains, ça écrit !), Angot décide de nous citer quelques-unes des pires séquences du *Livre noir des crimes nazis*... là aussi en vrac, sans commentaire, parce que c'est croustillant ; pure pornographie. Comme Houellebecq détaillant les sévices et les meurtres rituels des sectes californiennes, sous prétexte de dénoncer l'horreur elle nous met le nez dedans, nous transforme en voyeurs, nous rend complices de ses perversions si tristes.

D'année en année, de livre en livre, cela continue ainsi ; Angot a trouvé son rythme de croisière. En 1999, elle publie *L'Inceste*, une "bombe" qui restera plusieurs mois sur la liste des meilleures ventes. Là, on apprend qu'elle a enfin quitté Claude et qu'elle est tombée amoureuse d'une femme (comme Sarah Kane, soit dit en passant, elle choisit une femme médecin devant qui elle peut étaler son malheur, tout en l'assurant qu'elle ne peut rien faire pour l'aider). Cela aussi, elle voudrait que Léonore puisse le comprendre mais non, dommage, elle est encore trop petite. "L'idée de moi et Marie ne l'effleurait pas. Ses seins, ses yeux de femme, maquillés, et qui mouillait. Sur ma cuisse, qui mouillait sur ma cuisse, comment ça aurait pu l'effleurer, ma chérie ?" Elle sait qu'elle est folle mais elle *écrit* qu'elle est folle, donc ce n'est plus une folle c'est un écrivain : "C'est ça, ou la clinique. Je suis obligée. C'est la clinique ou vous parler. A vous. L'écriture est une sorte de rempart contre la folie, j'ai déjà bien de la chance d'être écrivain, d'avoir au moins cette possibilité. C'est déjà ça." Et Josyane Savigneau, dans *Le Monde*, de saluer son talent révolutionnaire : "Christine Angot va gagner.

Parce qu'elle ne risque pas de plaire (...). Elle n'est pas humaniste, elle a fait exploser le réalisme, la pseudo-littérature consensuelle, provocante ou faussement étrange, pour poser la seule question, la plus dérangeante : quel est le rapport d'un écrivain à la réalité ?"

Les lecteurs sont fascinés, en effet. Ils n'avaient encore jamais vu ça ! Cette transgression courageuse de tous les tabous, ce refus des limites et des frontières, quelle liberté d'expression, elle dit tout sur tout et sur tout le monde, elle raconte ses problèmes sphinctériens dus à la sodomisation paternelle, ses constipations, ses insomnies, ses problèmes conjugaux, ses interviews, ses chiffres de vente ; elle recopie dans ses livres les lettres de ses fans, de son éditeur, de son mari, et même ses *propres* lettres à son mari. Parfois son autovoyeurisme l'inhibe un peu et produit des effets comiques : "Je viens d'écrire à Claude, je recopie la lettre. «(...) Je n'arrive même plus à t'écrire parce que je me dis que je vais peut-être recopier la lettre dans mon texte, et je n'arrive plus à rien te dire.»"

Pendant que Christine écrivait *L'Inceste*, son père sombrait peu à peu dans la maladie d'Alzheimer ; il mourra deux mois après la publication de ce "roman". De façon intéressante, alors que jusque-là tout était la faute à l'inceste ("Oui, cela bousille la vie d'une femme. Cela bousille une femme, même, on pourrait aller jusqu'à dire. C'est un sabotage"), après la disparition du père, Angot découvre que non, en fait : le trauma originel, responsable de son mal de vivre, remonte plus loin que l'inceste, bien plus loin. Ça remonte à sa petite enfance à Châteauroux – au jour où, lors d'un repas familial au restaurant, elle a compris qu'elle *n'avait pas le droit de commander ce qu'elle voulait.* On mettait des limites à sa liberté ! Pas de frites, de la salade ! Ou pas de pâtes, des haricots verts ! Vous vous rendez compte de l'horreur ? *Ça*, cette répression, cette ingérence inadmissible des adultes dans le désir de l'enfant, ça vous traumatise à jamais. Et dans le passage qui évoque ce drame dévastateur, Angot opère le même glissement que Kundera entre le familial et le politique, deux formes d'*appartenance* que l'on doit rejeter avec violence. "Je suis dans un restaurant avec cette famille. Je ne dirai jamais ma famille. Pourquoi ne pas m'inscrire à un parti politique tant que j'y suis, pourquoi ne pas m'inscrire au Front national tant que j'y suis, non, je ne m'inscris pas non plus dans une famille, il faut être un peu cohérent." Un peu cohérent ? Si peu ! Car l'on ne s'inscrit pas dans une famille ; qu'on le veuille ou non (je sais, je sais, on ne le veut pas), par ses gènes et ses chromosomes, on y *est* inscrit toujours-déjà, et à jamais. Et, à l'inverse, les partis politiques n'engendrent pas de bébés. Angot partage avec tous les nihilistes, d'une part, la haine des familles et, de l'autre, le mythe de la liberté absolue, l'absurde conviction que l'être humain devrait être "indépendant" dès la naissance. Et si l'on tente patiemment de leur montrer l'incohérence de cette position (sans famille, pas de "soi"), ils vous lancent – comme Cioran, ou Colette Peignot : *Ah ! tant mieux ! Je n'ai pas demandé à naître !* Ce qui met fin (ils ne voient pas combien bêtement) à la discussion.

Mais, ayant souffert de manière si atroce aux mains d'une famille injuste, Angot a-t-elle au moins su laisser à sa propre fille une liberté totale ? Au contraire, comme on l'a vu, elle l'a ligotée dès la naissance dans les rets de ses mots, ses phrases et ses fantasmes – et maintenant, plus rien ne la retient : "Je lance un appel : tuez-la pour moi. Je ne sais pas comment je peux écrire des choses pareilles. Il se trouve toujours quelqu'un pour faire des folies qu'on demande parmi les lecteurs. Tout ce qu'on écrit. Je prends le risque. On ne pourra pas me reprocher, morte, de ne pas avoir donné à la littérature le maximum." (Léonore a neuf ans lors de la publication de ce livre.) Puisqu'il a tous les droits, l'écrivain a aussi le droit d'immoler son enfant sur l'autel de son talent. A bas l'humanité ! Vive l'art ! Venez tuer ma fille ! Mais oui, je prends le risque ! Je suis prête à vous offrir ma fille en holocauste ! A cette aune sublime, vous mesurerez le caractère absolu de mon engagement artistique !

Mais cet engagement artistique est en fait une déclaration de guerre à l'art. Le credo littéraire d'Angot est simple, et atterrant : "On doit accepter d'écrire, de raconter et de traduire seulement ce qui nous est arrivé. Seulement ce qui nous est arrivé." Avec ce credo, on arrive à la pointe extrême de la défaite du roman. Adieu l'imagination. Adieu la transformation, la sublimation, la transfiguration, l'invention, la miraculeuse présence des autres. Reddition totale à ce que Romain Gary appelait "l'ennemi" : le réel.

"Un jour viendra où les femmes auront des yeux d'or rouge, des cheveux d'or rouge, et la poésie de leur sexe se verra réinventée", avait prédit Ingeborg Bachmann dans *Malina*. L'engouement contemporain pour l'"autofiction" représente tout sauf cela : dans le même temps qu'il sacralise le geste d'écrire (la publication vous donne le droit de faire sauter toutes les barrières censées protéger l'intimité), il abandonne l'imaginaire au profit du réel. Très intéressant, ce glissement qui s'est produit dans les valeurs littéraires depuis un siècle et demi. Longtemps, pour être considéré comme grand, un roman se devait d'être à la fois bien écrit et complexe sur le plan moral. Hugo, Dumas, Balzac, Sand : ces auteurs vous apprenaient quelque chose sur la vie humaine, ils ouvraient des portes, fouillaient les tréfonds de l'âme, cherchaient la nuance ; leur littérature était "morale" non parce qu'elle véhiculait un message simple et édifiant (à cela les doctrines religieuses suffisaient), mais par l'effort d'identification à l'autre, aux autres, qu'elle demandait à ses lecteurs. Dans un deuxième temps, pour des raisons historiques faciles à saisir, il a été admis que le message d'un roman pût être noir, simplifié, absolutiste, désespérant même, du moment que l'ensemble était "racheté" – c'est-à-dire humanisé, moralisé – par un très haut style (Beckett, Cioran, Bernhard). Mais, peu à peu, on s'est mis à confondre noirceur et excellence, à prendre la noirceur comme telle pour une preuve d'excellence. Et aujourd'hui, du moment qu'un livre proclame : "Tout est de la merde", il est quasiment sûr de devenir un best-seller. Plus besoin de savoir faire une phrase, construire, agencer, composer : non, on jette sur la page tout ce qui vous passe par la tête, y compris et surtout les fantasmes pornographiques les plus violents, et le public crie au génie. Voilà le progrès : on est passé des pierres précieuses… aux diamants noirs… au tas de charbon.

*

De tous les néantistes vivants, Linda Lê est celle que je préfère. Je la vois presque comme une petite sœur, une "fillette aux tartines" que j'aurais envie de protéger : tenez bon, prenez soin de vous, vous vous en sortirez j'en suis certaine.

Elle est née à Dalat, au Viêtnam, en 1963. Comme l'héroïne de *Calomnies*, elle est tourmentée par un doute quant à l'identité de son père : était-ce celui qui l'a reconnue et lui a donné son nom de famille, le mari de sa mère, artiste rêveur qui n'a jamais mené à bien aucun projet et que sa belle-famille considère comme un raté – ou alors l'autre, l'amant romantique perpétuellement en voyage, homme de pouvoir, homme de guerre, qui lui a donné son "prénom international et une layette rose" ?

Linda, "prénom international", pressera sa mère de lui dire la vérité sur son géniteur, mais le doute ne sera jamais complètement levé. A toutes fins utiles, son beau-père est son père. Mais de lui aussi elle vivra séparée : en 1979 (elle a seize ans), sa mère le quitte pour s'installer en France avec ses trois filles. A partir de là, Linda "ne désire qu'une chose, écrire, écrire dans la langue étrangère". Elle commence à publier très jeune : son premier livre paraît quand elle a vingt-trois ans et depuis, il n'y a presque pas eu d'année sans livre. Outre ses romans et nouvelles, elle a écrit un essai sur Ingeborg Bachmann, *Tu écriras sur le bonheur*, un autre sur Marina Tsvetaeva, *Marina Tsvetaeva. Comment ça va la vie, ?* et une préface au *Journal de Satan et autres récits* de l'écrivain russe Andreïev. C'est une femme sans enfants, secrète et solitaire ; plus que tous les autres mélanomanes, Beckett et Kundera compris, elle fuit la publicité. J'ignore le détail des études qu'a faites Linda Lê mais je suis persuadée que ces études, en lui fournissant une structure de pensée, en lui donnant une distance critique par rapport à l'écriture, lui ont évité de succomber à l'autodestruction qui guette forcément une femme néantiste.

Même si elle est bilingue depuis l'enfance (ayant été envoyée au lycée français de Dalat), il est vraisemblable que s'applique à elle ce que dit "l'oncle fou" de sa nièce dans *Calomnies* : "La langue française est pour elle ce que la folie a été pour moi : un moyen d'échapper à sa famille, de sauvegarder sa solitude, son intégrité mentale."

Enracinée dans la tradition littéraire viêtnamienne peuplée de fantômes et de vampires, frôlant toujours le surnaturel, son imagination est riche et sombre. L'univers de ses livres est celui du déracinement, de l'errance, de la déchéance, de la laideur, de la mendicité, des mauvaises odeurs, des non-rencontres, des meurtres et des suicides. Son style, en revanche (surtout si on le compare à celui de Houellebecq, dont les thèmes sont proches), est élevé, ciselé, presque cioranien dans sa concision (du reste, elle fait souvent allusion à Cioran sans le nommer*).

Nombreux sont les personnages de Lê, hommes et femmes, qui se donnent la mort. Comme le suggèrent les titres de ses nouvelles – "Lettre d'un gardien de cimetière", "Un macchabée ricanant",

* Oui : les néantistes se lisent et aiment à se citer les uns les autres. Dans *Pourquoi le Brésil ?*, dernier livre en date de Christine Angot, figure une citation de Linda Lê ; l'une et l'autre mettent en exergue de leurs textes des "perles" de Bernhard, de Beckett, etc.

"Nécrologie d'une ouvreuse", "Le corbillard de la danseuse", "Place au néant !", etc. –, l'attirance pour la mort est le thème prédominant de son œuvre, au point d'en être presque un tic. Contrairement aux romans, les nouvelles de Lê cherchent à raconter des histoires, mais elles ressemblent davantage à des tableaux qu'à des films : l'intrigue est soumise à une seule et unique "idée" de départ. Au lieu que les personnages échappent à leur auteur pour devenir "vivants", on a presque l'impression que l'auteur se cramponne à ses personnages pour ne pas sombrer. Tous les livres de Lê sont la mise en forme un peu rigide, un peu glaciale, d'une souffrance inouïe : la menace de la folie.

A la différence d'Angot, Lê n'écrit jamais de façon directement autobiographique, mais certains personnages et situations reviennent sous sa plume de façon si obsédante qu'il est difficile de ne pas les relier à son histoire personnelle. C'est le cas notamment des deux individus qu'elle nomme, dans une nouvelle de jeunesse, "la cocotte et le raté", et qui semblent figurer sa mère et son (beau-)père : "L'alliance du pleutre et de la péronnelle permit la naissance d'une fille (...). L'enfant de la cocotte et du raté est persuadée que le gène de la lâcheté et de la sottise lui ronge le ventre. Depuis dix-sept ans, sa vie est une vomissure."

Dans les premiers récits, l'action est presque toujours décrite du point de vue d'un protagoniste masculin, soit à la première, soit à la troisième personne : c'est qu'il est plus facile pour un homme que pour une femme d'assumer la haine de la chair mère. Revient dans ces histoires, encore et encore, la mère folle, envahissante, coquette et "cocotte", excessivement charnelle – très proche de la “maman” de Tereza dans *L'Insoutenable Légèreté de l'être*. Elle s'appelle Marthe, Mad Eyes, Mandragore, Lady Macbeth, Méduse… Jalouse de la beauté de sa fille, elle s'acharne sur elle pour la détruire.

L'autre figure paradigmatique est celle du père anéanti par la disparition de sa fille. Le narrateur de *Fuir* (1988), par exemple, a épousé une femme vaine et vulgaire. Enceinte de neuf mois, celle-ci se livre à un jeu stupide et, à la suite d'une mauvaise chute, perd l'enfant. Or, cette mort la laisse indifférente – mais le père, lui, est inconsolable. Il avait rêvé d'une relation parfaite avec sa fille : “Disparue, mon innocente, pendant que sa garce de mère se portait à merveille, ressortait des armoires ses tuniques moulantes cintrées à la taille (…). Ma petite fille ignorait ces artifices, elle dont le cadavre pourrissait sous mes pieds.”

De façon frappante, dans “La vitrioleuse”, une des rares nouvelles de Linda Lê à épouser le point de vue d'une femme, celle-ci se décrit comme scindée en deux. “La haine d'être deux, dit-elle, l'horreur de devoir toujours me représenter, une scie à la main, prête à trancher mon corps dans le sens de la longueur. Je ne puis dire *je* sans aussitôt dire *elle* (…). Elle est la saboteuse que je porte en moi, et qui chaque jour sur le ring me provoque (…). Je bâcle mes aveux, elle pomponne sa littérature (…). Son corps de nymphe est un tombeau pour mon cadavre pourrissant (…). Elle, la belle enveloppe, moi le message bordé de noir”, etc.

Tant qu'elle réussit à rester dans la tête de ses hommes, Linda Lê est aussi souveraine et cinglante qu'un Bernhard ou qu'un Houellebecq ; dès qu'elle revient du côté de la femme, elle se divise pour ne pas être détruite par cette même violence. Personne, mieux que Lê, n'a fait la démonstration de l'impasse où se trouve une femme tentée de noir. Si elle opte en faveur du néant, elle est menacée de folie. Pour tenir la folie à distance, il lui faut *vouloir vivre* – mais, ce faisant, elle se retrouve dans la "glu" du monde maternel qui l'horripile.

Mais Lê fait aussi une découverte importante, qui va l'aider à sortir de cette impasse : *les hommes néantistes ne sont pas ses frères*. Toujours enchantés de rencontrer de belles et fragiles jeunes femmes qui fuient leur mère, ils sont friands de jeux cruels dont son corps et son âme font les frais. Avec le passage du temps, elle comprend qu'à s'identifier à eux, elle risque sa peau. Elle commence à les voir de l'extérieur. Elle leur donne des noms macabres – Bellemort, Ricin, Morgue – et décrit avec sarcasme leurs manèges de satyres : "Ricin a envers les femmes l'attitude des terroristes envers les grandes puissances : il les approche, infiltre leur vie dans le seul but de les humilier, de les blesser, de les marquer. Ce qui l'attire chez elles, c'est sa propre volonté de les détruire, de les anéantir."

D'autre part, là où les hommes nihilistes perçoivent la création artistique comme une rédemption, pour Linda Lê comme pour Sarah Kane, *même l'art* fait partie de la dérision générale. Dans l'œuvre de Lê, toutes les héroïnes qui écrivent dénigrent leur propre activité littéraire, se moquent de la passion qu'elles vouent à noircir du papier.

Même dans "Vinh L", où le protagoniste écrivain est homme (un cannibale), la victoire de la littérature est toute relative : "J'ai voulu danser en solitaire, dit-il, loin des hommes, loin de la vie, avec, pour uniques cavalières, des phrases bien mises, d'une beauté noire et glaciale (...). Je vivais mort. J'avais sauvé ma peau ; mais j'avais peur de sentir, parce que sentir, c'est pourrir. Je tenais ma mère en pauvre estime ; elle vaut mieux qu'un peloton de pauvres types comme moi, qui n'ont de goût que pour l'autodestruction bavarde et le caquetage autour du néant."

A la fin de cette nouvelle apparaît un thème nouveau, et qui s'avérera décisif pour Linda Lê : à la suite de la mort de son père, le narrateur aspire à se transformer en retournant dans son pays d'origine. En 1996, après dix-sept ans d'exil, après la mort de son père à elle, Lê retourne pour la première fois au Viêtnam. Cet événement donnera lieu à une trilogie romanesque (*Les Trois Parques*, *Voix* et *Lettre morte*) où on la voit en train de lutter pour se dégager de la position nihiliste/masochiste. La narratrice (à chaque fois une femme, maintenant) est traquée par la folie ; elle a des hallucinations atroces ; comme Sarah Kane, elle entend des voix qui l'incitent à se tuer : "Mes prières ne recueillent en réponse que des ricanements, les ricanements d'un dieu qui se tait et laisse les voix m'encercler dans des fils barbelés, Détruis-toi !"

Pas d'articulation, pas d'alinéas, pas de développement : ce sont des textes magmas, des ressassements de malheur à l'infini, presque aussi compacts et étouffants que les livres d'Elfriede Jelinek. Mais, dans le troisième tome de la trilogie, surgit pour la première fois *de l'altérité* : un destinataire. La narratrice s'adresse à un "tendre ami" du nom de Sirius. Elle lui parle de la culpabilité qui la taraude : à cause de Morgue, son amant sadique, elle n'est pas retournée au Viêtnam à temps pour revoir son père bien-aimé avant sa mort. Maintenant, dit-elle, "je porte le cadavre de mon père sur mon dos, mes épaules ploient sous la charge". Elle ne possède plus que ses lettres, écrites au long des années, mais "le moindre mot me déchire, le moindre fragment de phrase me donne une douleur fulgurante au ventre". La fin du livre montre cette héroïne en train de désirer enfin une métamorphose. Elle a quitté son amant. "La mort de mon père signifiera-t-elle ma mort ou une seconde naissance ?" se demande-t-elle. Et, petit à petit, elle se met à espérer : "Adieu, Morgue (...). Le jour se lève, Sirius. Ouvre donc cette fenêtre. Laisse pénétrer la fraîcheur de l'aube."

Dans le livre suivant, intitulé justement... *Les Aubes* (2000), Lê annonce dès la première page une couleur autre que le noir : "Je rêve, dit-elle, d'un livre de deuil et de renaissance, de mort et de sensualité, un livre qui me sauverait de moi, que la pensée du suicide a toujours accompagnée." Elle reprend ici, avec les mêmes détails mais sous une forme romancée, l'histoire d'Ingeborg Bachmann qu'elle avait écrite "factuellement" dans *Tu écriras sur le bonheur.* Suit un recueil de nouvelles intitulé *Autres jeux avec le feu*, où l'on voit l'auteur aux prises avec tous les dilemmes de l'exil : l'autre soi qu'on avait laissé dans le pays natal, et qui reprend vie ; la culpabilité d'avoir abandonné sa maison, son pays, sa langue d'origine ; la hantise de perdre sa deuxième langue, celle de l'écriture... culminant dans "Anatomie d'une illusion", lettre écrite par le père resté au Viêtnam à un ami exilé en France. La vérité, dit le père dans ce très beau texte, c'est que, loin de s'être effondré lors du départ de sa femme et de ses filles, il a bêtement et banalement "continué à vivre". Volontairement, il a laissé sa fille croire que son départ l'avait laissé prostré – car elle était "encore dans cette époque de la vie où l'on a besoin de se nourrir de fiction (...). Elle serait perdue, sans la force que lui donne la certitude de mon malheur."

Puisqu'elle est capable de construire une histoire dans laquelle son père formule cette idée-là, la fille est visiblement en train de se libérer. Elle n'a plus besoin du malheur paternel pour vivre. La lettre du père contient encore une phrase étonnante, indice certain que Linda Lê a acquis une nouvelle perspicacité à l'égard du nihilisme : "Quand on se réfugie dans le désespoir, dit le père, ce qui paralyse n'est pas l'indifférence absolue à son sort, mais au contraire un grand souci de soi qui, faute de pouvoir s'exprimer, trouve dans le désir de mort un accomplissement de sa volonté de puissance."

Bravo ! s'exclame Déesse Suzy. Cela s'applique, me semble-t-il, à pas mal des professeurs de désespoir qu'on a vus défiler ici.

Ah. Oui. C'est extraordinaire. Avec une intuition comme celle-là, il me semble que Linda Lê va non seulement sauver sa peau, mais aller loin.

Reste à régler le problème de la mère. C'est ce à quoi elle s'appliquera dans "L'araignée", l'histoire d'un écrivain enfermé dans un asile psychiatrique ; apparemment, il a tué sa mère, mais il n'en garde aucun souvenir. (Ici encore, pour se protéger de sa propre violence, Lê revient au narrateur masculin.) Les tristes ruminations du malade se terminent par ce constat terrible : "L'adulte en moi voudrait avoir commis ce meurtre comme si je m'étais tué à travers ma mère et que par là même j'avais fait la paix avec ce qui en moi aspirait depuis toujours à la mort. Mais l'enfant que je demeure, l'enfant qui attend toujours au pied du lit que sa mère l'invite à venir se réchauffer contre elle, l'enfant n'accepte pas que son attente déçue l'ait conduit à détruire ses espérances."

Cette nouvelle représente une belle victoire : Linda Lê a compris que la mère haïe, *elle l'a aimée aussi*, et que, si elle a voulu la tuer, c'est qu'elle n'a pas su répondre à son besoin de tendresse. La compréhension n'apporte pas la tendresse manquante (rien, jamais, ne pourra combler ce manque) ; mais au moins la fille n'est-elle plus contrainte de rejouer perpétuellement le rejet d'elle-même. Retrouver l'enfant en soi, l'enfant oublié, c'est faire le premier pas pour quitter le royaume du néantisme. Dans ce royaume, il est interdit de vouloir aller mieux. On doit chérir son malheur, choyer ses pulsions suicidaires, s'ériger en héros tragique de sa propre dépression. Loin de chercher à sortir de la souffrance, on doit l'entretenir, la nourrir et la pomponner, pour en faire une œuvre grandiose.

Délivrée, tant du fantôme du père malheureux que du fantasme de la mère folle, Linda Lê peut enfin goûter à la liberté. Non plus celle – solitaire, solaire, agressive – des néantistes, mais la seule liberté réelle dont disposent les êtres humains : celle de donner, et de recevoir ; celle de *se transformer au contact des autres.*

Le roman le plus récent de Lê, *Personne* (2003), est un livre fait de fragments, souvent coupants encore, oui, souvent des échardes… mais, grâce à un voyage à Prague, Personne, le narrateur, se dit capable enfin de "négocier avec son ennemi intime des moments de paix". Ici, au lieu de fabriquer de parfaits joyaux noirs, durs et immobiles à la Cioran, Lê se montre désireuse de faire de son écriture un geste vers autrui. "Peut-être ces notes sont-elles comme l'anneau de Polycrate, écrit-elle. Je les crois garantes de mon bonheur. Je crois en leur pouvoir de me retenir au bord de l'abîme. Si je m'en défais, comme Polycrate s'est défait de son anneau, elles me reviendront, non comme l'anneau dans un poisson, mais comme du fretin dansant dans le regard d'un inconnu que je croiserai en devinant qu'il les a repêchées."

Dans les "Carnets de Tima" dont des extraits ponctuent le roman, on lit pour la première fois sous la plume de Lê l'évocation d'instants de pure félicité : "A Prague, j'ai réappris à marcher, à parler, à aimer le soleil, à aimer entendre la lecture à haute voix, et à aimer lire à haute voix. La Bohême, dit-on, est une fabrique de rêves. Me revenaient en mémoire les mots de Frénaud, *En se liant, ils se désentravent.*"

Répétons cette phrase, car elle vaut son pesant d'or : *"En se liant, ils se désentravent."* Lê a dépassé la perception infantile de Kundera, pour qui les liens sont autant de "ficelles" qui, "de multiples façons", ligotent l'artiste. Elle remercie tous ceux (entre autres, les fantômes de Kafka et de Marina Tsvetaeva) qui, en lui confiant leurs "moments de vie", l'ont aidée à se reconstruire.

Et voici le tout dernier paragraphe du livre : "Je quitte le chevet des gisants et je mets fin à ces notes. Mon salut à la ville qui a suscité ces pages. Celui qui les trouvera pourra y ajouter d'autres échos de vie."

Là, dit Déesse Suzy – ses yeux brillent, et je vois éclore sur son visage un immense sourire –, ce ne sont plus les mots d'une nihiliste.

INTERLUDE :

SAGESSE D'AILLEURS II

Nous avons plongé dans l'Essence
et fait le tour du corps humain
Trouvé le cours des univers
tout entier dans le corps humain
Et tous ces cieux qui tourbillonnent
et tous ces lieux sous cette terre
Ces soixante-dix mille voiles
dans le corps humain découverts
Les sept ciels les mots et les mers
et les sept niveaux telluriques
L'envol ou la chute aux enfers
tout cela dans le corps humain
Et la nuit ainsi que le jour
et les sept étoiles du ciel
Les tables de l'initiation
sont aussi dans le corps humain
Et le Sinaï où monta Moïse
– ou bien la Kaaba
L'Archange sonnant la trompette
mêmement dans le corps humain
La Bible et l'Ancien Testament
et les Psaumes et le Coran
Toutes paroles écrites
se trouvent dans le corps humain
Ce que dit Yunus est exact
nous avons confirmé ses dires

Dieu est où le met ton désir :
tout entier dans le corps humain.

YUNUS EMRÉ,
poète soufi d'Anatolie
(XIIIe siècle).

XIII

POUR NE JAMAIS FINIR…

Le néant ne se place au cœur de l'homme que lorsqu'il n'y a pas de cœur.

ROMAIN GARY*

Ah ! je suis totalement lessivée, dit Déesse Suzy. Quel voyage tu m'as fait faire ! Cimes de Zarathoustra et vallées de larmes, océans d'amertume, avalanches d'exagérations, coulées de boue, déserts sentimentaux… C'est épuisant, pour une déesse de mon âge – je suis vieille, moi ! Tu ne te rends pas compte ! Je sens que la mort approche…

* Souvent, en travaillant à ce livre, je me suis dit qu'il n'était ni plus ni moins qu'une réécriture de *Pour Sganarelle*, vibrante défense du roman publiée par Romain Gary en 1965. (Et je me plais à relever qu'il a écrit cet essai à cinquante ans, l'âge que j'ai maintenant...) Gary est depuis longtemps pour moi une sorte d'esprit tutélaire. Aucun écrivain français n'a été plus lucide que lui – juif polyglotte partout en exil – quant aux mensonges, hypocrisies, lâchetés et cruautés de l'espèce humaine ; aucun, pourtant, n'a fait un si bel éloge (ni fourni de si belles preuves) de l'imagination romanesque. Cette conclusion lui est donc spécialement dédiée, car il n'a cessé – dans toute la splendeur de ses contradictions – de me donner des forces.

Oui, ma belle Déesse, je t'ai fait vivre dans ces pages et je vais bientôt te laisser mourir, tu en as le droit. Merci, grand merci de ta compagnie : sans toi, jamais je n'aurais pu effectuer ce long périple. Merci à Thomas Bernhard de t'avoir fait exister un instant dans sa parole, de sorte que j'ai pu t'emprunter, t'adapter à mes besoins et t'insuffler de la vie, comme tu m'en as insufflé aussi – il en va toujours ainsi, n'est-ce pas ? entre un auteur et ses personnages…

Mais ne t'en va pas tout de suite : reste encore un peu, écoute-moi et parle-moi encore quelques instants, tu veux bien – le temps de conclure.

*

Au XIXe siècle, le physiologiste Galton faisait se superposer les images des membres d'une famille afin d'en établir le portrait type. Pouvons-nous faire émerger le "portrait Galton" des professeurs de désespoir et trouver, sous la variété des individus, une unité ?

L'adoption de la doctrine négativiste est favorisée, on l'a vu, par un certain nombre de facteurs biographiques.

1. Naissance dans un pays suscitant l'ambivalence. Il est frappant de constater que le néantisme n'est devenu une mode littéraire ni dans les pays anglo-saxons, ni en Amérique latine, ni en Afrique. Il s'est épanoui au cœur de l'Europe continentale, traumatisée par les horreurs auxquelles elle avait activement ou passivement collaboré. Les pays humiliés ou culpabilisés (comme ceux de l'ancien Empire austro-hongrois) sont particulièrement susceptibles d'engendrer des mélanomanes.

2. Carcan. Si l'on a passé son enfance dans un solide carcan religieux ou idéologique, c'est excellent. Cela peut être le christianisme sous ses formes protestante, orthodoxe ou catholique ; cela peut être aussi le communisme, ou une institution scolaire aux méthodes sadiques ; les possibilités de compression de l'enfance sont nombreuses et variées.

3. Malheur familial. Encore un facteur crucial : la présence de graves conflits et/ou de deuils dans la famille. Comme chacun sait, cela est propice à la fabrication des artistes en général, mais avec une mention spéciale pour les professeurs de désespoir. Vos parents, ces êtres que vous aimez plus que tout au monde (vous n'avez guère le choix), vous font mal : en vous abandonnant, ou en mourant, ou en vous frappant et vous blessant, voire en vous violant – là aussi, elle est longue, la liste des sévices que les grands peuvent infliger, volontairement ou non, à leurs petits. Au cours de leur enfance et de leur adolescence, puis tout au long de leur vie, ceux-ci fabriqueront des symptômes en réponse à ces mauvais traitements : maladies, dépressions, incontinence, insomnies, indiscipline… écriture.

4. Faux départ dans la littérature. Ce facteur n'est pas indispensable mais il aide (chez les hommes surtout). En effet, nombre de ces écrivains, avant de devenir professeurs de désespoir, avaient d'abord embrassé d'autres formes d'expression verbale : Beckett dans les années 1930 pratiquait une érudition joycienne, lyrico-pornographique ; Cioran en 1937 faisait l'éloge du national-fascisme ; Kundera dans les années 1950 publiait poèmes, pièces et articles alignés sur les vues du parti communiste ; Bernhard s'adonnait pendant ces mêmes années à une poésie naturaliste aux accents religieux.

5. *Crise et renaissance.* Nombre de ces auteurs ont connu, à l'âge adulte, un moment de crise professionnelle ou existentielle dont ils sont sortis transformés. Il est remarquable que la plupart ont choisi de quitter leur pays de naissance pour s'installer de façon permanente à l'étranger. Plus remarquable encore : non contents de quitter leur pays, plusieurs ont délaissé leur langue maternelle et adopté, pour l'écriture, la langue française. On peut donc déceler un lien entre *la perte d'attaches, le flottement identitaire qui en résulte, et le choix du non-sens comme attitude philosophique.*

Presque toujours, me semble-t-il, un professeur de désespoir est un enfant mutilé qui a choisi d'aggraver son handicap. On l'a écrasé : il se sectionne les quatre membres et déclare l'espèce humaine cul-de-jatte. Ayant rejeté l'enfant qu'il fut et celui qu'il aurait pu avoir, il n'assiste jamais de près à ces miracles banals : le bébé qui devient enfant, puis adolescent, puis adulte, le silence qui devient parole, l'incompréhension béate qui devient curiosité, la chose amorphe qui se transforme en *individu*, d'une complexité insondable. Il n'a pas compris le relais… *qu'il a pourtant pris.* Même s'il refuse de le reconnaître, il est redevable aux individus et à la culture qui lui ont passé ce relais. (Libre à lui, ensuite, naturellement, de tordre son héritage dans tous les sens !) Il vit seul, assiste au pur passage du temps, glisse vers la mort et constate que, de façon générale, tout se dégrade et empire.

Regardez-moi ça. Vous prenez un être humain, vous le tenez à l'écart de tout ce qui fait la vie des êtres humains – dépendance, travail, amour, contraintes, mariage, enfants, parents vieillissants, routines, fêtes, citoyenneté... Comment s'étonner que dans des conditions aussi follement atypiques – sans attaches, sans risques – cet être humain en arrive à proférer des énormités ? MOI ET MOI SEUL, QUI REGARDE DE HAUT ET DE LOIN, CONNAIS LA VÉRITÉ DE L'EXISTENCE HUMAINE, A SAVOIR QUE RIEN N'A DE SENS, QUE L'ON EST JETÉ DANS LE TEMPS SANS RAISON POUR SOUFFRIR JUSQU'A CE QU'ON MEURE, ET QUE TOUT LE RESTE EST POUDRE AUX YEUX, MIROIR AUX ALOUETTES !

Or le professeur de désespoir a été bébé. Il a eu faim et une femme lui a donné à manger. Il a fait caca dans sa couche et une femme l'a déshabillé, lui a lavé doucement l'anus et les fesses, puis les a essuyés, et l'a rhabillé. Il a eu froid, et une femme l'a recouvert. Il n'a pas passé sa vie entière à être un bébé impotent, bien entendu. Mais il est passé par là, comme tout un chacun (c'est ce qu'il ne tolère pas : que, chez lui, quelque chose soit "comme tout un chacun").

Dire qu'il a été bébé, ce n'est nullement réduire son œuvre à une rapide formule psychanalytique. Non : c'est énoncer une évidence qu'il a préféré oublier, et qui fausse quelque peu ses calculs.

Peut-être ses parents ne l'ont-ils pas suffisamment aimé. Peut-être lui ont-ils infligé une blessure inguérissable. N'empêche que s'il a survécu, c'est grâce à eux, et à d'autres. On ne survit pas seul. On ne devient pas humain seul, sans même parler de devenir écrivain. Le professeur de désespoir *a reçu*, comme tout le monde. Des cadeaux en vrac, en quantité, en pagaille. Les mots. Les histoires. Les mappemondes. Les livres de philosophie. Les bières et les vins. Les brosses à dents. Les dictionnaires. Reçus. Stylos et cahiers. Reçus. Explications des étoiles. Reçues. Tout ce qu'il fallait pour survivre. Et même s'il s'indigne d'être en vie, il lui a bien fallu passer par là pour pouvoir s'indigner.

Le "Non !" de Kertész résonne d'un bout à l'autre de ce livre. C'est un "Non !" proféré en amont, lancé par chacun des négativistes à la figure de son père, ou de sa mère, ou des deux : non il ne fallait pas me mettre au monde si c'était pour me traiter ainsi, non vous n'avez pas su m'aimer, votre amour a été pour moi un massacre de l'âme. C'est un "Non !" lancé, ici et maintenant, à la figure de la personne qui pourrait vouloir l'épouser et fonder avec lui une famille : non vous ne m'entraînerez pas sur la pente glissante du sentiment, dans le piège abominable de la reproduction, de la transmission génétique. Et c'est également un "Non !" lancé en aval, à la figure des enfants qu'il ne souhaite pas mettre au monde : non, petites bestioles grouillantes, vous ne m'aurez pas, je suis passé maître de la contraception et de l'avortement, pas question de me reproduire.

La génophobie m'apparaît comme le trait fondamental reliant les auteurs de mon corpus. Tous ceux qui choisissent de ne pas avoir d'enfants ne sont pas, bien entendu, des génophobes. Pour mériter cette épithète il faut, d'une part, rejeter et attaquer les gens qui vous ont élevés et, d'autre part, mépriser ceux parmi vos pairs qui trouvent à leur tour digne et désirable d'élever des enfants.

Or c'est justement *une attitude adolescente.* A bien des égards, les professeurs de désespoir sont des hommes (et des femmes) qui s'accrochent à cette phase du développement, caractérisée par le rejet des géniteurs, le désir intense de prouver son autonomie. On n'appartient à rien, on ne doit rien à personne, on s'est inventé tout seul. Surgie de la douleur du rejet, d'une conscience suraiguë de l'arbitraire de sa présence au monde (souvent exacerbée par l'exil), cette attitude adolescente devenue philosophie adulte traduit *l'inconscience*, *l'arrogance* et, peut-être surtout, *l'ingratitude*.

Autre raison pour laquelle il est commode de n'avoir pas d'enfants : cela vous permet de rester toute votre vie dans la position gratifiante de l'enfant lésé qui se révolte contre ses parents et les invective. Vous n'aurez jamais à devenir *l'objet* de cette rage, de ce mépris, de cette injustice flagrante, qui vous obligent à relativiser vos attitudes anciennes, à les mitiger, à en rire. Non : les mélanomanes tiennent à garder leur colère chauffée à blanc, pour y tremper leur stylo/stylet, pour forger l'âme et la lame de leur style, pour affûter leurs armes verbales. Sarcasme cinglant ! Exagérations qui plongent dans la stupeur ! Choc et effroi ! Le mitigé, c'est mou. L'extrême excite. Ce qu'ils disent est fort : impossible de le contester. Mais ce qu'ils disent n'est pas vrai.

Ainsi Thomas Bernhard peut-il se livrer à des généralisations délirantes : "Il est absolument vrai que dans le monde nous n'avons affaire qu'à des êtres humains détruits et anéantis dans leurs premières années par leurs procréateurs ignorants, bas et peu éclairés, qui font fonction de parents, anéantis pour toute leur vie." Ainsi Milan Kundera peut-il assimiler la vie de famille tout bonnement à un "camp de concentration". Ainsi la classe intellectuelle dans son ensemble, en Europe occidentale depuis cinquante ans (tout en hochant tristement la tête devant le spectacle des familles monoparentales dans les banlieues des grandes villes, et en déplorant le manque de respect dont témoignent les élèves pour leurs maîtres à l'école), peut-elle chérir en son for intérieur la phrase fameuse, d'un radicalisme si excitant, d'André Gide : "Familles, je vous hais !"

Ah, dit Déesse Suzy. Et qu'ont-ils prévu de mettre à la place ?

A la place de quoi ?

Mais… des familles.

Pour faire quoi ?

Mais… pour élever des enfants. Que doit-on en faire ? Où doit-on les mettre ? Comment est-on censé les éduquer ? S'ils ne doivent avoir ni mère ni père, parce que les mères et les pères oppriment et anéantissent, *qui* doit s'en occuper ? Si la famille est un étouffement, un piétinement du droit à la vie privée, comment, de quelle façon faut-il s'y prendre avec les tout-petits ?

Tu sais, Déesse Suzy, c'est vraiment très curieux, mais ils n'en disent rien. Pas un mot, chez les professeurs de désespoir, sur ce qui pourrait remplacer la famille comme instance de socialisation. Non. Toujours et seulement : à bas les mères (Bernhard, Kundera, Houellebecq) ! A bas les pères (Kertész, Jelinek, Angot) ! A bas les enfants et la vie familiale (tous, comme un seul homme) !

Peut-être espèrent-ils sincèrement l'avènement du clonage, la disparition de l'homme et l'invention d'une espèce supérieure, comme à la fin des *Particules élémentaires* ?

Le *brave new world* des génophobes : on y est, ou presque. Pour l'instant, nous ne sommes pas encore en mesure de fabriquer des adultes sans passer par le phénomène écœurant de l'engendrement et l'atmosphère "concentrationnaire" de la famille. Mais ça ne saurait tarder ! Des êtres sans liens, mâles et femelles, ascétiques ou libidineux mais de toute façon non maternels, non paternels, débarrassés des scories de l'enfance, et qui, dès leur fabrication, se dirigeront tout droit vers l'université ou l'usine.

Ah… Enfin un monde où n'évolueront que des êtres libres, seuls et indépendants ! Tu imagines, Déesse ?

*

Signalons, c'est important, que l'attitude hautaine des mélanomanes est en partie une *pose littéraire.* Ces écrivains sont souvent nettement moins misanthropes dans la vie que dans leurs livres. Beckett adorait errer la nuit à Montparnasse avec ses amis, buvant whisky sur whisky et récitant des poèmes dans cinq ou six langues ; par ailleurs il portait une grande attention aux enfants et a même appris à une petite fille de ses amis à jouer aux échecs*. Les proches de Thomas Bernhard le décrivent comme un être souvent attentionné, généreux et drôle ; pour ne pas congédier sa femme de ménage devenue vieille, il a appris à repasser lui-même ses chemises. Même Cioran, dit-on, se laissait volontiers aller dans l'intimité à boire, à chanter et à danser les danses tziganes de sa Roumanie natale. Mais dans leurs écrits, tous font le choix conscient

* Voir à ce sujet l'émouvant livre d'Anne Atik, *Comment c'était*, éd. de l'Olivier, 2003.

d'éliminer la moindre trace de ces "faiblesses" : le sentiment est assimilé au sentimentalisme, l'amour au kitsch, l'espoir à l'illusion. Or leur vie personnelle n'est connue que de quelques dizaines de personnes, alors que leur message public touche des millions de lecteurs.

D'une certaine façon, bien sûr, l'expression même de "professeur de désespoir" est une contradiction dans les termes, car si l'on est *vraiment* désespéré on ne professe rien, on n'écrit rien, on sombre dans le silence et on se laisse glisser vers la mort. Ecrire, c'est déjà espérer. C'est apporter un soin à la forme, au style, à la syntaxe, à la manière de dire – estimer, donc, que *quelque chose en vaut la peine.* Comme le fait remarquer Romain Gary, "on ne peut pas aimer passionnément dans un don de soi total et proclamer en même temps l'insignifiance, l'insuffisance ou l'absence de l'amour et le néant au cœur de l'homme". En d'autres termes, même si, dans ces livres, le *fond* dit : Il n'y a que la boue, la *forme* dit : Cette boue, je suis capable grâce à l'écriture de la transformer en or, en art, en chose solide, pas transitoire, chose quasi immortelle.

Pour devenir nihiliste, il ne suffit donc pas d'être désespéré. Il faut que, de privé, votre désespoir devienne public, qu'il s'affiche comme votre passion exclusive, votre raison d'être, votre message au monde. La plupart de ces auteurs, on l'a vu, consacrent énormément de temps et d'effort à polir leur œuvre : Beckett se sert de l'humour lapidaire, Cioran de l'élégance syntaxique, Kundera d'un tissage dense de fiction et de théorie, Bernhard d'une énergie verbale irrépressible, et ainsi de suite. La forme, pourrait-on dire, sert d'antidote au poison du message manifeste. Et, tout en affichant une attitude de mépris à l'égard des foules, l'on offre le fruit de son travail à ces mêmes foules (à qui d'autre l'offrir ?). Il est donc question malgré tout d'échange, de transmission et de *don* ; il ne peut en être autrement. Les néantistes sont *doués*, et ils donnent. Leur don les empêche de sombrer ; c'est pourquoi ils décrivent l'activité artistique comme la seule chose qui confère un sens à leur existence.

Du côté des lecteurs, la fréquentation des grands textes nihilistes est souvent une expérience exaltante. L'expression du désespoir nous invite à réfléchir, bien plus que celle de la béatitude. Nous y trouvons notre compte parce que nos propres souffrances y sont non seulement reconnues mais ennoblies, portées à l'incandescence par la beauté littéraire. (Comme l'écrivait déjà Balzac dans *Le Lys dans la vallée* [1835], "la douleur est infinie, la joie a des limites".) Dans le "monde désenchanté" de la modernité, le nihilisme, remplaçant tous les utopismes en faillite, est notre moderne Eglise. Portant l'auréole de la douleur puissance x, ses adeptes sont nos Christs en croix, nos saints torturés, nos martyrs stoïques, magnifiques et magnifiés*. Nous communions avec eux dans la transposition esthétique du malheur. Nous leur savons gré d'incarner et d'exprimer pour nous, avec grandeur, la difficulté d'être en vie. Leur force d'esprit compense nos faiblesses et

* Le stoïcisme n'est pas le fait de Jésus lui-même mais de ce que les chrétiens en ont fait : Jésus pleure plusieurs fois dans les Evangiles, notamment à la mort de son ami Lazare ; il tremble à l'approche de sa crucifixion... mais l'Eglise a eu vite fait de remplacer ces sentiments "humains trop humains" par le courage inébranlable (surhumain) des saints.

nous rassure en nous prouvant, encore et encore, l'insignifiance de tout.

La pensée du désespoir est une pensée religieuse, notamment en ceci qu'elle affirme, sur le mode "magique", des choses contraires à la raison. En effet, *je regrette d'avoir un corps* n'a rien à envier en matière d'absurdité à *la mère de Jésus est vierge.* Et *la solitude est la vérité de l'être humain* est un vœu pieux au même titre qu'*il y a une vie après la mort.* Ces pensées nous séduisent parce qu'elles sont extrêmes, radicales, en contradiction flagrante avec le bon sens.

Mais la pensée du désespoir est une pensée religieuse pour une autre raison aussi : elle est apparentée aux mythologies de la Chute, fondée sur la conception d'un Homme dont l'existence même serait un malentendu, une erreur. Ceux qui la développent ont beau se proclamer athées, mécréants ou agnostiques ; à bien des égards, et malgré eux, leur pensée se rapproche de celle des gnostiques, reposant sur l'idée d'une coupure radicale entre soi et le monde. La plupart des mélanomanes ont été croyants (en Jésus ou en Marx importe peu) ; tout en ayant cessé d'espérer le salut, ici-bas ou dans l'au-delà, ils ont préservé la structure tragique et culpabilisante de la foi.

Tout se passe comme si l'œuvre d'art avait pour fonction de racheter, de rédimer nos péchés politiques. Au lieu d'aller à l'église écouter le curé nous expliquer le sens de nos souffrances, nous achetons des livres ou assistons à des spectacles qui nous assurent qu'elles sont inévitables, que tout est misère, méchanceté et oppression… et nous rions, applaudissons, parce que c'est bien dit – *qu'est-ce que c'est bien dit !* Nous partageons ainsi la culpabilité et sommes heureux de la voir dite, proclamée et revendiquée ; en posant le livre ou en sortant du théâtre, nous nous sentons étrangement allégés. Au moins ces œuvres contiennent-elles des certitudes, alors que les horreurs du monde nous plongent dans un paroxysme d'incertitude. A réalité trop mobile, littérature immobile. A réalité trop humaine, philosophie inhumaine.

Il se peut aussi que si nous préférons si souvent le désespoir au bonheur, c'est que le bonheur est par définition fragile, précaire, destiné à disparaître… tandis que le désespoir, lui, est une valeur sûre et stable. Le bonheur nous enrichit, certes, mais nous rend du même coup vulnérables à sa perte. Mieux vaut embrasser le dénuement tout de suite et ne jamais être déçu. "Peut-être, suggère l'écrivain allemand Michael Kleeberg dans *Pieds nus*, un surprenant roman sur le sadomasochisme, une vie heureuse générait-elle plus d'angoisse qu'une vie ratée. Quelle situation enviable que celle de qui n'est rien, n'a rien, ne désire rien."

Les utopismes nous proposaient une forme positive de l'absolu. Dans un monde où il n'est plus possible de croire en de tels "avenirs radieux", c'est-à-dire un monde où sont advenus l'Holocauste et le Goulag, nous sommes heureux – et désireux – d'en entendre la forme négative. Lumière éblouissante ou puissance infinie des ténèbres : ici et là, c'est toujours d'absolu qu'il s'agit ; c'est le caractère *illimité* du phénomène qui nous attire, nous hypnotise, nous *enchante* littéralement.

Il nous est peut-être impossible de vivre sans absolu sous une forme ou une autre, mais sommes-nous vraiment obligés de choisir entre ces deux extrêmes, le *y a qu'à* et le *n'est que* ? Si l'on compare les "courbes" dessinées par l'utopisme et le nihilisme en Europe, on voit que l'idéal utopiste connaît une formidable poussée à la révolution de 1789 et se développe pendant la première moitié du XIXe siècle ; il reçoit un coup terrible en 1848, mais se renforce à l'époque de la Première Guerre mondiale et atteint son paroxysme entre 1933 et 1945, avec le triomphe des régimes totalitaires en Europe ; ensuite il va s'affaiblissant pour s'éteindre enfin avec la chute du Mur en 1989. La sensibilité nihiliste, tout au contraire, va croissant de Baudelaire/ Flaubert jusqu'à la mode de Schopenhauer, rebondit avec Céline après la Première Guerre, pour se *renforcer encore* après 1945 (c'est tout le paradoxe) et perdurer, plus forte que jamais, de nos jours.

L'histoire du XXe siècle avec ses hécatombes abominables, depuis Verdun en 1916 jusqu'au Rwanda en 1994, semble donner raison aux professeurs de désespoir. Facile de croire ou de vouloir croire, après cela, que la vie n'a aucun sens. Facile, et peut-être commode aussi. Par culpabilité : *Nous n'avons rien fait, certes, mais... il n'y avait rien à faire*. Par paresse : *Cela a été horrible mais... l'être humain est horrible*. Au lieu de chercher à les comprendre, on décrète que les guerres et les génocides confirment le *néant de l'homme*. On obtempère. On imite. On en rajoute, en déclarant : Oui c'est bien cela la vérité : laideur, cruauté, égoïsme, non-sens, répétition grotesque, atrocité, pourriture, solitude, vide. La vie est une abomination et l'homme, un monstre ; rien à faire ; il en a toujours été ainsi.

Cela nous arrange, au fond. Cela nous dispense non seulement de comprendre le passé mais de songer sérieusement à l'avenir. On voit bien que le monde va mal : pauvreté croissante, pollution des ressources de la planète, menaces terroristes, risque de conflagration nucléaire… Mais à quoi bon agir ? On a vu où conduisent les utopies : au pire. Ainsi, plutôt que d'analyser le mal dans ses manifestations particulières, on préfère laïusser sur le Mal en général, et dire, en haussant les épaules : Il n'y a que cela de vrai.

Mais l'horreur est aussi un *prétexte*. En fait, ceux qui font du désespoir une profession l'ont rencontré au cours de leur enfance, bien avant de pouvoir comprendre les désastres politiques. Davantage qu'une réaction aux malheurs du monde, c'est une expression de *leur mal à être au monde*.

C'est aussi l'effet de l'angoisse qu'éprouvent les hommes modernes à voir remettre en cause par les femmes leur monopole du monde spirituel. Depuis la fureur de Schopenhauer contre sa mère romancière jusqu'aux sarcasmes antiféministes d'un Kundera ou d'un Houellebecq, le néantisme traduit un sursaut de virilisme. Il encense l'idéal le plus archaïque de la virilité (qui ressemble de façon troublante à celui des zélotes léninistes ou nazis) : le héros nihiliste est un être froid et orgueilleux imbu d'une mission glorieuse, au-dessus des foules “féminines”. Jamais il ne tremble ni ne pleure. Pour livrer son grand combat artistique, il doit exclure de son existence tout ce qui pourrait l'affaiblir ; il crache donc sur la famille, tant en amont qu'en aval, et tourne le dos à l'amour.

Personne ne songerait à nier que le monde contient énormément de malheur, et que l'être humain semble disposer de ressources infinies pour infliger à ses semblables de nouvelles formes de souffrance – que, selon l'expression de Romain Gary, le "côté inhumain fait partie de l'humain". Ce qui ne va pas dans le monde est énorme et pèse lourd, c'est entendu.

Loin de moi l'idée qu'il faille détourner les yeux du mal et s'efforcer de promouvoir une vision rieuse et optimiste du monde. Les bons sentiments, déjà éminemment agaçants dans la vie, sont désastreux dans un roman… mais pourquoi devrait-on choisir entre lunettes roses et lunettes noires ? Le rose et le noir ne sont pas les seules couleurs ! Une littérature qui se contente de dresser les constats et les bilans de la vilenie est une littérature malade : comme dit encore Gary, "se voir dans toutes les plaies de l'humanité est avant tout *se* voir".

Les professeurs de désespoir ont beau s'égosiller, ils ne feront jamais en sorte que la vie soit exclusivement souffrance. Pour constater l'énormité de ce postulat, il suffit de sortir de chez soi, de voyager un peu, d'ouvrir les yeux. Allez conter le néant aux chiffonniers du Caire, aux jeunes gens qui suivent un cours de scénarisation à Ouagadougou, aux belles danseuses de l'Inde, aux pêcheurs de Marseille, aux violonistes de l'orchestre philharmonique de Chicago, aux familles qui pique-niquent sur les tombes à Mexico, aux vendeurs de légumes à Beijing : ils vous riront au nez, ils ont mieux à faire que d'écouter ces lamentations – et ils le font ! Innombrables sont les phénomènes réels qui mettent en échec les théories mélanomanes. Sous ses airs intimidants d'illimité, le néant est en fait une chose étroite et étriquée, je dirais même plus : riquiqui. La vie humaine mérite des jugements moins simplistes que la dichotomie espoir/désespoir : tout à la fois merveilleuse et terrible, désopilante et atroce, noble et ignoble, bien et mal, elle est *complexe*, donc *imprévisible*, donc *passionnante* : c'est la condition de notre réflexion et la source exclusive de notre lumière.

La vie n'est ni absurde ni pas absurde, *elle est ce que les gens en font*.

La philosophie du néant, elle, est bel et bien absurde.

O Déesse Suzy ! De grâce ! Délivre-nous de la métaphysique mortifère, libère-nous de la fascination pour l'impasse noire, arrache-nous à l'emprise des voix sépulcrales qui nous hypnotisent depuis un siècle et demi, chante-nous une autre chanson – celle de l'humain, du jamais-trop-humain, avec tout ce qu'il recèle d'inattendu. C'est là, le vrai infini…

Et c'est le seul miracle.

REMERCIEMENTS

Ma réflexion sur le nihilisme a été enrichie par celle de plusieurs personnes dont je lis les livres et avec qui je discute depuis de longues années, en particulier : Séverine Auffret (*Aspects du paradis* ; *Des blessures et des jeux* ; *Nous, Clytemnestre*) ; François Flahault (*Le Sentiment d'exister : ce soi qui ne va pas de soi* ; *Face à face* ; *La Méchanceté)* ; Annie Leclerc (*Parole de femme* ; *Exercices de mémoire* ; *Toi, Pénélope*)... et, *last but not least*, Tzvetan Todorov (*La Vie commune* ; *Le Jardin imparfait* ; *Face à l'extrême*).

Grand merci aussi à Karin Biro pour son aide avec les livres en allemand, à Frédéric Le Van pour son regard critique, et à Claudine Cerf qui a le don de trouver des documents introuvables.

RÉFÉRENCES DES CITATIONS

(Le lieu de publication est Paris sauf indication contraire.)

CHAPITRE I. – ENTRÉE EN MATIÈRE, AVEC DÉESSE SUZY

p. 12-13 : "Avant tout…" : Thomas Bernhard, *Entretiens avec Krista Fleischmann*, L'Arche, 1993, p. 63.

p. 13 : "Les femmes font les grandes gueules…" : *ibid.*, p. 65.

p. 14 : "On dit aussi *le Seigneur*…" : *ibid.*

INTERLUDE : UN DÉJEUNER CHEZ WITTGENSTEIN

p. 18 : "L'homme (…) est bon et mauvais…" : George Sand, lettre à Gustave Flaubert des 18-19 décembre 1875, *in* Gustave Flaubert et George Sand, *Correspondance*, Flammarion, 1981, p. 511.

CHAPITRE II. – D'OÙ VIENT LE NIHILISME ?

p. 20 : "jeunes idéalistes…" : Joseph Frank, *Dostoïevski : les années miraculeuses (1865-1871)*, Solin/Actes Sud, Arles, 1998, p. 104.

p. 22 : "naturelle, c'est-à-dire…" : Charles Baudelaire, "Mon cœur mis à nu", *Œuvres complètes*, Gallimard, "Bibliothèque de la Pléiade", t. I, p. 677.

p. 23 : "A partir de quel moment…" : Eugène Ionesco, *Présent passé, passé présent*, Mercure de France, 1968, p. 167.

p. 24 : "Abîmé dans l'infinie…" ; "Je m'effraie et m'étonne…" : Pascal, *Pensées*, fragments 205 et 72.

INTERLUDE : LE REFUS GLOBAL

Toutes les citations proviennent du film de Manon Barbeau *Les Enfants du Refus global*, Office national du film (Canada), 1998.

CHAPITRE III. – OUBLI DE L'ENFANT

p. 35 : "J'ai longtemps adhéré au poncif..." : Göran Tunström, conversation privée.

p. 38 : "Avoir commis..." : Emil Cioran, *De l'inconvénient d'être né*, Gallimard, 1973, p. 12.

p. 38 : "à quel point le «sujet»..." : François Flahault, *Le Sentiment d'exister : ce soi qui ne va pas de soi*, Descartes & Cie, 2002, p. 391.

p. 38 : "un philosophe vivant..." : Luce Irigaray, "Le temps de la vie", in *Présences de Schopenhauer*, sous la direction de Roger-Pol Droit, Grasset, 1989.

CHAPITRE IV. – LE PÈRE NÉANT : ARTHUR SCHOPENHAUER

p. 49 : "Le suicide est..." : Arthur Schopenhauer, "Sur le suicide", in *Le Monde comme volonté et comme représentation.*

p. 52 : "Comme les femmes..." : Arthur Schopenhauer, "Sur les femmes", *ibid.*

p. 52 : "les choses intellectuelles..." ; "Sachez-le..." : Arthur Schopenhauer, cité par C. Challemel-Lacour, *Entretiens*, Criterion, 1992.

p. 53 : "exposera toute la..." ; "a apporté une solution..." : Arthur Schopenhauer, carnet de brouillon secret (1823), cité *in* Roger-Pol Droit, "Schopenhauer l'incompris", *Le Monde* du 25 juillet 2003.

p. 54 : "que l'on trouve toujours..." : Arthur Schopenhauer, *Ils corrompent nos têtes*, Circé, 1991, p. 38.

p. 55 : "fait l'essence propre..." ; "au rang de mirage..." : Arthur Schopenhauer, "Sur l'au-delà", in *Le Monde comme volonté et comme représentation, op. cit.*

p. 56 : "Comme les gouttes..." : Arthur Schopenhauer, *Métaphysique de l'amour, métaphysique de la mort*, 10/18, 1964, p. 126.

p. 56-57 : "La plupart des hommes..." : *ibid.*, p. 125.

p. 57 : "Il faut vraiment être..." : Arthur Schopenhauer, "Le christianisme et les animaux", in *Le Monde comme volonté et comme représentation, op. cit.*

p. 57-58 : "Par-dessus tout la mort..." ; "La mort est l'instant...": Arthur Schopenhauer, *Métaphysique de l'amour, métaphysique de la mort*, *op. cit.*, p. 170.

p. 58 : "L'existence que nous connaissons..." : *ibid.*

p. 58-59 : "Loin d'être une négation..." : Arthur Schopenhauer, "Sur le suicide", in *Le Monde comme volonté et comme représentation*, *op. cit.*

p. 59-60 : "Le sens profond..." : Arthur Schopenhauer, "Sur le christianisme. Péché et rédemption", *ibid.*

p. 60-61 : "Avec l'instinct sexuel..." : Arthur Schopenhauer, "Sur la vie et le vouloir-vivre", in *Le Monde comme volonté et comme représentation*, *op. cit.*

p. 61 : "Nous sommes tous..." ; "Tout amour..." : *ibid.*

p. 62-63 : "L'apôtre de la charité..." ; "Le seul bonheur..." : Schopenhauer, cité par C. Challemel-Lacour, *Entretiens*, *op. cit.*

p. 63 : "conserver sa fortune..." : Arthur Schopenhauer, *Aphorismes sur la sagesse dans la vie*, PUF, "Quadrige", 1994, p. 35.

p. 64 : "Le caractère de l'homme est invariable..." : Arthur Schopenhauer, *Essai sur le libre arbitre*, Rivages poche, 1992, p. 12.

p. 65 : "Nul ne peut modifier..." : *Aphorismes sur la sagesse dans la vie*, *op. cit.*, p. 10.

p. 65 : "l'ennui est le principe..." : Didier Raymond, introduction à Arthur Schopenhauer, *Essai sur le libre arbitre*, *op. cit.*

p. 65 : "Pour apprendre à supporter..." ; "il est aussi sensé..." : Arthur Schopenhauer, *Aphorismes sur la sagesse dans la vie*, *op. cit.*, p. 125.

p. 66-67 : "La fin du monde..." ; "Dès que l'homme et les espèces animales..." : Schopenhauer, cité par C. Challemel-Lacour, *Entretiens*, *op. cit.*, p. 42.

p. 67 : "sous l'influence décourageante de Schopenhauer..." : Joseph Frank, *Dostoevsky : The Stir of Liberation*, Princeton University Press, Princeton, 1986, p. 271.

CHAPITRE V. – LE RÂLE VAGI : SAMUEL BECKETT

p. 71 : "Ma naissance fut..." : Samuel Beckett, lettre à David Warrilow (août 1977), citée *in* James Knowlson, *Beckett*, Solin/Actes Sud, Arles, 1999, p. 716.

p. 71-72 : "Je me rappelle..." : Samuel Beckett, cité *ibid.*, p. 240.

p. 72 : “une interminable promenade…” : *ibid.*, p. 30.
p. 73 : “Ceux qui ont connu…” : *ibid.*, p. 53.
p. 73 : “Il ramène à la maison…” : *ibid.*, p. 62.
p. 74 : “il revient sans cesse…” : Deirdre Bair, *Samuel Beckett* (1978), Fayard, 1979, p. 58.
p. 74 : “dans des Limbes…” : James Knowlson, *Beckett*, *op. cit.*, p. 192.
p. 75 : “Il se vit coupé…” : *ibid.*, p. 292.
p. 75 : “Tous deux adorent les mots…” : *ibid.*, p. 146.
p. 75 : “une justification…” : Samuel Beckett, lettre à Thomas MacGreevy, citée *ibid.*, p. 170.
p. 75 : “dévoile le sens…” : *ibid.*, p. 170.
p. 77-78 : “Je dis que les expressions…” : *ibid.*, p. 325.
p. 78 : “creuser en lui…” : Samuel Beckett, lettre écrite en juillet 1937, reprise plus tard dans *Disjecta : Miscellaneous Writings and a Dramatic Fragment*, John Calder, Londres, 1983.
p. 78 : “Tout ce que j'ai essayé…” : Samuel Beckett, cité *in* James Knowlson, *Beckett*, *op. cit.*, p. 354.
p. 78 (note) : “extraordinairement bon” : *ibid.*, p. 386.
p. 79 : “les nazis…” ; “Je combattais contre les Allemands…” : Samuel Beckett, cité *in* Deirdre Bair, *Samuel Beckett*, *op. cit.*, p. 282.
p. 79 : “sur des boîtes” : *ibid.*, p. 284.
p. 80 : “n'importe quelles mères…” ; “l'on doit rester…” : Bonnelly, cité *ibid.*, p. 296.
p. 81 : “clair pour moi…” : Samuel Beckett, *La Dernière Bande*, Minuit, 1960, p. 23.
p. 81 : “J'ai réalisé que Joyce…” : Samuel Beckett, cité *in* James Knowlson, *Beckett*, *op. cit.*, p. 453.
p. 81 : “il ne sait pas…” : *ibid.*, p. 454.
p. 82 : “J'associe, à tort…” : Samuel Beckett, *Premier amour* (1945), Minuit, 1970, p. 7.
p. 83 : “risque souvent…” : Samuel Beckett, *Molloy*, Minuit, 1951.
p. 83 : “Personnellement…” : *ibid.*, p. 8.
p. 84 : “Je guette les yeux de ma mère…” : lettre de Samuel Beckett, citée *in* James Knowlson, *Beckett*, *op. cit.*, p. 471.
p. 84 : “Je cherche ma mère…” : Samuel Beckett, *L'Innommable*, Minuit, 1953, p. 175.
p. 84 : “Tout ce dont je parle…” : *ibid.*, p. 62-63.
p. 85 : “des mots me disant…” : *ibid.*, p. 81.

p. 85 : "L'amour, voilà une carotte..." : *ibid.*, p. 49.

p. 85 : "Saisi par le fait..." : *ibid.*, p. 60.

p. 85-86 : "C'est la fin qui est le pire..." : *ibid.*, p. 181.

p. 86 : "(...) de finir ici..." : *ibid.*, p. 26.

p. 86 : "Bien pourvu d'analgésiques..." : *ibid.*, p. 56.

p. 86 : "sans mémoire de matin..." : Samuel Beckett, *Sans*, cité *in* Jean-Jacques Mayoux, postface à *Molloy*, *op. cit.*, p. 248.

p. 87 : "Etre vraiment enfin..." : Samuel Beckett, *Molloy*, *op. cit.*, p. 268.

p. 88 : "veiller à ce que..." ; "semble contente..." : Deirdre Bair, *Samuel Beckett*, *op. cit.*, p. 324-325.

p. 88 : "Il se sent toujours..." : James Knowlson, *Beckett*, *op. cit.*, p. 558.

p. 88-89 : "Je me bats..." : *ibid.*, p. 586.

p. 89 : "va et vient..." : Samuel Beckett, *in* Pierre Melese, *Beckett*, Seghers, 1966.

p. 89 : "Rien qu'un faisceau..." : Samuel Beckett, "Souffle", in *Film*, suivi de *Souffle*, Minuit, 1972.

p. 89 : "accouchent à cheval..." : Samuel Beckett, *En attendant Godot*, Minuit, 1952, p. 117.

p. 89 : "Tout ce que je regrette..." : Samuel Beckett, "D'un ouvrage abandonné", in *Têtes mortes*, Minuit, 1967.

p. 89 : "Ma naissance fut ma perte" : Samuel Beckett, lettre à David Warrilow (août 1977), citée *in* James Knowlson, *Beckett*, *op. cit.*, p. 716.

p. 90 : "Laideur des jours..." : Samuel Beckett, lettre du 3 octobre 1979, citée *ibid.*, p. 811.

p. 90 : "Alors que Beckett approchait..." : *ibid.*, p. 842.

p. 91 : "un pire inempirable" : Samuel Beckett, *Cap au pire*, Minuit, 1991.

INTERLUDE : LA GLANEUSE ET LA DANSEUSE

p. 94 : "Il faut vieillir..." : Colette, "Rêverie de Nouvel An", in *Les Vrilles de la vigne*, Le Livre de poche, 1995, p. 32-33.

p. 94-95 : "Si tu ne me quittes pas..." : Colette, "Chanson de la danseuse", *ibid.*, p. 34.

CHAPITRE VI. – LIBRE COMME UN MORT-NÉ : EMIL CIORAN

p. 97 : "Dès l'ovule..." : Louis-Ferdinand Céline, lettre à Elie Faure, fin 1934, *Cahiers de l'Herne*, 1975.

p. 97 : "Je pense souvent..." : Emil Cioran, lettre du 17 octobre 1967, citée *in* Gabriel Liiceanu, *Itinéraires d'une vie : E. M. Cioran*, suivi des *Continents d'insomnie*, Michalon, 1995.

p. 97 : "C'est la tristesse..." : Eugène Ionesco, cité par Claude Bonnefoy in *Entretiens avec Eugène Ionesco*, Belfond, 1966.

p. 99 : "La seule autorité..." : Alice Miller, *C'est pour ton bien*, Aubier, 1984, p. 172.

p. 99 : "Cette crise d'ennui..." : Emil Cioran, 3 décembre 1969, in *Cahiers, 1957-1972*, Gallimard, 1997.

p. 100 : "le jour le plus triste..." : Emil Cioran, cité *in* Gabriel Liiceanu, *Itinéraires d'une vie, op. cit.*, p. 90.

p. 100-101 : "Dans ma première jeunesse..." : Emil Cioran, lettre à Constantin Noïca du 15 janvier 1975, citée *ibid.*

p. 101 : "d'avoir des parents normaux..." : cité *ibid.*, p. 91.

p. 101 (note) : "Entre le sexe et..." : Marina Tsvetaeva, le 20 mai 1933, *Zapisnye knizhki*, II, Ellis Luck, Moscou, 2001, p. 393.

p. 102 : "Dans ma jeunesse..." : Emil Cioran, *De l'inconvénient d'être né, op. cit.*, p. 102.

p. 102 : "le désespoir est un privilège..." : G. K. Chesterton, *The Defendant*, J. M. Dent & Co., Londres, 1907.

p. 102 : "Je me trouvais seul..." ; "Cela m'a fait brusquement..." : Emil Cioran, *De l'inconvénient d'être né, op. cit.*, p. 102.

p. 103 : "cultive le sentiment..." : Emil Cioran, cité *in* Gabriel Liiceanu, *Itinéraires d'une vie, op. cit.*, p. 93.

p. 104 : "Je n'ai pas assez de mots..." : Emil Cioran, cité *ibid.*, p. 24.

p. 104 (note) : "A trois heures du matin..." : Emil Cioran, *Exercices d'admiration*, Gallimard, 1986, p. 182.

p. 105 : "J'éprouve une étrange..." : Emil Cioran, *Sur les cimes du désespoir*, L'Herne, 1990.

p. 105 : "la quête infinie..." : Emil Cioran, cité in Gabriel Liiceanu, *Itinéraires d'une vie, op. cit.*

p. 105-106 : "Je le voulais puissant..." : Emil Cioran, "Mon pays" publié dans *Le Messager européen*, Gallimard, 1996, p. 66. Cité *in* Alexandra Laignel-Lavastine, *Cioran, Eliade, Ionesco : l'oubli du fascisme*, PUF, 2002.

p. 106 : "Les nazis..." : Emil Cioran, cité *ibid.*, p. 133.

p. 106 : "Il n'existe pas d'homme politique..." : *ibid.*, p. 134.

p. 107 : "barbarie féconde..." ; "abandon irrationnel..." ; "solidarité mystique..." : *ibid.*

p. 107 : “N’est pas nationaliste…” : *ibid.*, p. 128.

p. 107-108 : “C’était un moment…” : Eugène Ionesco, *Pareri libere*, n° 6, 25, avril 1936.

p. 108 : “Hitler ne vous convient pas ?…” : Emil Cioran, “Aspects berlinois”, cité *in* Alexandra Laignel-Lavastine, *Cioran, Eliade, Ionesco : l’oubli du fascisme*, *op. cit.*, p. 134.

p. 108-109 : “peut-être le plus beau…” ; “lire les auteurs *inactuels…*” : Emil Cioran, *Cahiers*, *op. cit.*, le 1er juin 1968.

p. 109 : “dix ans de stérilité…” : Emil Cioran, cité *in* Mariana Sora, *Cioran jadis et naguère*, entretien à Tübingen avec Bergfleth, le 5 juin 1984, L’Herne, 1988, p. 80.

p. 109 : “Paris est tombé…” : Emil Cioran, cité *in* Alexandra Laignel-Lavastine, *Cioran, Eliade, Ionesco : l’oubli du fascisme*, *op. cit.*, p. 332.

p. 110 : “ne se sentent jamais mieux…” : *ibid.*, p. 163.

p. 110 : “l’action se fait oubli…” : Emil Cioran, cité *in* Gabriel Liiceanu, *Itinéraires d’une vie*, *op. cit.*, p. 38.

p. 110 : “Au vrai, on devrait…” : Emil Cioran, *L’Ecartèlement*, cité *ibid.*, p. 39.

p. 111 : “par je ne sais quel hasard…” : Emil Cioran, cité *ibid.*, p. 121.

p. 111 : “expriment la réaction d’un marginal…” : *ibid.*

p. 112 : “Y avait-il, boulevard Saint-Michel…” : Emil Cioran, *Bréviaire des vaincus*, Gallimard, 1993, p. 70.

p. 112 : “La mort est un fantôme…” : *ibid.*, p. 55.

p. 112 : “Pécher par la solitude…” : *ibid.*, p. 107.

p. 112 : “Voici mon sang…” : *ibid.*, p. 109.

p. 113 : “une révolution s’opéra en moi…” : Emil Cioran, cité *in* Mariana Sora, *Cioran jadis et naguère*, *op. cit.*, p. 81.

p. 113 : “«Tu n’écriras plus…” : *ibid.*

p. 114 : “laisse toute latitude…” : James Knowlson, *Beckett*, *op. cit.*, p. 459.

p. 114 : “Le français recèle des vertus…” : Emil Cioran, cité *in* Gabriel Liiceanu, *Itinéraires d’une vie*, *op. cit.*, p. 115.

p. 115 : “le prophète…” : Maurice Nadeau, cité *ibid.*, p. 58.

p. 116 : “Le climat…” ; “Cioran a répondu…” : *ibid.*

p. 117 : “Je ne peux produire…” ; “Je n’ai envie d’écrire…” : *Exercices d’admiration*, *op. cit.*, p. 203.

p. 118 : “Maintenant, il faut…” ; “auteur de deuxième…”, etc. : Emil Cioran, cité *in* Gabriel Liiceanu, *Itinéraires d’une vie*, *op. cit.*, p. 60.

p. 118 : “Dès notre première rencontre…” : Emil Cioran, *Exercices d’admiration*, *op. cit.*, p. 106.

p. 119 : “je n’ai pas connu…” : Emil Cioran, cité *in* Gabriel Liiceanu, *Itinéraires d’une vie*, *op. cit.*, p. 123.

p. 119 : “On ne peut consentir…” ; “Lorsqu’on sait ce que le destin…” ; “Barrons la route…” : Emil Cioran, *Le Mauvais Démiurge*, Gallimard, 1969, p. 20-21.

p. 120 : “la haine…” : Jacques Dewitte, “Du refus à la réconciliation”, in *Le Temps de la réflexion*, X, Gallimard, 1989.

p. 120 : “Elles savent mieux…” : Emil Cioran, *Bréviaire des vaincus*, *op. cit.*

p. 120 : “Que le dernier des avortons…” : Emil Cioran, *Le Mauvais Démiurge*, *op. cit.*, p. 19.

p. 120 (note) : “La seule femme…” : Marina Tsvetaeva, le 20 mai 1933, *Zapisnye knizhki*, II, *op. cit.*, p. 396.

p. 121: “toujours tout fait…” : Emil Cioran, *Cahiers*, *op. cit.*, 24 novembre 1960.

p. 121 : “L’homme était né…” : Emil Cioran, entretien avec Jean-François Duval en juin 1979, in *Entretiens*, Gallimard, 1995.

p. 122 : “Je crois à la catastrophe…” : *ibid.*

p. 122 : “Le bruit qu’on fait…” : lettre à Gabriel Liiceanu, 1987, citée in Gabriel Liiceanu, *Itinéraires d’une vie*, *op. cit.*

p. 122 : “A quel point l’humanité…” : Emil Cioran, cité *ibid*, p. 11.

p. 122 : “Nous aurions dû être dispensés…” : Emil Cioran, *Crépuscule de la pensée* (1940), L’Herne, 1991, p. 111.

p. 123 : “Il vaut mieux être animal…” : *ibid.*, p. 42.

p. 123 : “J’aimerais être libre…” : Emil Cioran, cité *in* Gabriel Liiceanu, *Itinéraires d’une vie*, *op. cit.*, p. 16.

p. 123-124 : “Si je n’ai fait qu’écrire…” : Emil Cioran, “Les continents de l’insomnie”, *in* Gabriel Liiceanu, *Itinéraires d’une vie*, *op. cit.*, p. 83.

p. 124 : “Nos commencements comptent…” : Emil Cioran, *Exercices d’admiration*, *op. cit.*, p. 106-107.

p. 124 : “Plus on est conscient…” : Emil Cioran, *La Chute dans le temps*, Gallimard, 1964, p. 94.

p. 124 : “Vivre véritablement…” : Emil Cioran, “Lettre à un ami lointain”, in *Histoire et utopie*, Gallimard, 1957, p. 10.

INTERLUDE : SCHWESTERN IN LEBEN

Les citations des trois comédiennes scandinaves proviennent de *Schwestern in Leben*, film de Wilfried Hauke diffusé sur Arte, décembre 2002.

p. 128 : "la rivalité entre les saints..." : Emil Cioran, *Cahiers, 1957-1972*, *op. cit.*, 11 mars 1969.

p. 129 : "Après une séance..." : *ibid.*, 29 mars 1972.

p. 131 : "rien comme fond de tout..." : *ibid.*, 22 octobre 1966.

p. 131 : "Tout ce que j'ai..." : *ibid.*, 18 octobre 1966.

p. 131 : "Ma mère ne souffre..." : *ibid.*, 19 octobre 1966.

CHAPITRE VII. – DIRE LE PIRE : JEAN AMÉRY, CHARLOTTE DELBO, IMRE KERTÉSZ

p. 133 : "Pauvre de moi..." : cité dans le spectacle d'Ariane Mnouchkine *Le Dernier Caravansérail* (2003).

p. 136-137 : "j'étais bel et bien juif..." : Jean Améry, *Par-delà le crime et et le châtiment* (1966), Actes Sud, Arles, 1995, p. 84.

p. 137 : "où, même aux fenêtres..." : *ibid.*, p. 85.

p. 138 : "L'esprit n'était..." : *ibid.*, p. 41.

p. 138 : "La pensée ne s'accordait..." : *ibid.*, p. 46.

p. 138-139 : "Nous avons emporté..." : *ibid.*, p. 48.

p. 139 : "victime terrassée" : *ibid.*, p. 14.

p. 139 : "Avoir vu son prochain..." : *ibid.*, p. 78.

p. 139 : "Une simple petite pression..." : *ibid.*, p. 72.

p. 140 : "Dans les cachots..." : *ibid.*, p. 120.

p. 140 : "le négligé..." : Jean Améry, *Du vieillissement : révolte et résignation* (1968), Payot, 1991, p. 64.

p. 140 : "Qui se «sent» bien ou mal..." : *ibid.*, p. 63.

p. 141 : "Si je m'avise..." : Jean Améry, *Porter la main sur soi : traité du suicide* (1976), Actes Sud, Arles, 1996, p. 57.

p. 142 : "L'Autre, avec son regard..." : *ibid.*, p. 113.

p. 142 : "Un homme rentre chez lui..." : *ibid.*, p. 120-121.

p. 143 : "Le fait est que..." ; "La mort volontaire..." : *ibid.*, p. 152.

p. 143 : "rien de ce qui se déroulait..." : Jean Améry, *Lefeu ou la Démolition* (1974), Actes Sud, Arles, 1996, p. 212.

p. 144 : "laisser venir les choses" : *ibid.*, p. 9.

p. 144 : "Je ne parviens pas..." : *ibid.*, p. 145.

p. 144 : "Dans l'Histoire..." : *ibid.*, p. 217.

p. 144 : “je me laissais porter…” : *ibid.*, p. 209.

p. 145 : “Il s’était très tôt…” : Jean Améry, *Charles Bovary, médecin de campagne. Portrait d’un homme simple* (1978), Actes Sud, Arles, 1991, p. 83.

p. 145 : “Sa servilité à l’égard de l’art…” : *ibid.*, p. 73.

p. 145-146 : “Etant donné qu’il ne s’intéresse pas…” : *ibid.*, p. 77.

p. 146 : “Mon inutilité apparente…” : Friedrich Pfäfflin, “Jean Améry, Daten zu einer Biographie”, *Text + Kritik*, n° 99, juillet 1988.

p. 147 : “mes phrases, mon mouvement…” : Charlotte Delbo, “Les leçons de Jouvet”, *La Nouvelle Revue française*, n° 159, 1966.

p. 149 : “s’exerçait sur soi-même…” : “Charlotte Delbo en conversation avec Jacques Chancel”, *Radioscopie*, France-Inter, 2 avril 1974.

p. 149-150 : “Je sens que je tiens…” : Charlotte Delbo, *Auschwitz et après*, I : *Aucun de nous ne reviendra*, Minuit, 1970, p. 106.

p. 150 : “mémoire de l’humanité” : Charlotte Delbo, citée *in* Nicole Thatcher, *Charlotte Delbo : une voix singulière*, L’Harmattan, 2003, p. 106.

p. 150 : “l’exemple même…” : Charlotte Delbo, *Spectres, mes compagnons* (1951), Berg international, 1995, p. 32.

p. 150 : “sont plus vraies…” : *ibid.*, p. 5.

p. 151 : “Le personnage de théâtre…” : *ibid.*, p. 26-27.

p. 152 : “Alors, pourquoi le fossé ?…” : Charlotte Delbo, *Aucun de nous ne reviendra*, *op. cit.*, p. 144.

p. 152 : “Et maintenant…” : *ibid.*, p. 45.

p. 152 : “Certains ont dit…” : Charlotte Delbo, interview par Madeleine Chapsal, *L’Express*, n° 765, février 1966.

p. 153 : “Des mortes…” : Charlotte Delbo, *Aucun de nous ne reviendra*, *op. cit.*, p. 59.

p. 153 : “Ma bouche est sèche…” : *ibid.*, p. 123.

p. 153 : “Je ne sais plus pourquoi…” : *ibid*, p. 168.

p. 154 : “Je ne suis pas vivante…” : Charlotte Delbo, *Auschwitz et après*, III : *Mesure de nos jours*, Minuit, 1971, p. 58.

p. 154 : “Qu’est-ce qui n’est pas à côté ?…” : Charlotte Delbo, *Spectres, mes compagnons*, *op. cit.*, p. 16-17.

p. 155 : “Cette perspicacité…” : Charlotte Delbo, *Qui rapportera ces paroles ?*, P.-J. Oswald, 1974, p. 65.

p. 155 : “je n’aimais pas les hommes” : Charlotte Delbo, *Auschwitz et après*, II : *Une connaissance inutile*, Minuit, 1970, p. 10.

p. 155 : “Il y avait au secret…” : *ibid.*, p. 15.

p. 156 : “Vous qui passez…” : *ibid.*, p. 189 *sq.*

p. 156 : “Je ne sais pas haïr…” : “Charlotte Delbo en conversation avec Jacques Chancel”, *Radioscopie, op. cit.*

p. 157 : “Ainsi donc, quand…” : Imre Kertész, *Le Refus* (1988), Actes Sud, Arles, 2001, p. 85-86.

p. 158 : “de surcroît…” : *ibid.*

p. 159 : “Pourquoi ne m’est pas revenu…” : *ibid.*, p. 69.

p. 160 : “Oui, oui : nos pensées…” : *ibid.*, p. 48.

p. 160 : “Là-bas aussi, parmi les cheminées…” : Imre Kertész, *Etre sans destin* (1965), Actes Sud, Arles, 1998, p. 361.

p. 161 : “l’intentionnalité…” : Schopenhauer, cité *in* Imre Kertész, *Kaddish pour l’enfant qui ne naîtra pas*, Actes Sud, 1995, p. 69.

p. 161 : *“el delito mayor…”* : Calderón, cité *ibid.*, p. 122, et encore dans *Liquidation* (2003), Actes Sud, Arles, 2004, p. 79.

p. 161 : “Familles, je vous hais !” : André Gide, cité *in* Imre Kertész, *Kaddish pour l’enfant qui ne naîtra pas, op. cit.*, p. 124.

p. 161 : “il faut et je veux…” : Jean-Paul Sartre, cité *in* Imre Kertész, *Etre sans destin, op. cit.*, p. 91.

p. 161 : “Dès l’enfance…” : Thomas Bernhard, cité *in* Imre Kertész, *Kaddish pour l’enfant qui ne naîtra pas, op. cit.*, p. 124.

p. 161: “récupérer des bribes…” : *ibid.*, p. 55.

p. 161 : “nous prenons conscience…” : *ibid.*, p. 75.

p. 161 : “ce temps d’attente indécise…” : *ibid.*

p. 162 : “Je ne sais pas…” : *ibid.*, p. 86.

p. 162 : “Il semble…” ; “mon corps aussi…” : *ibid.*, p. 85.

p. 162 : “notion pure…” ; “sans hésiter…” : *ibid.*, p. 64.

p. 162 : “vivre pour moi…” : *ibid.*, p. 74.

p. 163 : “Elle demande…” ; “j’y voyais…” : *ibid.*, p. 66-67.

p. 163 : “cet état…” ; “loin de la véritable…” : *ibid.*, p. 68.

p. 163 : “je vois se fixer sur moi…” : *ibid.*, p. 61.

p. 163 (note) : “Le bonheur…” : Emil Cioran, *Bréviaire des vaincus, op. cit.*, p. 100.

p. 164 : “dans mon enfance…” : Imre Kertész, *Kaddish pour l’enfant qui ne naîtra pas, op. cit.*, p. 124.

p. 165 : "A l'époque..." : *ibid.*, p. 131.

p. 165 : "Il y a sûrement..." : *ibid.*, p. 20-21.

p. 165 : "Et comme j'étais là..." : *ibid.*, p. 133-134.

p. 165-166 : "Auschwitz, dis-je à ma femme..." ; "Auschwitz (...) représente..." : *ibid.*, p. 146-147.

p. 166 : "Et s'il est vrai..." : *ibid.*, p. 145.

INTERLUDE : L'ENFANCE D'UN CHEF

p. 169 : "Le fait de comprendre..." : Alice Miller, *C'est pour ton bien*, *op. cit.*, p. 227. (Les quatre références suivantes proviennent de cet ouvrage.)

p. 171 : "une sorte de dictature..." ; "sans pitié..." : Rudolf Olden, *Adolf Hitler*, Querido, Amsterdam, 1935.

p. 171 : "c'était surtout mon frère..." : Helm Stierlin, *Adolph Hitler : psychologie du groupe familial*, PUF, 1975, p. 28.

p. 171 : "C'est surtout Adolf..." ; "le ridicule blessa..." : Rudolf Olden, *Adolf Hitler*, *op. cit.*

p. 172 : "C'était un garnement grossier..." : Helm Stierlin, *Adolph Hitler*, *op. cit.*, p. 28.

p. 172 : "Adolf était sûr..." : Alice Miller, *C'est pour ton bien*, *op. cit.*, p. 192.

p. 172 : "Tout petit déjà..." : *ibid.*, p. 204.

p. 173 : "pendant la Guerre ..." : Adolf Hitler, cité *in* Kimberly Cornish, *Wittgenstein contre Hitler : le juif de Linz*, PUF, 1998, p. 145.

p. 173 : "On peut déclencher..." : *ibid.*, p. 335.

p. 173-174 : "J'étais ému..." ; "Le refoulement..." : cité *in* Annie Leclerc, *Exercices de mémoire*, Grasset, 1992, p. 216-219.

p. 174 : "Tandis que les juifs..." : Alice Miller, *C'est pour ton bien*, *op. cit.*, 206.

CHAPITRE VIII. – L'ASPHYXIE : THOMAS BERNHARD

p. 177 : "Vous comprenez ?" : Thomas Bernhard, *Gel* (1963), Gallimard, 1967, p. 286.

p. 177 : "Je suis un génie..." : Thomas Bernhard, *Simplement compliqué* (1986), L'Arche, 1988, p. 18.

p. 178 : "sa seule richesse..." : Hans Höller, *Thomas Bernhard, une vie* (1993), L'Arche, 1994, p. 52.

p. 180 : “C’est toi qui fais…” : Thomas Bernhard, *L’Origine, La Cave, Le Souffle, Le Froid, L’Enfant*, Gallimard, “Biblos”, 1990, p. 421 *(L’Enfant).*

p. 180 : “Je sentais son amour pour moi…” : *ibid.*

p. 180 : “La parole était cent fois…” : *ibid.*, p. 428.

p. 180 : “Je voyais moi-même…” : *ibid.*, p. 482.

p. 180 : “il ne m’avait pas reconnu…” : *ibid.*, p. 349 *(Le Souffle).*

p. 181 : “pour que tu voies…” : cité *in* Hans Höller, *Thomas Bernhard, une vie, op. cit.*, p. 26-27.

p. 181 : “Ma mère avait…” : Thomas Bernhard, *L’Origine, La Cave, Le Souffle, Le Froid, L’Enfant, op. cit.*, p. 348 *(Le Souffle).*

p. 181 : “qui me ressemblait tellement” : *ibid.*, p. 349.

p. 182 : “était pour moi…” : Thomas Bernhard, *Oui*, Gallimard, “Folio”, 1980, p. 71.

p. 183 : “Les morts étaient déjà alors…” : Thomas Bernhard, *L’Origine, La Cave, Le Souffle, Le Froid, L’Enfant, op. cit.*, p. 442 *(L’Enfant).*

p. 183 : “C’en était fini du paradis” : *ibid.*, p. 458.

p. 183 : “Je fus complètement livré…” : *ibid.*, p. 470.

p. 183 : “encore plus affreux…” : *ibid.*, p. 479.

p. 184 : “et pour l’éduquer…” : Jacques Le Rider, “Un an avec Thomas Bernhard”, in *Thomas Bernhard*, ouvrage dirigé par Pierre Chabert et Barbara Hutt, Minerve, 2002.

p. 184 : “De nouveau, je retombais…” : Thomas Bernhard, *L’Origine, La Cave, Le Souffle, Le Froid, L’Enfant, op. cit.*, p. 482 *(L’Enfant).*

p. 184 : “Quelle avait été la profondeur…” : *ibid.*, p. 490.

p. 184 : “En conséquence de son séjour…” : Thomas Bernhard, *L’Origine, La Cave, Le Souffle, Le Froid, L’Enfant, op. cit.*, p. 16 *(L’Origine).*

p. 185 : “une main d’enfant…” ; “intervention horrible…” : *ibid.*, p. 31.

p. 185 : “un coup d’œil plongeant…” : *ibid.*, p. 53.

p. 185 : “état maladif…” : *ibid.*, p. 42.

p. 186 : “tout d’un coup, j’existais…” : *ibid.*, p. 114 *(La Cave).*

p. 186-187 : “Des années durant…” : *ibid.*, p. 113.

p. 187 : “Mon grand-père m’avait éduqué…” : *ibid.*, p. 146.

p. 187 : “Dans cet enseignement…” : *ibid.*, p. 192.

p. 187 : “en équilibre” : *ibid.*, p. 191.

p. 188 : “Après que j’avais franchi…” : *ibid.*, p. 245 *(Le Souffle).*

p. 188 : “La seule porte de sortie…” : *ibid.*, p. 257.

p. 188 : “enveloppe mortelle” ; “à force de théorie…” : *ibid.*, p. 339.

p. 188 : “Toute ma vie…” : *ibid.*, p. 344.

p. 188-189 : “Mon grand-père, le poète…” : *ibid.*, p. 326.

p. 189 : “la relation étroite…” : *ibid.*, p. 278.

p. 189 : “le service…” : *ibid.*, p. 365.

p. 189-190 : “la seule personne…” ; “lui offrait…” : Hans Höller, *Thomas Bernhard*, *op. cit.*, p. 83.

p. 190 : “Nous devrions…” : Thomas Bernhard, cité *ibid.,* p. 70.

p. 190 : “après ces quelque…” : *ibid*, p. 72.

p. 190-191 : “La campagne…” : *ibid.*, p. 84.

p. 191 : “Le cri est la seule chose…” : Thomas Bernhard, *Gel*, *op. cit.*, p. 248.

p. 192 : “La Tante…” : André Müller, in *Un siècle d’écrivains : Thomas Bernhard*, réal. Jean-Pierre Limosin, série de Bernard Rapp, coprod. AMIP-FR3.

p. 192 : “Ses harangues…” : John Toland, *Adolf Hitler*, cité *in* Alice Miller, *C’est pour ton bien*, *op. cit.*

p. 193 : “Il chante…” : Kurt Hofmann, “Je n’insulte vraiment personne”, in *Ténèbres : textes, discours, entretiens*, Lettres nouvelles/Maurice Nadeau, 1986.

p. 193-194 : “Je fais tout mon possible…” : Thomas Bernhard, in *Ténèbres*, *op. cit.*, p. 81.

p. 194 (note) : “Je suis mon propre écrivain…” : Thomas Bernhard, conversation avec Werner Wögerbauer in *Ténèbres, op. cit.*

p. 195-196 : “Johanna Schopenhauer…” ; “La femme a toujours…” : Thomas Bernhard, *Entretiens avec Krista Fleischmann*, *op. cit.*, p. 68.

p. 196 (note) : “Les Allemands…” ; “Ce sont les mères…” : Thomas Bernhard, *L’Extinction : un effondrement* (1986), Gallimard, 1990, p. 118, 280.

p. 197 : “Les femmes savent écrire…” : Thomas Bernhard, *Entretiens avec Krista Fleischmann*, *op. cit.*, p. 72.

p. 197 : “La Bachmann…” : Thomas Bernhard, *Ténèbres*, *op. cit.*, p. 115.

p. 197 : “Depuis que je suis à Rome…” : Thomas Bernhard, *L’Extinction*, *op. cit.*, p. 283.

p. 198 : “Ceux qui croient…” : Thomas Bernhard, “Rome”, in *L’Imitateur* (1978), Gallimard, “Folio”, 1997.

p. 198 : “La femme, pour Bernhard…” : Hervé Lenormand, Werner Wögerbauer, “Simples indications”, in *Thomas Bernhard Arcane 17*, cahier n° 1, 1987, p. 14.

p. 198 : “Toutes les femmes…” : Jean-Yves Lartichaux, “La vérité est une débâcle”, in *Thomas Bernhard Arcane 17*, *op. cit.*, p. 65.

p. 199 : “Lors de notre…” ; “Je l’ai dit parce que…” : interview de Thomas Bernhard par André Müller, in *Ténèbres*, *op. cit.*

p. 200 : “Je ne suis pas…” ; Il y a un processus…” : Thomas Bernhard, propos repris in *Un siècle d’écrivains*, *op. cit.*

p. 201 (note) : “Depuis toujours mon fanatisme…” : Thomas Bernhard, *L’Extinction*, *op. cit.*, p. 570.

p. 202 : “En Autriche…” : Thomas Bernhard, *Maîtres anciens* (1985), Gallimard, 1988, p. 19.

p. 202 : “Les Autrichiens…” : Thomas Bernhard, “Montaigne”, in *Evénements*, L’Arche, 1988.

p. 202 : “En chaque Viennois…” : Thomas Bernhard, *Place des Héros* (1988), L’Arche, 1990, p. 122.

p. 202 : “Nous sommes autrichiens…” : Thomas Bernhard, discours de remerciement lors de la remise du Prix national autrichien de littérature, Société Thomas Bernhard, *Regards sur Thomas Bernhard*, études réunies par Ute Weinmann, PIA, 2002, p. 81.

p. 203 : “Je pense que c’est le plus grand…” : François Weyergans, in *Un siècle d’écrivains* : *Thomas Bernhard*, *op. cit.*

p. 204-205 : “Notre âme s’élève…” : Longin, cité *in* François Flahault, *La Méchanceté*, Descartes & Cie, 1998, p. 101.

p. 204 (note) : “tend à une expression aride…” : Isabelle Huppert, citée dans *Le Monde* du 8 octobre 2003.

INTERLUDE : LES VARIATIONS GOLDBERG

p. 208 : “quand nous rencontrons le meilleur…” : Thomas Bernhard, *Le Naufragé* (1983), Gallimard, 1986, p. 14.

p. 208 : “Bach, mon compagnon…” ; “*L’Art de la fugue…*” ; “*Variations Goldberg…*” : Emil Cioran, *Cahiers 1957-1972*, *op. cit.*

p. 209 : “Avec elles…” : Blandine Verlet, *L’Offrande musicale*, Desclée de Brouwer, 2002, p. 122-123.

p. 209 : "l'une de ses œuvres..." : *ibid.*, p. 39.

p. 209-210 : "des hommes de tempérament..." : *ibid.*, p. 40-41.

p. 210 : "Sois pas calviniste..." : *ibid.*, p. 43.

p. 210 : "boudins blancs" : Nancy Huston, *Les Variations Goldberg* (1981), Actes Sud, "Babel", Arles, 1994, p. 13.

p. 211 : "Tout se nourrit..." ; "écouter froidement" : Blandine Verlet, *L'Offrande musicale*, *op. cit.*, p. 52.

p. 211 : "Avec Bach..." : *ibid.*, p. 59.

p. 212 : *"Que rien ne s'anéantisse..."* : *ibid.*, p. 104.

CHAPITRE IX. – L'IDENTITÉ REFUSÉE : MILAN KUNDERA

p. 215 : "Sartre refuse..." : Simone de Beauvoir, citée *in* Raymond Aron, *Mémoires*, Robert Laffont, 2003, p. 590.

p. 215-216 (note) : "sainte Annie Leclerc" : Milan Kundera, *Le Livre du rire et de l'oubli* (1978), Gallimard, 1979, p. 70.

p. 215-216 : "sur le monde..." : *ibid.*, p. 97.

p. 217 : "bien-pensant" : conversation avec Antonin Liehm.

p. 219 : "Mais ne pas exister..." : *La Rage de lire*, "Milan Kundera à bâtons rompus" : réal. Jean-Paul Roux, 1980.

p. 219 : "deuxième pays..." : Milan Kundera, cité *in* Kvetoslav Chvatik, "Testament trahi de Goethe", *Le Monde romanesque de Milan Kundera*, Arcade Gallimard, 1995, p. 251.

p. 220 : "Le premier texte..." : entretien avec Philip Roth, cité *in* Jan Culik, *Milan Kundera*, dossier Internet.

p. 220-221 : "Nous réécrivons..." : entretien avec Ian McEwan, cité *in* Jan Culik, *ibid.*

p. 221 : "ne naissent pas..." : Milan Kundera, *L'Insoutenable Légèreté de l'être*, Gallimard, 1984, p. 277.

p. 223 : "Il y avait..." : Milan Kundera, *La Plaisanterie* (1967), Gallimard, 1968, p. 124.

p. 224 : "L'époque était..." : Milan Kundera, interviewé par Antonin Liehm, in *Trois générations*, Gallimard, 1970, p. 101.

p. 225 : "Je crois qu'il faut..." : Maurice Nadeau, *Apostrophes*, "Kafka, Orwell, Kundera", janvier 1984.

p. 226 : "Venu le reflux..." : Milan Kundera, interviewé par Antonin Liehm, in *Trois générations*, *op. cit.*, *p.* 101.

p. 226-227 : "Vous vous attaquez..." ; "Chaque romancier..." : Alain Finkielkraut et Milan Kundera, in *La Rage de lire*, *op. cit.*

p. 227 : “le roman, c’est…” : Milan Kundera, *L’Art du roman*, Gallimard, 1986, p. 196.

p. 227 : “les rots…” : Milan Kundera, *La vie est ailleurs*, Gallimard, 1973, p. 24.

p. 227 : “l’amour de sa maman…” ; “une marque qui…” : *ibid.*, p. 38.

p. 228 : “une seule vie…” ; “d’un songe à un autre songe…” : *ibid.*, p. 125, 114.

p. 228 : “pas de mère…” ; “ne pas avoir…” : *ibid.*, p. 187.

p. 228-229 : “Il écrivait des poèmes…” : *ibid.*, p. 210.

p. 229 : “ Même quand tu…” : *ibid.*, p. 185.

p. 229 : “Le fond du problème…” : *ibid.*, p. 307.

p. 229 : “qu’elle ne soit…” : *ibid.*, p. 317.

p. 229-230 : “la rousse est à lui…” ; “c’est son œil…” : *ibid.*, p. 395.

p. 230 : “la main de maman…” ; “Tu es la plus belle…” ; “c’est toi…” : *ibid.*, p. 161.

p. 230 : “que pour digérer…” : Milan Kundera, *L’Insoutenable Légèreté de l’être*, *op. cit.*, p. 197.

p. 230 : “tout ce qui est normal…” : *ibid.*, p. 92.

p. 230 : “camp…” ; “un monde…” ; “la liquidation…” : *ibid.*, p. 171.

p. 231 : “l’ordinateur divin…” : Milan Kundera, *L’Immortalité*, Gallimard, 1990, p. 34.

p. 231 : “l’air pur” ; “la profondeur…” ; “sur l’un d’eux…” : *ibid.*, p. 50-52.

p. 232 : “derrière l’amour physique…” : Milan Kundera, *La vie est ailleurs*, *op. cit.*, p. 192.

p. 232 : “épouvantable nouvelle” : Milan Kundera, *La Valse aux adieux* (1973), Gallimard, 1976, p. 20.

p. 232 : “une bouche fraîche…” ; “cette bouche…” : *ibid.*, p. 76.

p. 232 (note) : “sentait naître…” : *ibid.*, p. 180.

p. 233 : “l’amour cède…” ; “Et l’amante…” ; “sincèrement…” : *ibid.*, p. 78.

p. 233-234 : “la glorieuse universalité…” : *ibid.*, p. 167.

p. 234 : “l’ultime et le plus grand tabou…” ; “le lien…” ; “Je ne peux penser…” : *ibid.*, p. 133.

p. 234 : “Avoir un enfant…” : *ibid.*, p. 135.

p. 235 : “Il avait compris…” : *ibid.*, p. 138-139.

p. 235 : “Depuis, il avait…” : *ibid.*, p. 231.

p. 235-236 : “Quand je pense…” : *ibid.*, p. 134.

p. 236 : “l’innombrable famille…” : Milan Kundera, *L’Insoutenable Légèreté de l’être*, *op. cit.*, p. 57.

p. 236 : "Au début..." : Suzanne Jacob, *La Bulle d'encre*, prix de la revue *Etudes françaises*, 1997, p. 17.

p. 236-237 : "Le lait..." : *ibid.*, p. 18.

p. 237 : "La lecture..." : *ibid.*, p. 20.

p. 237-238 : "Il est impossible..." ; "Par ta mort" : Milan Kundera, *L'Identité*, Gallimard, 1997, p. 63.

p. 238 : "Qui a assisté..." : Raymond Aron, *Les Guerres en chaîne*, Gallimard, 1951, p. 490.

p. 239 : "Les questions..." : Milan Kundera, *L'Insoutenable Légèreté de l'être, op. cit.*, p. 175.

p. 239 : "les foules..." : Milan Kundera, *La Plaisanterie, op. cit.*, p. 152.

p. 240 : "sa bien-aimée..." ; "Les enfants..." : Milan Kundera, *Testaments trahis*, Gallimard, 1993, p. 236.

p. 240 : "Vous êtes l'avenir..." : Milan Kundera, *Le Livre du rire et de l'oubli, op. cit.*, p. 215.

p. 240 : "l'infantophilie..." : Milan Kundera, *Testaments trahis, op. cit.*, p. 202.

p. 240 : "La transformation..." : Milan Kundera, *L'Insoutenable Légèreté de l'être, op. cit.*, p. 121.

p. 241 : "c'est à mes yeux..." : Milan Kundera, *La Rage de lire, op. cit.*

p. 241 : "C'est sûr..." ; "C'est une simple évidence..." : Milan Kundera, *Bacon, portraits et autoportraits*, Les Belles Lettres / Archimbaud, 1996, p. 17.

p. 242 : "Dieu..." : *ibid.*, p. 18.

p. 242 : "bricolant..." ; "par hasard..." : Milan Kundera, *L'Identité, op. cit.*, p. 67.

p. 242 : "tirent tous les deux..." : *ibid.*, p. 107.

p. 243 : "La dernière confrontation..." : Milan Kundera, *Bacon, portraits et autoportraits, op. cit.*, p. 16.

INTERLUDE : LA FÊTE DES MORTS

p. 249 : "frotter et limer..." : Montaigne, *Essais*, I, 26.

p. 249 : "une révolte..." : Milan Kundera, *Le Livre du rire et de l'oubli, op. cit.*, p. 96.

CHAPITRE X. – DÉTRUIRE, DIT-ELLE : ELFRIEDE JELINEK

p. 251 : "Je frappe..." : Elfriede Jelinek, *Text + Kritik*, n° 117, août 1999.

p. 251-252 : "Quand vous lisez..." : Martin Amis, cité in *Libération* du 5 juin 2003.

p. 252 : “le père n’a osé…” : Elfriede Jelinek, citée *in* Adolf-Ernest Meyer, *Sturm und Zwang : Schreiben als Geschlechterkampf*, Ingrid Klein Verlag, Hambourg, 1995.

p. 253 : “dérangement…” ; “Le père était ressenti…” : *ibid.*

p. 254 : “Tout ce qui…” ; “au ballet…” ; “Cela m’a…” : *ibid.*

p. 254-255 : “Je courais…” ; “Ce qui m’intéresse…” : *ibid.*

p. 255 : “La transgression…” : *ibid.*

p. 256 : “même pas…” ; “Aucune vie…” : *ibid.*

p. 257 : “Mes textes sont…” : Elfriede Jelinek, *Lust* (1989), Jacqueline Chambon, Nîmes, 1991, texte de présentation.

p. 258 : “l’homme disparaît…” : Elfriede Jelinek, in *Sturm und Zwang*, *op. cit.*

p. 258 : “on m’en veut…” : Elfriede Jelinek, *Text + Kritik*, *op. cit.*, p. 131.

p. 258-259 : “Sans crier gare…” : Elfriede Jelinek, *La Pianiste* (1983), Jacqueline Chambon, Nîmes, 1988, p. 18.

p. 259 : “Un instant…” : *ibid.*, p. 37.

p. 259 : “Elle est habile…” : *ibid.*, p. 76.

p. 260 : “Au diable…” : *ibid.*, p. 62.

p. 260 : “Derrière les grilles…” : *ibid.*, p. 248.

p. 260 : “Seuls les humains…” : *ibid.*, p. 81.

p. 260 : “Il faut les tyranniser…” : *ibid.*, p. 59.

p. 261 : “Erika voit…” : *ibid.*, p. 80.

p. 261 : “Entre ses jambes…” ; “seul l’art…” : *ibid.*, p. 174.

p. 261 : “Bientôt…” : *ibid.*, p. 175.

p. 261-262 : “Le visage…” : *ibid.*, p. 101.

p. 262 : “songe aux…” : *ibid.*, p. 194.

p. 262 : “odeur de pourriture…” ; “charogne…” : *ibid.*, p. 220-221.

p. 262 : “Il faut qu’il se dise…” : *ibid.*, p. 183.

p. 262 : “S’étouffer…” : *ibid.*, p. 201.

p. 262 : “se jette…” ; “C’est de cette chair…” : *ibid.*, p. 207.

p. 263 : “conne”, etc. : Elfriede Jelinek, *Les Exclus* (1980), Jacqueline Chambon, Nîmes, 1989, p. 16-17.

p. 263 : “Nous les enfants…” : Elfriede Jelinek, entretien, *ibid.*

p. 263-264 : “Le «fascisme»…” : Ingeborg Bachmann, *Malina* (1971), Seuil, 1973.

p. 264 : “le père était…” : Elfriede Jelinek, *Sturm und Zwang*, *op. cit.*

p. 265 : "est toujours…" : Elfriede Jelinek, *Les Exclus*, *op. cit.*, p. 18.

p. 265 : "Assise par terre…" : *ibid.*, p. 23.

p. 265 : "Un jour…" : *ibid.*, p. 22.

p. 266 : "Tantôt elle cesse…" ; "dans le bas-ventre…" : *ibid.*, p. 206.

p. 266 : "Ce Rainer…" : *ibid.*, p. 269.

p. 267 : "On commence…" : Romain Gary, *Pour Sganarelle*, Gallimard, 1965, p. 159.

p. 267 : "Je refuse…" : Elfriede Jelinek, *Text + Kritik*, *op. cit.*

p. 267-268 : "il ne peut plus y avoir…" : Elfriede Jelinek, *Lust*, présentation, *op. cit.*

p. 268 : "la piteuse plaisanterie…" : Romain Gary, *Pour Sganarelle*, *op. cit.*, p. 352.

p. 269 : " Le théâtre de Jelinek…" : Elfriede Jelinek, *Maladie ou les Femmes modernes : comme une pièce* (1987), L'Arche, 2001, présentation.

p. 269 : "Je ne serai jamais…" : Elfriede Jelinek, *ibid.*, p. 67.

p. 269 : "Puis-je saquer…" : *ibid.*, p. 69.

p. 269-270 : "Ce sont de froides…" : *ibid.*, p. 70-71.

p. 270 : "aux perquisitions…" : *ibid.*, présentation.

p. 270 : "Lumière tamisée…" : *ibid.*, p. 77.

p. 271 : "DOUBLE CRÉATURE" ; "sœurs siamoises" : *ibid.*, p. 81.

p. 271 : "Disons que…" : Elfriede Jelinek, postface à *Lust*, *op. cit.*

p. 272 : "je suis une meurtrière…" : Elfriede Jelinek, *Sturm und Zwang*, *op. cit.*

p. 272 : "pressé, compressé", etc. : Elfriede Jelinek, *ibid.*

p. 273 : "On ne s'installe…" : *ibid.*

p. 273-274 : "Ça a certainement…" ; "à forcer les mots…" ; "En écrivant…" : *ibid.*

CHAPITRE XI. – L'EXTASE DU DÉGOÛT : MICHEL HOUELLEBECQ

p. 279 : "N'ayez pas peur…" : Michel Houellebecq, préface à *Rester vivant : méthode* et *La Poursuite du bonheur. Poèmes*, © éditions Flammarion, 1997, p. 28.

p. 282 : "Avant tout…" : Michel Houellebecq, entretien avec J.-Y. Jouannais et Christophe Duchâtelet, *Interventions*, © éditions Flammarion, 1998, p. 39.

p. 282-283 : "Peu d'êtres..." : Michel Houellebecq, *H. P. Lovecraft : contre le monde, contre la vie* (1991), éd. du Rocher, 1999, p. 17-18.

p. 283 : "Humains du XXe siècle..." : *ibid.*, p. 21.

p. 283-284 : "Le monde pue..." : *ibid.*, p. 73.

p. 284 : "L'œuvre de..." : *ibid.*, p. 150.

p. 285 : "Si vous ne fréquentez..." : Michel Houellebecq, préface à *Rester vivant...*, *op. cit.*, p. 14.

p. 285 : "Développez..." : *ibid.*, p. 15.

p. 286 : "Quand même..." : *ibid.*, p. 27.

p. 286 : "Je vous invite..." : *ibid.*, p. 34-35.

p. 287 : "une vie sexuelle...", etc. : *ibid.*, p. 28.

p. 287 : "sujets dont personne..." : *ibid.*, p. 33.

p. 287-288 : "Cela fait des années..." : poème sans titre, *ibid.*

p. 288 : "Je m'adresse..." : Michel Houellebecq, "L'amour, l'amour", *ibid.*

p. 288 : "Je ne jalouse..." : Michel Houellebecq, "Nature", *ibid.*

p. 288 : "Bouche entrouverte..." : Michel Houellebecq, "Fin de soirée" in *Le Sens du combat*, © éditions Flammarion, 1996.

p. 289 : "société libérale", etc. : Michel Houellebecq, interview par Fabio Gambaro, in *Houelle*, n° 11.

p. 289 : "Il est des auteurs..." : Michel Houellebecq, *Extension du domaine de la lutte*, Maurice Nadeau, 1994, p. 20-21.

p. 290 : "moyens", etc. : Michel Houellebecq, *Interventions*, *op. cit.*, p. 115.

p. 290-291 : "Il est faux..." : Michel Houellebecq, *Extension du domaine de la lutte*, *op. cit.*, p. 189.

p. 291 : "Cet effacement..." : *ibid.*, p. 48.

p. 291-292 : "L'être houellebecquien..." : Philippe Murray, *Atelier du roman*, n° 18.

p. 292 : "De tels êtres..." : Michel Houellebecq, *Les Particules élémentaires*, Flammarion, 1998, p. 115-116.

p. 293 : "Je ressens vivement..." : Michel Houellebecq, *Interventions*, *op. cit.*, p. 45.

p. 294 : "Tu n'es qu'une vieille...", etc. : Michel Houellebecq, *Les Particules élémentaires*, *op. cit.*, p. 319.

p. 294 : "quelles que soient..." : *ibid.*, p. 361.

p. 295 : "pratiquement seule..." : Michel Houellebecq, "L'humanité, second stade", postface à Valerie Solanas, *Manifeste du SCUM*, Mille et une nuits, 1998, p. 69.

p. 296 : "classiquement..." : Michel Houellebecq, interview par Valère Staraselski, *Interventions*, *op. cit.*, p. 117.

p. 296 : "Les femmes savent..." : Michel Houellebecq, interview par Fabio Gambaro, in *Houelle*, n° 8.

p. 296-297 : "Décidément, les femmes..." : Michel Houellebecq, *Les Particules élémentaires*, *op. cit.*, p. 205.

p. 297 : "J'ai toujours..." : Michel Houellebecq, "L'humanité, second stade", postface à Valerie Solanas, *Manifeste du SCUM*, *op. cit.*, p. 63.

p. 297 : "Le couple et la famille..." : Michel Houellebecq, *Les Particules élémentaires*, *op. cit.*, p. 144.

p. 297 : "Vous êtes marié...", etc. : Birgit Sonna, interview de Michel Houellebecq, in *Houelle*, n° 11.

p. 298 : "Mon père est mort..." : Michel Houellebecq, *Plateforme*, Flammarion, 2001, p. 11.

p. 298 : "Il est faux..." : Michel Houellebecq, *Les Particules élémentaires*, *op. cit.*, p. 210.

p. 298-299 : "Il me méprise..." ; "S'il se tuait..." : *ibid.*, p. 266.

p. 299 : "partisan...", etc. : Michel Houellebecq, *Interventions*, *op. cit.*, p. 120.

INTERLUDE : LA FILLETTE AUX TARTINES

Toutes les citations proviennent de Miriam Silesu, *Cinéraires*, Lettres vives, 2002.

CHAPITRE XII. – FEMMES TENTÉES DE NOIR : SARAH KANE, CHRISTINE ANGOT, LINDA LÊ

p. 305 : "Que périsse..." : Livre de Job, cité *in* Sarah Kane, *Manque* (*Crave*, 1998), L'Arche, 1999.

p. 305 : "Je suis née..." : Christine Angot, *Vu du ciel*, Gallimard, 1990, p. 72.

p. 305 : "Ma mère..." : Linda Lê, "Le saccage", in *Solo*, Table ronde, 1999, p. 183.

p. 308 : "Dieu est peut-être..." : Sarah Kane, *L'Amour de Phèdre* (1996), L'Arche, 1999, scène 6.

p. 308 : "Je suis mauvaise..." : Sarah Kane, *Manque, op. cit.*

p. 309 : "elle a perdu..." : Claude Régy, *L'Etat d'incertitude*, Les Solitaires intempestifs, 2002, p. 152.

p. 309 : "hermaphrodite cassé" : *ibid.*, p. 132.

p. 309 : "jouit dans…" : Sarah Kane, *Un amour de Phèdre*, *op. cit.*, scène 4.

p. 309 : "Que mon père…" : Sarah Kane, *4.48 Psychose* (1999), L'Arche, 2000, p. 21.

p. 309-310 : "Encore au lit…" : Sarah Kane, *Manque*, *op. cit.*

p. 310 : "A quoi je ressemble ?…" : Sarah Kane, *4.48 Psychose*, *op. cit.*, p. 50.

p. 310 : "profond…" : Claude Régy, *op. cit.*, p. 130.

p. 310 : "C'est nul…" : Sarah Kane, *Les Anéantis* (*Blasted*, 1995), L'Arche, 1998.

p. 310-311 : "Le son d'une voix…" : Sarah Kane, *Purifiés* (*Cleansed*, 1998), L'Arche, 1999.

p. 311 : "Je suis acculée…" : Sarah Kane, *4.48 Psychose*, *op. cit.*, p. 14.

p. 311 : "Le corps et l'âme…" : *ibid.*, p. 18.

p. 311 : "Je suis arrivée…" : *ibid.*, p. 19.

p. 311 : "Je suis grosse…" : *ibid.*, p. 131.

p. 311 : "Les culs gros…" : Sarah Kane, *Manque*, *op. cit.*, p. 24.

p. 311 : "Il y avait…" : Sarah Kane, *Purifiés*, *op. cit.*

p. 312 : "Je hais ces mots…" : Sarah Kane, *Manque*, *op. cit.*

p. 314 : "L'imputabilité…", etc. : Christine Angot, *L'Usage de la vie*, Fayard, 1998, p. 16-17.

p. 315 : "J'aurais eu…" : Christine Angot, *Not to be*, Gallimard, 1991, p. 42-43.

p. 315-316 : "Je me dégoûte…" : *ibid.*, p. 84.

p. 316 : "Le père…" ; "Elle a mordu…" : Christine Angot, *Corps plongés dans un liquide*, Théâtre ouvert, 1992.

p. 316 : "Auschwitz…" : Christine Angot, *Léonore toujours* (1994), Fayard, 1997, p. 12.

p. 316 : "Le sphincter…" : *ibid.*, p. 103-105.

p. 317 : "J'ai arrêté…" : *ibid.*, p. 68.

p. 317 : "Léonore, je me la ferais bien…" : *ibid.*, p. 22.

p. 318 : "Ces pages…" : *ibid.*, p. 68.

p. 318 : "Je suis…" : *ibid.*, p. 72.

p. 318 : "pénis sadique" : Christine Angot, *L'Inceste*, Stock, 1999, p. 152.

p. 318 : "Je n'avais plus…" : Christine Angot, préface aux *Autres*, Fayard, 1997.

p. 319 : "L'idée de moi…" : Christine Angot, *L'Inceste*, *op. cit.*, p. 47.

p. 319 : “C’est ça, ou la clinique…” : *ibid.*, p. 150.

p. 319-320 : “Christine Angot…” : Josyane Savigneau, quatrième de couverture de *L’Inceste*, *op. cit.*

p. 320 : “Je viens d’écrire…” : Christine Angot, *Normalement*, Stock, 2001, p. 22.

p. 320 : “Oui, cela bousille…” : Christine Angot, *L’Inceste*, *op. cit.*, p. 173.

p. 321 : “Je suis dans…” : *ibid.*, p. 77.

p. 322 : “Je lance un appel…” : *ibid.*, p. 11.

p. 322 : “On doit accepter…” : Christine Angot, préface à Helga Schmidt, *Les Femmes qui dénoncent*, Stock, 2002, p. 16.

p. 322 : “Un jour viendra…” : Ingeborg Bachmann, *Malina*, *op. cit.*

p. 324 : “prénom international…” ; “ne désire qu’une chose…” : Linda Lê, *Calomnies*, Christian Bourgois, 1993.

p. 325 : “La langue française…” : *ibid.*, p. 12.

p. 326 : “L’alliance du pleutre…” : Linda Lê, *Solo*, *op. cit.*, p. 38.

p. 327 : “Disparue…” : Linda Lê, *Fuir*, Table ronde, 1988, p. 165.

p. 327 : “La haine…” : Linda Lê, *Solo*, *op. cit.*, p. 33-34.

p. 328 : “Ricin…” : Linda Lê, *Calomnies*, *op. cit.*, p. 109.

p. 328 : “J’ai voulu danser…” : Linda Lê, *Solo*, *op. cit.*, p. 223.

p. 329 : “Mes prières…” : Linda Lê, *Voix*, Christian Bourgois, 1998, p. 30.

p. 330 : “je porte…” : Linda Lê, *Lettre morte*, Christian Bourgois, 1999, p. 10.

p. 330 : “le moindre mot…” : *ibid.*, p. 15.

p. 330 : “La mort…” ; “Adieu, Morgue…” : *ibid.*, p. 111.

p. 330 : “Je rêve…” : Linda Lê, *Les Aubes*, Christian Bourgois, 2000, p. 9.

p. 330-331 : “continué à vivre” ; “encore dans cette époque…” : Linda Lê, *Autres jeux avec le feu*, Christian Bourgois, 2002, p. 121.

p. 331 : “Quand on se réfugie…” : *ibid.*, p. 130.

p. 331-332 : “L’adulte en moi…” : *ibid.*, p. 169.

p. 332 : “négocier…” : Linda Lê, *Personne*, Christian Bourgois, 2003, p. 7.

p. 333 : “Peut-être ces notes…” : *ibid.*, p. 62.

p. 333 : “A Prague…” : *ibid.*, p. 94.

p. 333 : "ficelles" ; "de multiples façons" : Milan Kundera, *Testaments trahis*, *op. cit.*, p. 233.

p. 333 : "Je quitte le chevet..." : Linda Lê, *Personne*, *op. cit.*, p. 127.

CHAPITRE XIII. – POUR NE JAMAIS FINIR...

p. 337 : "Le néant..." : Romain Gary, *Pour Sganarelle*, *op. cit.*, p. 38.

p. 343 : "Il est absolument vrai..." : Thomas Bernhard, *L'Origine*, *La Cave*, *Le Souffle*, *Le Froid*, *L'Enfant*, *op. cit.*, p. 59 *(L'Origine)*.

p. 346 : "on ne peut pas..." : Romain Gary, *Pour Sganarelle*, *op. cit.*, p. 38.

p. 349 : "Peut-être..." : Michael Kleeberg, *Pieds nus*, Denoël, 2004, p. 122.

p. 352 : "côté inhumain..." : Romain Gary, *Les Cerfs-volants*, Gallimard, 1980, p. 265.

p. 352 : "*se* voir..." : Romain Gary, *Pour Sganarelle*, *op. cit.*, p. 231.

TABLE

Ouvrage réalisé par l'atelier graphique Actes Sud. Reproduit et achevé d'imprimer sur Roto-Page en juillet 2004 par l'Imprimerie Floch à Mayenne pour le compte des éditions Actes Sud Le Méjan Place Nina-Berberova 13200 Arles.
Dépôt légal 1re édition : septembre 2004.
N° impr. : 60595.
(Imprimé en France)